主　编｜王秋萍

副主编｜王东辉　高贵峰　杜学峰

人民城市重要理念
在奉贤新城的生动实践

上海社会科学院出版社
SHANGHAI ACADEMY OF SOCIAL SCIENCES PRESS

编辑委员会

主　任　徐乃毅　吕　将
副主任　王秋萍

成　员（按姓氏笔画排序）

卫永明	王　震	王东辉	王滢涛	毛金祥	方　卫
朱卫芳	刘　伟	刘卫东	汤　民	杜学峰	李　靖
李　洁	李秋弟	吴光辉	余　锐	余仲威	狄海英
汪瑜蓉	沈　军	张　贤	张建龙	陈　伟	陈海英
邵旭东	卓　雅	周　华	周如意	钟争光	施文龙
姜洪娟	洪　萍	费　翔	袁　飞	徐巨梁	凌　军
高　艳	高国弟	高贵峰	陶建兴	曹正华	褚国华
戴明华					

撰稿人（按姓氏笔画排序）

王曦露	朱嘉梅	孙　彦	杜学峰	吴康军	沈鹏远
张　淼	张耀杰	陈继锋	陈　蓉	胡晓亚	康　平
潘　勇					

"上海之鱼"全景图（上海奉贤新城建设发展有限公司提供）

"上海之鱼"湖心岛公园（上海奉贤新城建设发展有限公司提供）

上海轨道交通 5 号线南延伸段（上海奉贤新城建设发展有限公司提供）

上海奉贤快速公交系统（BRT）奉浦快线（毕纪根摄）

人民城市重要理念在奉贤新城的生动实践

上海虹梅南路越江隧道（上海奉贤新城建设发展有限公司提供）

中企大厦（田方方摄）

数字江海国际产业城区（上海奉贤新城建设发展有限公司提供）

上海奉贤东方美谷核心区（东方美谷企业集团股份有限公司提供）

九棵树（上海）未来艺术中心（石浩南摄）

上海奉贤区博物馆（奉贤区规划资源展示馆）（上海奉贤新城建设发展有限公司提供）

言子书院（上海奉贤新城建设发展有限公司提供）

上报传悦坊（上海奉贤新城建设发展有限公司提供）

"落英缤纷"文化中心（上海美术馆分馆）（上海奉贤新城建设发展有限公司提供）

"在水一方"（上海奉贤新城建设发展有限公司提供）

人民城市重要理念在奉贤新城的生动实践

上海东方美谷JW万豪酒店（上海奉贤新城建设发展有限公司提供）

"那年那天"婚庆岛（上海奉贤新城建设发展有限公司提供）

"海之花"市民活动中心(清筑影像提供)

中国福利会国际和平妇幼保健院奉贤院区(上海市奉贤区融媒体中心提供)

人民城市重要理念在奉贤新城的生动实践

企业研发（上海市奉贤区融媒体中心提供）

草地音乐节（上海奉贤新城建设发展有限公司提供）

新城花海（上海市奉贤区融媒体中心提供）

城市阅读活动（上海市奉贤区融媒体中心提供）

人民城市重要理念在奉贤新城的生动实践

美丽乡村（上海市奉贤区融媒体中心提供）

乡村旅游（上海市奉贤区融媒体中心提供）

序　言

徐乃毅

2023年注定又是不同寻常的一年。

放眼全国,在习近平新时代中国特色社会主义思想的指导下,我们党带领全国各族人民积极应对加速演进的百年未有之大变局及疫情影响等风险挑战,党的二十大擘画的全面建设社会主义现代化国家、以中国式现代化全面推进中华民族伟大复兴的宏伟蓝图正在有序铺展,举国上下奋进新时代、建功新征程的冲锋号角全面吹响。

纵观申城,自习近平总书记2019年考察上海提出"人民城市人民建,人民城市为人民"重要理念以来,浦江两岸牢记总书记殷殷嘱托,坚持以人民为中心,认真按照"完善城市化战略,推动大城市多中心、郊区化发展",加快推进五个新城建设,努力把"迈向最现代的未来之城"的目标和"最具活力、最便利、最生态、最具特色"的策略贯穿于"高品质规划、高标准建设、高水平运营"全过程各环节,全心全意为人民群众创造更加幸福的美好生活。

展望奉贤,崭新变化扑面而来。滨海大地紧紧围绕"奉贤美、奉贤强"战略目标,依托生态资源、人文禀赋、产业集聚、空间载体、政策叠加等诸多优势,抢抓"新片区主阵地、新城建设发令地、乡村振兴主战场、先进制造业承载区"的重要战略机遇期,加快"新城发力",勇创新城之"新",推动经济高速高效发展、社会事业厚基提质、民生福祉不断增强,进入了历史上最好的发展时期。

2023年3月1日迎来了中央党校建校90周年暨2023年春季学期开学典礼,习近平总书记发表重要讲话,全面深刻地阐释了"党校始终不变的初心就是为党育才、为党献策",进一步创造性地回答了"党校是什么、要干什么"的根本问题,指明了"围绕中心、服务大局,是党校事业必须始终坚持的政治站位""为党育才、为党献策都是党校的独特价值所在",充分体现了总书记对党领导党校工作历史经验的深邃思考,从大本大源上对新时代新征程上党校功能定位、价值作用及发展方向进行了科学概括,提出了更高标准和根本遵循。

进入新时代,党校科研高质量发展机遇和挑战并存,党校承担的思想引领、理论建设和决策咨询任务更加迫切和繁重。因此,为党献策不仅是党校使命所系、职责所在,更是现实所需。正如习近平总书记所言,党需要研究解决什么重大问题,党校就需要努力在那些方面建言献策。党校只有把党委、政府的关注、群众期盼和基层聚焦的重点难点热点作为研究对象,争取把科研资政报告写到党委、政府的议事日程上,写到人民群众的心坎里,才能真正不负为党献策的初心使命。

近年来,奉贤区委党校深入贯彻习近平总书记关于党校办学治校系列重要指示精神,坚持党校姓党,把旗帜鲜明讲政治融入党校工作全过程,牢牢立足"干部培训、思想引领、理论建设、决策咨询"四大职能,着力突出理论教育和党性教育主业主课地位,持续推进精品教学改革,努力建设理论和实践并重的高质量科研智库,尤其是决策咨询成效明显,走在上海区级党校前列。最近三年,奉贤区委党校先后获得上海市区级党校办学评估优秀、上海市理论宣讲先进集体、奉贤区机关年度绩效考核连续两年优秀等荣誉。所有这些成绩的取得都来之不易,桩桩件件都得益于各级部门和领导干部的悉心关怀和精心指导,凝结着全体教职工对党校崇高事业的满腔热忱和辛勤汗水。

尤为欣喜的是,奉贤区委党校历时两年集体攻关的科研项目成果《人民城市重要理念在奉贤新城的生动实践》一书即将定稿付印。"人民城市人民建,人民城市为人民"重要理念是习近平新时代中国特色社会主义思想的重要组成部分,它深刻回答了城市建设发展"依靠谁、为了谁"的根本问题,深刻回答了"建设什么样的城市、怎样建设城市"的重大命题,充分体现了"人民是历史创造者"这个历史唯物主义的根本观点,充分彰显了中国共产党作为马克思主义政党人民至上的政治立场,充分表明了走中国特色城市发展道路的坚定追求,为新时代人民城市的建设和发展提供了价值取向,指明了前进方向。

新城开发建设事关奉贤的发展全局和民生福祉。奉贤区委党校举全校之力,全面系统总结了奉贤新城自觉践行习近平人民城市重要理念,深入贯彻落实市委城市发展战略部署,扎实推进新城规划建设各项工作所取得的成就,认真研判新城发展中存在的困难和不足,初步提出进一步推动奉贤新城奋力跑出建设加速度,持续提升城市功能品质,为全区经济社会高质量发展增添新动能的思路和建议。

最为可贵的是,这一切都经过广泛深入的调查研究,充分体现了党校人求真务实、真抓实干的优良作风。中共中央办公厅印发的《关于在全党大兴调查研究的工作方案》指出,党中央决定,在全党大兴调查研究,作为在全党开展的主题教育的重要内容,推动全面建设社会主义现代化国家开好局、起好步。调查研究是中国共产党人的"传家宝"。"调查研究是谋事之基、成事之道,没有调查就没有发言权,没有调查就没有决策权。"习近平总书记高度重视调查研究工作,在不同场合反复强调调查研究的重要性,提出调研工作要求"深、实、细、准、效"这"五字诀"方法论,并且身体力行一以贯之,为全党重视调研、深入调研、善于调研树立了光辉典范。

奉贤区委党校牢记习近平总书记在2015年12月全国党校工作会议上"希望党校成为党和国家的重要智库"重要指示精神,坚持以调查研究为重要方法和主要手段,紧紧围绕中心,服务大局,完善教研咨一体化工作体制机制,强化专业人才队伍建设,充分发挥党校决策咨询功能,努力成为地方党委、政府的智慧库和思想库。奉贤区委党校经过三轮制度修订,建立健全了教学、科研咨询工作绩效考核办法,形成了"教学出题目、科研做文章、成果进课堂、咨询出决策"的闭环转化机制,建立了以《内参专报》为主的呈报领导的"党校智库建议"直通车,构建了与地方决策部门的沟通联络机制,及时了解地方党委政府关心的热点难点重点问题,进行有针对性的对策应用性研究,同时常态化地深入基层接"地气",在"广听细看深问"中开展调查研究,掌握第一手资料和数据,保证意见建议更具针对性、科学性、实操性,建立了学员参与决策咨询机制,扎实开展学员"三带来"活动,要求学员报到时带来"一个理论学习中的思想困惑""一个群众关心的热点问题"和"一个工作中面临的难点问题",经汇总梳理确定决策咨询研究选题,通过共学、共研、共谈、共写等形式,推动学员实践"富矿"优势与教师理论优势充分结合,使学员有效参与党校决策咨询工作成为常态。

正是由于贯彻落实了习近平总书记的重要指示精神,用好了调查研究这个"传家宝",奉贤区委党校的科研咨询工作才不断取得长足进步,本书就是一个很好的注脚。通读全书,比较突出的感受是其主题鲜明,逻辑清晰,内容丰富,阐释有力。全书内容不仅体现了区域经济和城市战略实证研究、个案剖析的特点,而且为基层党校干部培训如何贯彻习近平新时代中国特色社会主义思想提供了鲜活的本土教材,对于广大基层党员干部深入学习领会习近平总书记人民城市重要理念的深刻内涵和实践要求,更是具有较强的借鉴和启发意义。

最后,衷心感谢各级部门领导、专家学者、基层同志对本书编撰工作的支持帮助以及奉贤区委党校全体教职工的辛勤付出,热切期望本书顺利付梓并接受广大读者检阅,真诚祝愿奉贤区委党校以此书为新的起点,矢志不渝践行"为党育才,为党献策"党校初心,一如既往用好调查研究这一"传家宝",推动党校事业奋力走好高质量发展新征程。

(作者系中共上海市奉贤区委常委、组织部部长,
中共上海市奉贤区委党校校长)

目　录

序　言 ··· 徐乃毅　1

绪　论 ·· 1

第一章　以人民为中心：人民城市重要理念的核心要义 ············ 6
一、习近平人民城市重要理念的理论渊源 ······················ 6
二、习近平人民城市重要理念的科学内涵 ····················· 14
三、习近平人民城市重要理念的实践要求 ····················· 22

第二章　让人民生活更美好：新时代我国城镇化的根本目的 ······ 27
一、人在城市发展中越来越占据核心地位 ····················· 28
二、以人为本是新时代我国城镇化的基本方针 ················· 33
三、让人民生活更美好是新时代上海城市建设的鲜明主线 ······· 37

第三章　"五个人人"：上海建设人民城市的新路径 ··············· 41
一、上海新一轮发展承载着重要的时代使命 ··················· 41
二、上海建设"五个人人"之城具有深厚的历史底蕴和现实基础 ····· 43
三、上海以新城发力回应人民对美好生活的热切期望 ············ 46

第四章　"美""强"辉映：打造人民城市新典范 ··················· 55
一、坚持系统谋划：从"美""强"到高质量发展 ··················· 56

二、坚持面向未来：从郊县到新城 ………………………………… 60

三、坚持为民造福：从"四城一都"到人民城市新典范 ………… 68

第五章 产城融合：把最好的资源留给人民 …………………… 74

一、产城融合：上海新城发力的首要指向 ………………………… 74

二、探索产城融合的"奉贤样本" ………………………………… 78

三、开创奉贤产城融合的"未来模样" …………………………… 85

第六章 功能完备：用最好的服务筑就高品质人民之城 ……… 93

一、没有完备的城市功能就没有高品质的人民之城 …………… 93

二、没有新发展理念就没有人性化高能级的公共服务供给 …… 95

三、没有历史文化的传承就没有魂牵梦萦、直抵人心的乡愁 …… 102

第七章 职住平衡：用最好的空间打造宜业乐居之城 ………… 110

一、职住平衡的历史沿革及现实价值 …………………………… 110

二、奉贤新城职住平衡的现状及存在的问题 …………………… 115

三、奉贤新城推进职住平衡的实践和探索 ……………………… 118

第八章 生态宜居：让人们走出家门就是公园 ………………… 129

一、公园城市是城市发展模式的深刻变革 ……………………… 129

二、率先建成公园城市是上海新城贯彻人民城市重要理念的
基本要求 ……………………………………………………… 135

三、城园一体是建设公园城市的实践导向 ……………………… 142

第九章 交通便利：让人们获得最便捷的出行体验 …………… 156

一、交通便利是上海新城发展的重要支撑 ……………………… 156

二、交通日益便捷是奉贤人民长久的期盼 ……………………… 161

三、现代化综合交通赋能奉贤高质量发展 ……………………… 168

第十章　治理高效：打造人人都能有序参与的善治之城 …… 178
　　一、治理高效是城市高质量发展的有效保障 …… 178
　　二、"贤城贤治"推进治理高效的实践探索 …… 182
　　三、构建共建共治共享的基层治理格局 …… 190

第十一章　城乡融合：让城市繁华与农村繁荣相得益彰 …… 195
　　一、处理好城乡关系是推进现代化的关键 …… 195
　　二、城市繁华、农村繁荣：奉贤城乡一体化发展的根本指向 …… 201
　　三、全面推进乡村振兴：新城市和新农村高质量融合发展的主战场 …… 210

主要参考文献 …… 218

后　　记 …… 223

绪　　论

城市是人类文明的物质形态和社会组织,也是经济基础和上层建筑活动的重要空间。城市之所以产生,就是为了人们生活和生产的需要,为了给人们创造一个更加安全、更加美好的空间。在价值层面,城市发展带动经济社会发展,对其具有全局性、战略性、持久性作用。改革开放以来,我国经历了世界历史上规模最大、速度最快的城镇化进程,城市发展波澜壮阔,取得了举世瞩目的成就。

进入新时代,我国城市化道路怎么走? 习近平总书记明确指出,这是个重大问题,关键是要把人民生命安全和身体健康作为城市发展的基础目标。要更好推进以人为核心的城镇化,使城市更健康、更安全、更宜居,成为人民群众高品质生活的空间。[①]为此,他进一步提出要完善城市化战略,推动大城市多中心、郊区化发展,这是着眼我国中长期经济社会发展提出的重大战略命题。而高度关注人民需求,合理供给空间资源,公平保障人民权利,成为今天城市规划治理领域落实中央精神最有效的供给侧改革。[②]

当前城市发展正在由外延扩张式向内涵提升式转变,对超大城市上海来说,通过空间布局的优化重塑,推动土地、人口等要素资源的科学分布和高效组合,既是高质量发展的内在需求,也是畅通经济循环、服务和融入新发展格局的必由之路。正是从这样的大局大势出发,上海作出了

[①] 习近平:《国家中长期经济社会发展战略若干重大问题》,《求是》2020年第21期。
[②] 王伟:《城市规划与治理:寻找人民城市的最优权利半径》,中国城市规划网,2020年7月14日。

重整与提升发展空间布局的重大战略选择,加快形成"中心辐射、两翼齐飞、新城发力、南北转型"的空间新格局。按照独立综合性节点城市定位和产城融合、功能完备、职住平衡、生态宜居、交通便利、治理高效的目标要求,建设嘉定、松江、青浦、奉贤、南汇"五个新城",打造未来发展的重要战略空间。通过在"十四五"期间大力建设,力求使"五个新城"成为"上海未来发展最具活力的重要增长极和发动机",并与中心城区一道,构成上海大都市圈的"核心内圈"。2021年,上海全面开启了建设新城的工作,目前正在如火如荼地推进。

奉贤新城是上海新一轮新城建设起跑的"发令地",市委、市政府非常重视,希望奉贤走在前面。近年来,奉贤区全面践行人民城市重要理念,认真落实上海市城市发展战略,聚焦奉贤新城建设,围绕"人民城市""新城之新"的愿景和目标,按照"产城融合、功能完备、职住平衡、生态宜居、交通便利、治理高效"的总体建设要求,坚持高水平、高标准、高质量推进新城建设。在建构城市理念、塑造城市意象、确立城市定位、落实项目建设等方面进行了大量细致、深入、创造性的探索和实践,积极打造人民城市新典范、未来之城新样式。

我们研究和总结新城建设,目的在于通过深入学习和认真领会习近平人民城市重要理念,将奉贤新城贯彻落实人民城市重要理念的鲜活实践进行生动诠释,以期在理论和实践两个方面为各地贯彻落实习近平新时代中国特色社会主义思想提供一定的借鉴参考。

伟大实践产生伟大思想,伟大思想指导伟大实践。人民城市重要理念是在我国城市发展进入新的历史时期、成为中国开启现代化进程重要引擎的背景下提出的,这一重要理念必将引领中国特色城市发展道路。

2015年12月,时隔37年,中央城市工作会议再次召开。习近平总书记在会上发表重要讲话,强调指出,做好城市工作,要顺应城市工作新形势、改革发展新要求、人民群众新期待,坚持以人民为中心的发展思想,坚持人民城市为人民。①这是"人民城市"的概念在国家文件中首次出现,也可以看作人民城市重要理念的逻辑起点。人民城市的显著特征是彰显了我国城市建设与社会主义制度的本质联系。

2019年11月,习近平总书记在上海考察时,更加明确地提出"人民城市人民建、人民城市为人民"的重要理念,深刻揭示了中国特色社会主义城市的人民性,深刻回答了城市建设发展"依靠谁、为了谁"的根本问题,深刻回答了"建设什么样的城市、怎样建设城市"的重大命题。这一重要理念既是对中央城市工作会议提出"走出一条中国特色城市发展道路"的最新阐述,构建了"以人民为中心"的城市发展观,也是坚持和完善中国特色社会主义制度在城市领域的具体表现,为新时代人民城市的建设和发展提供了根本遵循。

人民城市重要理念是习近平总书记关于城市工作一系列重要论述的高度凝练和集中体现,它根植于党的历史观和实践观,充分体现了"人民是历史创造者"这个历史唯物主义的根本观点,充分彰显了中国共产党作为马克思主义政党人民至上的政治立场,充分表明了走中国特色城市发展道路的坚定追求。人民城市重要理念标示着新的城市发展方向、新的城市理论和新的城市政策内涵。

上海是人民城市重要理念的首发地,习近平总书记人民城市重要理念的提出,事实上是赋予了上海建设新时代人民城市的新使命。为此,十一届上海市委九次全会审议通过了《关于深入贯彻落实"人民城市人民建,人民城市为人民"重要理念,谱写新时代人民城市新篇章的意见》,提出了"人人都有人生出彩机会、人人都能有序参与治理、人人都能享有品质生活、人人都能切实感受温度、人人都能拥有归属认同"即"五个人人"的目标愿景和努力方向,明确要求将人民城市重要理念贯彻落实到城市发展全过程和城市工作各方面。市委要求深入践行人民城市重要理念,

---

① 中共中央党史和文献研究院编:《十八大以来重要文献选编》(下),中央文献出版社2018年版,第78页。

加快建设属于人民、服务人民、成就人民的美好城市,打造人民城市建设的上海样本,展现社会主义现代化国际大都市的上海形象,奋力谱写新时代"城市,让生活更美好"的新篇章。

奉贤作为上海新一轮新城建设的重要实践地,进一步增强政治自觉、思想自觉和行动自觉,努力当好践行人民城市重要理念的先锋和表率,成为全市乃至全国人民城市建设的标杆区域,为奋力创造新时代上海发展新奇迹,谱写"城市,让生活更美好"的新篇章作出新的更大贡献。

作为上海新城建设重大战略中推进的"五个新城"之一,奉贤新城以其全新的规划理念、深厚的文化积淀和多年积累的城市基础,起步即走在全市前面。当下的奉贤新城正在全面践行人民城市重要理念,紧紧围绕建设"四城一都"的城市目标定位,奋力打造富有生态特色、彰显人文气质且宜业、宜居、宜乐、宜游的人民城市新典范,勇创新城之"新",努力回答好"新城'新'在哪里"这个实践命题。

从建设和发展进度看,在市委、市政府的指导支持下,经过全区上下的积极推动和不懈努力,奉贤新城已经完成了城市战略规划研究、国际方案征集、总规优化提升,明确了数字江海、新城中央活力区、国际生态商务区等重点区域,启动建设了一批重点项目,新城的四梁八柱"大写意"基本形成,目前正在紧锣密鼓地重点绘好"工笔画"。

认真研究奉贤新城建设个案,努力为新时代新城建设贯彻创新、协调、绿色、开放、共享的新发展理念,落实人民城市重要理念,着力解决城市病等突出问题,不断提升城市环境质量、人民生活质量、城市竞争力,建设和谐宜居、富有活力、各具特色的现代化城市,为走出一条中国特色城市发展道路提供一些可供借鉴的经验和思路。

本书以"人民城市重要理念在奉贤新城的生动实践"为题,通过对奉贤全面建设新城市,打造奉贤新城实践进行系统总结和全面梳理;对奉贤新城积极践行人民城市重要理念,广纳世界智慧,挖掘各方资源,狠抓项目进度,狠抓功能植入,狠抓人口导入,勇创新城之"新",打造人民城市新典范进行更好的学理诠释。真实记录、全面梳理、系统总结奉贤新城建设的实践和经验,对于新时代完善大都市城市化发展战略,探索未来现代化新城建设新路径,推进城市高水平建设、高质量发展,具有重要的实践意义和现实价值。

全书在写作中综合运用历史分析、比较分析、实证研究等多种方法,重点就上海新城战略中奉贤新城的创新实践进行梳理和总结。全篇首先阐释了人民城市重要理念的主要内涵和现实要求,对上海贯彻落实人民城市重要理念,全面谋划城市建设与新城发展战略进行梳理,系统分析了奉贤新城建设的基础条件与战略谋划;接着,从产城融合、功能完备、职住平衡、生态宜居、交通便利、治理高效等六个方面对奉贤新城的实践作分析;最后,把新城建设放在奉贤区域发展背景下就新城建设与乡村振兴的相互关系进行研究分析,探索推动奉贤城乡融合发展的新路径。

全书的整体篇章采用"总分结合"的结构布局。总论部分是以习近平人民城市重要理念为统领,分析上海城市发展战略设计和奉贤新城建设的典型实践;分论部分就奉贤新城在产城融合、功能完备、职住平衡、生态宜居、交通便利、治理高效、城乡融合等方面的探索与实践进行深入分析和全面总结。这样的框架构思与写作安排可能并不能完全涵盖新城建设的全部内容,但对其核心内容基本都有涉及,或许对各地探索新城发展的理论与实践具有一定的指导价值和借鉴意义。

第一章 以人民为中心：
人民城市重要理念的核心要义

党的十八大以来，习近平总书记关于城市建设作出了一系列重要论述。2015年12月，在第三次中央城市工作会议的召开时隔37年之后，中央城市工作会议再次召开，习近平总书记在会上发表重要讲话，强调做好城市工作，要顺应城市工作新形势、改革发展新要求、人民群众新期待，坚持以人民为中心的发展思想，坚持人民城市为人民。这是"人民城市"概念在国家文件中首次出现。此后，在不同时段不同场合，习近平总书记从不同角度对人民城市重要理念的内涵进行了深入阐发，强调在城市建设中，一定要贯彻以人民为中心的发展思想，让城市成为老百姓宜业宜居的乐园。人民城市重要理念是习近平新时代中国特色社会主义思想的重要组成部分，是习近平关于城市工作一系列新观点的集中概括和凝练表达，是马克思主义关于城市建设理论的当代体现，是中国共产党城市工作的创新实践。深刻领会和正确把握其核心要义，对于我们开展城市建设工作具有极其重要的指导作用。

一、习近平人民城市重要理念的理论渊源

人民城市重要理念有着深刻的理论渊源，它是在吸收以往城市理论精华基础上的发展和创新，更是习近平总书记坚持以人民为中心思想在城市建设领域的具体体现。

（一）对马克思、恩格斯城市观的运用与创新

马克思、恩格斯在不同时期著作中对城市相关问题有着丰富而深刻

的观察和思考。有学者指出:"城市思想是马克思历史唯物主义理论的有机构成部分。马克思考察历史的重要切入点就是城市,城市生活状况、城市发展状况、城乡关系的变迁是马克思的基本关注对象。"①相较马克思而言,恩格斯对城市问题的谈论更多一些,除了早期和马克思合著的《德意志意识形态》《共产党宣言》之外,在他晚年的《反杜林论》《自然辩证法》《家庭、私有制和国家的起源》等著作中,围绕城市的起源、城市发展进程、城市的本质以及资本主义制度下城市发展的困境等问题进行了大量的探讨。马克思、恩格斯关于城市的相关论述和一些基本观点构成了习近平人民城市重要理念的理论源头。

马克思、恩格斯关于城市的思想有两个比较突出的方面。一个方面是对城市在人类社会发展重要作用的认识。他们认为,城市是人类社会生产力发展的必然产物。在人类社会第一次大分工,即流动的渔猎业和相对稳定的畜牧业的分工产生之后,人们有了相对稳定的食物来源和剩余产品,于是相应地有了相互交换的需要,定居与非经常性的交换场所也就随之产生,这种交换场所便可以视为城市的萌芽状态。随着生产工具的不断改进,人类生产力的逐步发展,特别是人类历史上相继出现了第二次、第三次、第四次社会大分工,即农业与手工业的分工、商业与手工业的分工、机器大工业与传统手工业的分工,随着社会分工的逐步发展,城市也不断成长和发展,"分工的状况决定着城市的发展状况,城市是分工的表征"②。从这个角度来说,城市与社会分工的产生有着因果上的关系,社会分工是因,城市的产生则是社会分工发展导致的必然结果,城市的发展状况体现着社会分工的发展程度。换言之,城市的发展程度本身体现着生产力的发展程度。正是在这个意义上,马克思甚至认为城市的产生是人类从野蛮过渡到文明的标志,"物质劳动和精神劳动最大的一次分工,就是城市和乡村的分离。城乡之间的对立是随着野蛮向文明的过渡、部

————————
①② 庄友刚:《马克思的城市思想及其当代意义——兼论当代马克思主义城市观的建构》,《东岳论丛》2019年第4期。

落制度向国家的过渡、地域局限性向民族的过渡而开始的,它贯穿着文明的全部历史直至现在"①。

　　社会分工形成了城市,而城市的产生反过来也促进了生产力的发展。对于大工业发展形成的现代城市的积极作用,马克思、恩格斯给予了肯定,恩格斯说:"城市愈大,搬到里面就愈有利,因为这里有铁路,有运河,有工业,可以挑选的熟练工人越来越多……这里有顾客云集的市场和交易所,这里跟原料市场和成品销售市场有直接的联系。"②大工业生产形成的现代城市,聚集了大量的产业和人口,更有利于分工合作和规模化生产,形成集中的消费群体,从而也有利于商品交易的广泛开展。因此,城市由于其本身具有的集聚性特征,能够大大提高生产效率。除了从促进生产力发展的角度肯定城市的作用之外,恩格斯还从促进工人阶级发展与进步的角度肯定城市的意义,认为"大城市是工人运动的发源地,……如果没有大城市,没有大城市推动社会智慧的发展,工人决不会进步到现在的水平"③。

　　马克思、恩格斯在肯定城市在人类社会发展中有着重要地位与作用的同时,也看到了资本主义私有制下城市的弊病。这是他们关于城市思想的另一个突出方面。他们认为资本主义制度下城市的发展,一方面会导致城乡之间的固化和对立,即"把一部分人变为受局限的城市动物,把另一部分人变为受局限的乡村动物,并且每天都重新产生他们利益之间的对立"④。另一方面,资本主义私有制下的城市发展还导致了一系列的"城市病"。工业化对各种资源的过度需求和城市无节制的空间扩张,既导致生态环境的严重破坏,也导致工人居住环境的恶劣,城市成为资产阶级剥削无产阶级的工具与场所。与马克思、恩格斯一致,习近平人民城市重要理念在肯定"城市是我国经济、政治、文化、社会等方面活动中心,在

---

① 《马克思恩格斯选集》第一卷,人民出版社2012年版,第184页。
② 《马克思恩格斯全集》第二卷,人民出版社1957年版,第301页。
③ 《马克思恩格斯文集》第一卷,人民出版社2009年版,第436页。
④ 《马克思恩格斯选集》第一卷,人民出版社2012年版,第185页。

党和国家工作全局中具有举足轻重的地位"的同时，强调贯彻新发展理念，强调注重人居环境，强调要做好城乡融合发展。因为人民城市不仅仅是工商业的集中地和人口的聚集区、建筑的密集区，更承载着人民群众对美好生活的向往。正是有了"创新、协调、绿色、开放、共享"这一关键良方，我们的城市才通过"治标治本"实现了人居环境的改善、城市功能的提升和治理现代化的转型。这些都体现了马克思主义对城市的科学认识，是对马克思、恩格斯城市观的运用与创新。

（二）对中国共产党城市观的继承与发展

中国共产党带领全国各族人民在革命、建设和改革开放的伟大实践中，形成了不少具有自身特色的城市建设与城市工作理念，为新时代人民城市建设提供了丰富的思想资源与宝贵经验。回顾中国共产党领导人民开展城市建设的工作历程，给人印象最深的就是"人民"二字，"人民"是贯穿中国共产党城市观的主线。在新民主主义革命时期，由于革命工作的需要，中国共产党已经对城市工作有过一些探索。[1]1948年毛泽东在《再克洛阳后给洛阳前线指挥部的电报》中明确提出："城市已经属于人民，一切应以城市由人民自己负责管理的精神为出发点。"[2]在党的七届二中全会上毛泽东宣布，接下来党的工作重心由农村转移到城市，强调全体党员干部要依靠工人阶级来恢复和发展生产。在1949年8月26日致华东局的电文中，毛泽东进一步明确要求"以后一切三万人以上的城市至少每月开各界人民代表会议一次，每次一至两天就够，每次讨论和决定的问题有一个或两个就够"[3]。以人民代表参与的形式讨论解决人民群众真正关心的问题。由此可以看到，在着手建设城市的新中国成立前夕，党的主要领导人已经认识到广大的工人阶级以及人民是城市建设的依靠力量，把满足人民群众的需求作为工作的出发点和落脚点。

---

[1] 章钊铭：《中国共产党城市发展理念研究：历程、经验与展望》，《中共四川省委党校学报》2022年第1期。

[2] 《毛泽东选集》第四卷，人民出版社1991年版，第1323—1325页。

[3] 《毛泽东文集》第五卷，人民出版社2001年版，第333、334页。

这样一种价值取向同样反映在社会主义革命和建设时期,邓小平早在1957年就形象地利用"骨头"和"肉"的关系来论述城市建设的问题,他指出:"过去我们在城市规划中对'肉'重视不够,应该办商店、理发馆等服务性行业,没有注意办,这是事实。现在这个问题必须解决,不解决不妥当,这是一个制度问题。"①强调在城市规划中要重视满足群众的生活需要的基础设施建设。不过从总体工作思路而言,新中国成立后相当长的一段时间内,党在城市工作中的中心任务主要是围绕工业化战略而制定的,目标是"把我国从落后的农业国变为先进的工业国",所以着重建设工业化城市。党的十一届三中全会之后,随着党的工作重心转向"以经济建设为中心",我国城市建设与城市工作也进入一个新的时期,城市的数量和规模日益上升,城市人口也急剧增加。在这一阶段的城市建设中涌现出了多种城市发展理念,如"增长扩张型城市发展理念""经营城市理念"等。②但是,无论是何种发展理念,"人民"始终是关键和核心,是否"有利于提高人民的生活水平",是否"代表最广大人民的根本利益",是否"以人为本"是衡量城市工作以及其他一切工作的根本标准。进入新时代,中国共产党牢记初心使命,秉承全心全意为人民服务的根本宗旨,始终坚持中国共产党城市建设的人民取向,习近平总书记进一步强调"城市是人民的城市,城市建设就是要坚持以人民为中心的发展理念,让群众过得更幸福"③,并且正式提出了"人民城市人民建,人民城市为人民"重要理念,为新时代推进城市工作,建设中国特色社会主义城市指明了方向。

中国共产党在推进城市发展建设的同时,始终重视乡村的发展。在党的七届二中全会上,毛泽东一方面强调工作重心要从农村转向城市,另一方面也提醒"城乡必须兼顾,必须做城市工作和乡村工作,使工人和农

---

① 《邓小平文选》第一卷,人民出版社1994年版,第266页。
② 庄友刚:《马克思的城市思想及其当代意义——兼论当代马克思主义城市观的建构》,《东岳论丛》2019年第4期。
③ 中共中央党史和文献研究院编:《习近平关于"三农"工作论述摘编》,中央文献出版社2019年版,第37页。

民,使工业和农业,紧密地联系起来。决不可以丢掉乡村,仅顾城市,如果这样想,那是完全错误的"①。必须兼顾城乡发展不仅仅是因为中国是一个农业大国或出于吃饭问题的重要性,也因为城市发展本身同样离不开农村的发展与支持,二者并非两个完全不相干的领域。1975年,邓小平在《关于经济发展的几点意见》中指出:"工业支援农业,促进农业现代化,是工业的重大任务。工业区、工业城市要带动附近农村,帮助农村发展小型工业,搞好农业生产,并且把这一点纳入自己的计划。"②他认为这样做不仅可以增加农民的收入,也可以改善城市的副食品供应。党的十一届三中全会之后,他再次指出"城市搞得再漂亮,没有农村这一稳定的基础是不行的",强调"我们首先解决农村问题"③。江泽民、胡锦涛担任党的总书记期间关于"三农"问题、统筹城乡经济和社会发展、推动城乡一体发展格局的思路与举措,无不体现了中国共产党在推进中国特色社会主义现代化建设过程中,对城市和乡村必须共同发展的深刻认识和不懈努力。党的十八大之后,习近平总书记继承并进一步发展了中国共产党兼顾城乡的发展观念,坚持人民城市为人民,推进以人为核心的新型城镇化建设,强调"通过建立城乡融合的体制机制,形成以工促农、以城带乡、工农互惠、城乡一体的新型工农城乡关系"④,并且提出了健全城乡发展一体化体制机制的改革举措,真正实现让广大农民平等参与现代化进程,共同分享现代化成果。

(三)对中外优秀城市理念的吸收与借鉴

中国城市的历史源远流长,有学者认为,中国古代在原始社会末期至夏朝前期,已经产生了只具备单一防卫功能的乡村式城堡。到夏商时期则已开始形成了既具有防御性功能,又具有政治中心功能的都城,并在此

---

① 《毛泽东选集》第四卷,人民出版社1991年版,第1435页。
② 《邓小平文选》第二卷,人民出版社1994年版,第28页。
③ 《邓小平文选》第三卷,人民出版社1994年版,第65页。
④ 习近平:《论"三农"工作》,中央文献出版社2022年版,第157页。

期间形成了交换物品的固定场所——"市"。春秋战国之际,"城""市"逐渐合一而产生了真正意义上的城市。①中国城市在漫长的历史发展过程中,形成了很多独特的城市理念,也融入了中国人独特的价值取向,积淀了璀璨丰厚的城市文化,其中很多理念和智慧对我们今天的城市建设仍有积极的借鉴意义。

源远流长的城市文化传统构成了习近平人民城市重要理念生发的深厚沃土,尤其是中国古代"天人合一"的生态观,重视城市建筑风貌的审美观,为习近平人民城市重要理念提供了宝贵滋养。党的十八大之后,习近平总书记就明确提出,城镇建设"要体现尊重自然、顺应自然、天人合一的理念,依托现有山水脉络等独特风光,让城市融入大自然,让居民望得见山,看得见水,记得住乡愁"②。在 2015 年 12 月 20 日召开的中央城市工作会议上以及 2020 年 3 月 31 日在浙江考察时,习近平总书记都强调要把好山好水好风光融入城市,要统筹好生产、生活、生态三大空间布局,建设人与自然和谐相处的城市。此外,他还特别注重吸收中国传统建筑的美学意义,并且对一些地方搞奇奇怪怪的建筑,不重视城市特色风貌塑造以及割断历史文脉的城市建设行为进行了批评。此外,习近平总书记更是把一个城市特有的地域环境、文化特色、建筑风格称为一个城市的"基因",要求在城市建设中留住这些"基因"。③这些都充分体现了习近平总书记对传统城市建设理念的吸收与借鉴。事实上,对传统"天人合一"等观念的吸收与借鉴不仅仅体现在人民城市重要理念中,也整体地体现在习近平生态文明思想之中。习近平总书记在不同时段不同场合多次强调山水林田湖是一个生命共同体,认为"人的命脉在田,田的命脉在水,水的命脉在山,山的命脉在土,土的命脉在林和草,这个生命共同体是人类生存

---

① 张全明:《论中国古代城市形成的三个阶段》,《华中师范大学学报(人文社会科学版)》1998 年第 1 期。

② 中共中央文献研究室编:《十八大以来重要文献选编》(上),中央文献出版社 2014 年版,第 603 页。

③ 中共中央党史和文献研究院编:《十八大以来重要文献选编》(下),中央文献出版社 2018 年版,第 83 页。

和发展的物质基础。生态是统一的自然系统，是相互依存、紧密联系的有机链条。要用系统论的思想方法看问题，从系统工程和全局角度寻求新的治理之道"①。这种认为人和自然万物痛痒相关、紧密共生的观点和看法正是对中国传统"天人合一"生态世界观的生动诠释。

除了注重吸收中国传统城市建设智慧，习近平还注重借鉴世界一切先进的城市理念和经验来推动我国城市规划、建设、管理的科学化，拓展创新发展的思路。比如，在城市开发强度方面，习近平总书记主张向国际上一些做得好的城市学习，2013年在中央城镇化工作会议上，他将上海、深圳的开发强度与日本三大都市圈、法国巴黎大区、德国斯图加特地区开发强度进行比较，要求在城市建设上学习借鉴成熟经验，根据区域自然条件，科学设置开发强度。针对城市建设中存在的"摊大饼"现象，提出要借鉴美国城市规划协会提出的城市"精明增长"理念，在推进城镇化建设时，既要优化宏观布局，也要搞好城市微观治理。②他也非常注重在城市管理上以及城市安全上借鉴一些国际前沿的理念，像智慧城市、韧性城市的提出就是例证。同时，针对早些年各地争建国际化大都市的状况，习近平总书记也通过举例谈了自己的看法，他说："世界上有不少著名城市，没那么多宏伟目标，'一招鲜，吃遍天'，以音乐出名的维也纳、以电影出名的洛杉矶、以大学城出名的海德堡等，都有其不可替代的特点。"③这些城市立足自身实际，进行差异化发展的思路非常值得学习。国际上优秀、先进的理念和成功的经验固然要学习，不成功或失败的事例也同样要引以为鉴，在省部级主要领导干部学习贯彻党的十八届五中全会精神专题研讨班上的讲话中，习近平总书记就特别强调一定要吸取20世纪发生在西方国家的"世界八大公害事件"的深刻教训，这些事件对生态环境和公众生活造成了巨大影响，前事不忘，后事之师，这些也是我国在城市发展中要竭力避

---

① 中共中央宣传部编：《习近平新时代中国特色社会主义思想学习纲要》，学习出版社、人民出版社2019年版，第173页。

②③ 中共中央文献研究室编：《十八大以来重要文献选编》（上），中央文献出版社2014年版，第602页。

免的。

总之,从理论渊源来看,习近平人民城市重要理念体现了鲜明的马克思主义立场,充分肯定城市在国家社会发展中的重要地位和作用,同时对城市发展带来的种种问题有着深刻的认识并提出了应对之策;继承发展了中国共产党城市建设与城市工作始终坚持人民至上的价值取向和城乡兼顾的发展思路,不仅让人民在城市发展中有更多获得感、幸福感,也让农村农民共享发展成果;积极吸收借鉴古今中外一切优秀的城市文化与理念,让城市发展植根于文化传统深厚沃土的同时,汲取国外一切有益的经验,充分体现了守正创新、海纳百川、开放包容、与时俱进的理论品格。

二、习近平人民城市重要理念的科学内涵

2020年11月12日在浦东开发开放30周年庆祝大会上,习近平明确指出:"人民城市人民建,人民城市为人民。城市是人集中生活的地方,城市建设必须把让人民宜居安居放在首位,把最好的资源留给人民。要坚持广大人民群众在城市建设和发展中的主体地位,探索具有中国特色、体现时代特征、彰显我国社会主义制度优势的超大城市发展之路。"这段阐述对人民城市重要理念作了精练的说明,深刻揭示了城市建设与发展的价值依归与依靠力量,彰显了人民城市重要理念的丰富内涵。

(一) 以人民幸福为根本依归的城市价值观

人民性是马克思主义最鲜明的品格。中国共产党的初心就是为人民谋幸福,习近平总书记指出:"人民对美好生活的向往,就是我们的奋斗目标。"满足人民对美好生活的需要是城市建设和我们党一切城市工作的奋斗目标。习近平总书记2018年8月21日在甘肃考察时指出:"城市是人民的,城市建设要贯彻以人民为中心的发展思想,让人民群众生活更幸福。"[1]"人民

---

[1] 中共中央党史和文献研究院编:《习近平关于城市工作论述摘编》,中央文献出版社2023年版,第37页。

城市为人民"几个字就是这一人民性的最好诠释。也可以说,以人民幸福为根本价值依归是习近平人民城市重要理念的首要含义。那么,以人民幸福为根本价值依归应该如何体现?

首先,在认识上必须坚持人民立场,把为人民创造美好幸福生活作为一切城市工作的出发点和落脚点。人民立场是由中国共产党的性质和根本宗旨决定的,也是马克思主义唯物史观的具体体现。让人民过上好日子,是中国共产党一以贯之的追求,无论是在新民主主义革命时期带领中国人民推翻"三座大山",摆脱被欺负、被压迫、被奴役的命运,还是新中国成立后带领人民从积贫积弱、一穷二白到全面小康、繁荣富强,都彰显了中国共产党为人民谋幸福的初心。党的百年历程也反复证明,只有站稳人民立场,党的事业才能不断从胜利走向新的胜利。反之,只要脱离了人民群众,党的事业就会受到挫折。"只有真正领悟了人民立场的真谛,才会自觉站在人民立场上想问题、做决策、做事情、干事业,做有利于人民、符合人民眼前利益要求和人民长远利益要求的事。"[①]因此,只有坚持人民立场,把为人民创造美好幸福生活作为一切城市工作的出发点和落脚点,才能始终同人民想在一起、干在一起,人民城市的建设和发展才能得到广大人民群众的拥护和支持,才有坚实的基础走出一条中国特色城市发展道路。

其次,在工作上必须始终聚焦人民的需求。聚焦人民需求是习近平在指导城市工作时反复强调的:"无论是城市规划还是城市建设,无论是新城区建设还是老城区改造,都要坚持以人民为中心,聚焦人民群众的需求,合理安排生产、生活、生态空间,走内涵式、集约型、绿色化的高质量发展路子,努力创造宜业、宜居、宜乐、宜游的良好环境,让人民有更多获得感,为人民创造更加幸福的美好生活。"[②]"推进城市治理,根本目的是提升

[①] 中共中央宣传部编:《习近平新时代中国特色社会主义思想三十讲》,学习出版社2018年版,第87页。

[②] 中共中央党史和文献研究院编:《习近平关于城市工作论述摘编》,中央文献出版社2023年版,第37页。

人民群众获得感、幸福感、安全感。要着力解决人民群众最关心最直接最现实的利益问题,不断提高公共服务均衡化、优质化水平。"①人民群众最关心最直接最现实的利益问题归结起来,就是围绕"衣食住行、生老病死、安居乐业"十二个字的问题。其中人民群众最关心的主要有就业、安居、教育、医疗、养老等几个突出方面。

一方面,要增强城市经济发展,只有高质量的经济发展,不断做大财富的蛋糕,才能为满足人民美好生活的需要提供坚实的物质基础。离开了经济发展,所谓满足人民的需求只能是无源之水、无本之木,从而沦为空洞且不能兑现的口号。而且增强城市经济的发展可以带来更多的就业岗位,使人人都有通过辛勤劳动创造美好生活、实现自身发展的机会。所以无论是从国家改善民生的角度来说,还是从个体创造美好生活的角度来说,增强城市经济发展都是至关重要的。

另一方面,除了发展经济之外,也要不断提高公共服务均等化、优质化水平,真正让经济发展的成果惠及每个人的生活。教育上,必须放到社会发展的优先位置。百年大计,教育为本。习近平总书记强调,教育是对中华民族伟大复兴具有决定性意义的事业,建设教育强国是中华民族伟大复兴的基础工程。所以要不断深化教育改革,加快教育现代化水平,提供更多更好的教育资源,努力让每个孩子都享有公平而有质量的教育;社会保障上,要按照兜底线、织密网、建机制的要求,不断加强社会保障体系建设,提高社会福利水平;住房上,要坚持"房子是用来住的,不是用来炒的"定位,加快建立多主体供给、多渠道保障、租购并举的住房制度,满足不同群体的住房需求,特别是为城市的年轻人住得起、住得好创造条件。只有这些老百姓最关心最直接最现实的问题解决了,真正实现了学有所教、力有所用、劳有所得、病有所医、老有所养、住有所居、弱有所扶,人民城市的人民性才有最直接的体现。

---

① 中共中央党史和文献研究院编:《习近平关于城市工作论述摘编》,中央文献出版社2023年版,第39、40页。

聚焦人民需要不光体现在以上几个最基本的层面，其他如通过"放管服"改革不断优化营商环境，打造高效的政务服务体系，让企业、让群众办事更方便、更快捷也是满足人民需求的重要方面。此外，城市建设中建设更优美的生产生活环境也是体现以人民为中心的内在要求。正如习近平总书记反复强调的，环境就是民生，青山就是美丽，蓝天也是幸福。这些都是提高城市人民幸福感、获得感不可或缺的重要组成部分。

（二）以依靠人民为力量之源的城市治理观

马克思主义唯物史观认为，人民是历史发展的动力。毛泽东曾经指出："只有依靠人民，坚决地相信人民群众的创造力是无穷无尽的，因而信任人民，和人民打成一片，那就任何困难也能克服。"习近平总书记也多次强调人民对历史发展的重要意义，2018年3月20日，在第十三届全国人民代表大会第一次会议上，他说："人民是历史的创造者，人民是真正的英雄。波澜壮阔的中华民族发展史是中国人民书写的！博大精深的中华文明是中国人民创造的！历久弥新的中华民族精神是中国人民培育的！中华民族迎来了从站起来、富起来到强起来的伟大飞跃是中国人民奋斗出来的！"人民群众是历史发展和社会进步的主体力量，中国共产党依靠人民创造历史伟业。在新时代，建设人民城市，同样需要依靠人民。如果说"人民城市为人民"回答了城市建设发展为了谁的问题，那么，"人民城市人民建"就是在回答城市建设发展依靠谁的问题。

城市建设依靠人民，要求在城市建设与治理上必须牢固树立人民的主体地位，最大限度激发人民群众的首创精神。2021年2月25日，习近平总书记在全国脱贫攻坚总结表彰大会上语重心长地说："只要我们始终坚持为了人民、依靠人民，尊重人民群众主体地位和首创精神，把人民群众中蕴藏着的智慧和力量充分激发出来，就一定能够不断创造出更多令人刮目相看的人间奇迹！""知屋漏者在宇下，知政失者在草野"，人民群众处于城市建设、生产第一线，是最了解实际情况的人，因此，谋划城市发展，必然离不开人民。同样，人民群众在实践中创造的经验，最鲜活，最有生命力，推动改革创新，必然也离不开人民。中国改革开放40多年的历程充分印证了这一点，如习近平总书记所深刻总结的，改革开放在认识和实践上的每一次突破和发展，改革开放中每一个新生事物的产生和发展，改革开放中每一个方面经验的创造和积累，无不来自亿万人民的实践和智慧。从家庭联产承包责任制到乡镇企业的出现，再到村民自治的产生等，这些从现在看来对中国后来的发展影响深远的创造和行动，都不是自上而下设计的结果，而是人民群众自发探索、自发尝试、自发创新的结果。在建设人民城市过程中，同样需要激发人民群众的智慧，尊重人民群众的首创精神，真正把人民群众的实践创造作为推进城市工作的源头活水。自觉拜人民为师，不断从人民群众中吸取营养和力量，把开展城市工作能力的提高、城市发展思路的创新、城市治理智慧的增长深深扎根于人民群众的实践沃土中。

城市建设发展依靠人民，要充分尊重人民群众对于城市发展的知情权、参与权、监督权，确保人民群众通过各种方式参与城市的建设与治理。习近平总书记强调："市民是城市建设、城市发展的主体。要尊重市民对城市发展决策的知情权、参与权、监督权，鼓励企业和市民通过各种方式参与城市建设、管理。在共建共享过程中，城市政府应该从'划桨人'转变为'掌舵人'，同市场、企业、市民一起管理城市事务、承担社会责任。只有让全体市民共同参与，从房前屋后实事做起，从身边的小事做起，把市民和政府的关系从'你和我'变成'我们'，从'要我做'变为'一起做'，才能真正实现城市共治共管、共建共享。"[①]在这段话中，习近平总书记讲了三个"变"，从三个不同角度阐释了人民城市依靠人民建设的完整意涵。城市政府由"划桨人"转变为"掌舵人"，指的是政府和人民在城市建设中应该各有分工，各自担任着不同的角色。在城市建设中，政府做不到也不可能包办一切，而是要积极引导市场、企业等社会力量广泛参与，专

---

① 中共中央党史和文献研究院编：《十八大以来重要文献选编》（下），中央文献出版社2018年版，第92页。

业的事交给专业的人去做。政府更多的是"掌舵",是把握方向,为多元力量参与城市建设建立机制、搭建平台;"你和我"变成"我们",要求在城市工作中必须坚持群众路线。只有一切工作都从群众的需求和利益出发,让人民群众切实感觉到城市的建设发展与自己的美好生活息息相关,他们才不会觉得自己是局外人,才不会仅仅当一个旁观者。如此,才能在一切城市工作中赢得人民群众的支持和拥护,"你和我"才会真正变成"我们";"要我做"变为"一起做",要求在城市工作中善于激发人民群众的主观能动性,充分调动人民群众积极参与城市建设与治理。当然,实现这些转变必然离不开民主的落实,只有在城市规划、建设等各个环节中真正落实全过程人民民主,健全民主协商与监督机制,畅通民意诉求渠道,人民的力量与智慧才能得到有效激发和释放,才能真正实现共治共建、共管共享。

最后,城市建设发展依靠人民,必须以老百姓满意与否作为检验城市工作的评判标准。无论是城市规划、出台政策的这样的大事,还是类似公交线路调整这样的"小事",都要注重群众的意见和建议,增加群众的话语权、评判权,而不能关起门来决策,搞自我评价、自我认可。要始终牢记人民是城市工作的最高裁决者和最终评判者。在城市的建设和发展中,人民是否真正得到了实惠,人民生活是否真正得到了改善,人民的权益是否真正得到了保障,才是检验一切工作成效的试金石。习近平总书记所说"时代是出卷人,我们是答卷人,人民是阅卷人",强调的就是这层意思。正所谓金杯银杯不如百姓口碑,老百姓说好才是真的好。

(三)以人民安全为宗旨的城市发展观

随着中国经济社会快速发展,我国城市的规模越来越大,人口和产业的聚集性越来越强。与此同时,城市发展方式、产业结构、产业形态也在发生着深刻变化,城市运行系统日趋复杂。特别是在世界面临百年未有之大变局下,我国城市面临着更大更多的风险和挑战。因此,各种新旧风险隐患以及一些不确定性带来的城市安全问题在城市治理中必须予以高度关注,甚至有学者认为,"人民城市最低标准的第一条,就是如何守住安全底线"①。习近平总书记对城市安全问题特别重视,在回答我国城市化道路怎么走这个问题时,他说:"这是个重大问题,关键是要把人民生命安全和身体健康作为城市发展的基础目标。目前,我国常住人口城镇化率已经达到60.6%,今后一个时期还会上升。要更好推进以人为核心的城镇化,使城市更健康、更安全、更宜居,成为人民群众高品质生活的空间。"②这段话非常鲜明地指出了城市安全在人民城市建设中的重要性。因此,在人民城市建设发展中必须坚持生命至上、安全第一,始终坚守发展决不能以牺牲安全为代价这条不可逾越的红线,为人民群众提供更有保障、更可持续的安全感;牢固树立安全发展理念,健全公共安全体系,打造共建共治共享的城市安全社会治理格局,促进建立以安全生产为基础的综合性、全方位、系统化的城市安全发展体系,全面提高城市安全保障水平,为人民群众营造安居乐业、幸福安康的生产生活环境。

建设安全的人民城市,要树立城市安全新理念,增强风险防范意识。党的十八大以来,习近平总书记多次强调底线思维的重要性,强调要善于运用底线思维的方法,凡事从坏处准备,努力争取最好的结果,做到有备无患、遇事不慌,牢牢把握主动权。在城市工作上,尤其要有底线思维,认识到城市社会的风险是客观存在的,特别是当我们所处的,是一个船到中流浪更急、人到半山路更陡的时候,是一个愈进愈难、愈进愈险而又不进则退、非进不可的时候,各种风险重叠交织,既有"灰犀牛",也有"黑天鹅"。然而风险并不可怕,关键是如何做到减少风险变成现实灾害的可能性。所以建设安全城市,关键在于预防。凡事预则立,不预则废,有了充分到位的预防措施,就可能将影响城市安全的风险因素降到最低,在建设安全城市中要"从不惜一切代价应急处置向千方百计做好应急准备转变;加强风险治理,从以事件为中心向以风险为中心转变"③。除了要有风险防范意识,城市管理者特别是领导干部还要不断提高研判力、决策力、

---

① 彭勃:《人民城市建设要把握住三个"最"》,《国家治理》2020年第34期。
② 习近平:《国家中长期经济社会发展战略若干重大问题》,《求是》2020年第21期。
③ 闪淳昌:《关于建设安全城市的思考》,《中国减灾》2016年第9期。

掌控力、协调力和舆论引导力等应急处突能力。

建设安全的人民城市,要完善应对风险的制度建设,理顺治理机制。对城市安全风险应进行全面辨识评估,建立城市安全风险信息管理平台。明确风险管控的责任部门和单位,完善重大安全风险联防联控机制。对重点人员密集场所、安全风险较高的大型群众性活动开展安全风险评估,建立监测预警和应急管控处置机制。制定城市安全隐患排查治理规范,健全隐患排查治理体系。例如,加强施工前作业风险评估,强化过程管理,严禁违章违规行为,防范事故发生;对城市中如广告牌、灯箱、楼房外墙附着物等要加强管理;对城市隧道、桥梁、易积水路段以及老旧城区火灾、电梯等安全隐患,加强排查治理,杜绝一切可能引起群众生命安全的事故发生,做到防患于未然。同时要健全城市安全生产应急救援管理体系,加快推进建立城市应急救援信息共享机制,健全多部门协同预警发布和响应处置机制,提升防灾减灾救灾能力,提升应急管理和救援能力,提高城市生产安全事故处置水平。

建设安全的人民城市,还要强化科技支撑,提升运用大数据治理的水平。习近平总书记指出:"推进国家治理体系和治理能力现代化,必须抓好城市治理体系和治理能力现代化。运用大数据、云计算、区块链、人工智能等前沿技术推动城市管理手段、管理模式、管理理念创新,从数字化到智能化再到智慧化,让城市更聪明一些、更智慧一些,是推动城市治理体系和治理能力现代化的必由之路,前景广阔。"[1]构筑城市安全,同样要强化安全科技的创新和应用,在生产领域积极推广先进生产工艺和安全技术,提高安全自动监测和防控能力。在城市治理上,建立完善安全生产监管与市场监管、应急保障、环境保护、治安防控、消防安全、道路交通、信用管理等部门公共数据资源开放共享机制,加快实现城市安全管理的系统化、智能化。同时,要积极研发和推广应用先进的风险防控、灾害防治、

---

[1] 中共中央党史和文献研究院编:《习近平关于城市工作论述摘编》,中央文献出版社2023年版,第114、115页。

预测预警、监测监控、个体防护、应急处置、工程抗震等安全技术和产品，深入推进城市生命线工程建设。

三、习近平人民城市重要理念的实践要求

（一）加强党的全面领导

党政军民学，东西南北中，党是领导一切的，党是最高政治领导力量，是中国特色社会主义事业的领导核心，为党和国家事业发展提供根本政治保证。中国共产党领导是中国特色社会主义最本质特征和最大制度优势，在人民城市建设中必须进一步彰显这一最大优势，发挥党总揽城市发展和治理全局、协调城市治理多元主体的作用。实践证明，强大的党的领导，是城市建设发展以及治理成功与否的决定性因素。

加强党的领导，必须是全面的、系统的、整体的。现代城市运行和治理是一个非常复杂的系统过程，涉及各种不同的组织机构和职能部门，涉及经济社会发展的各个领域，但是党是这一切的核心。必须把党的领导贯彻到城市政治、经济、文化、社会、生态治理各方面，体现到城市规划及其实施、城市生命体有序运行的各个环节，落实到城市物质流、信息流、能量流等各种能量交换的全流程，做到党的领导在城市治理现代化中全覆盖、无盲区、高效能。

加强党的领导，必须发挥城市基层党建的引领作用。基层是党和政府联系服务群众的"最后一公里"，这"一公里"正是社会治理体系的"神经末梢"。城市基层党组织是党在城市全部工作和战斗力的基础，发挥着组织群众、凝聚群众、化解矛盾的重要作用。因此，在人民城市建设中，加强党的领导，必须抓好城市基层党组织建设，严密党在城市基层的组织体系，创新党建工作方式方法，进一步推进党建引领向各个行业、各个领域延伸，更好发挥党建引领城市基层治理的作用。

加强党的领导，必须建设高素质干部队伍。绳短不能汲深井，浅水难以负大舟。人民城市建设越是不断推进，对领导干部的能力要求就越高。

中央城市工作会议强调,要加快培养一批懂城市、会管理的干部,用科学态度、先进理念、专业知识去规划、建设、管理城市。要全面贯彻落实新时代党的组织路线,按照党的十九大提出的全面增强执政本领的明确要求,不断增强学习本领、增强改革创新本领、增强科学发展本领、增强依法执政本领、增强群众工作本领、增强狠抓落实本领、增强驾驭风险本领;把对党忠诚作为检验干部政治素质的重要标尺;把干部干了什么事、干了多少事、干的事组织和群众认不认可作为选拔干部的根本依据,激励党员干部充满激情、富于创造、勇于担当,提高领导干部适应新时代人民城市建设新要求的领导水平和专业化能力,开拓创新、扎实工作,不断开创人民城市发展新局面。

(二)尊重城市发展的客观规律

认识、尊重城市发展规律是做好一切城市工作的前提。从辩证唯物主义观点来看,规律是事物本身固有的本质联系和发展的必然趋势,具有必然性、普遍性和客观性的特点,是不以任何人的主观意志为转移的。在人类的一切实践活动中,只有在尊重、顺应客观规律前提下,积极发挥人的主观能动性才能取得成功。反之,则会遭受挫折和失败。城市是一个巨大且复杂的系统,城市发展是一个自然历史过程,有其自身的发展与运行规律。在人民城市建设中,必须科学认识城市发展规律,树立尊重城市发展规律的意识。

顺应城市发展规律是做好一切城市工作的关键。作为一个复杂的"巨系统",城市的发展规律是多方面的,城市的每个领域都有其自身的发展规律,如城市的经济发展规律、城市文化发展规律、城镇化与人口流动规律、城市空间演化规律、城市与自然协调发展规律,等等。[1]在推进城市工作中,只有顺应城市发展规律,才能推动城市更加健康发展;反之,则会产生种种问题。国内外一些城市在发展过程中出现的交通拥堵、环境污

---

[1] 郑泽爽、罗勇、王朝宇:《树立"城市思维",践行"城市模式"——尊重城市发展规律的认识论和方法论》,《城市观察》2017 年第 3 期。

染、空城现象等"城市病",都是忽视城市发展规律的结果。因此,人口和用地要匹配,城市规模要同资源环境承载能力相适应。这就要求一方面,增强中心城市和城市群等经济发展优势区域的经济和人口承载能力,顺应农村人口不断向城市聚集的发展趋势和规律;另一方面,如习近平总书记所指出的,"城市发展不能只考虑规模经济效益,必须把生态和安全放在更加突出的位置,统筹城市布局的经济需要、生活需要、生态需要、安全需要"①。

尊重城市规律要坚持系统观念。城市工作是一个系统工程,在城市建设发展中,必须坚持系统观念,既要为一事谋一时谋,也应为全局计长远计,要在统筹上下功夫,在重点上求突破,着力提高城市发展持续性、宜居性。特别是要做到"五个统筹",即统筹空间、规模、产业三大结构;统筹规划、建设、管理三大环节;统筹改革、科技、文化三大动力;统筹生产、生活、生态三大布局;统筹政府、社会、市民三大主体。通过前四个方面的统筹,不断提高城市工作的全局性、系统性和城市发展的持续性、宜居性。通过最后一个统筹,充分调动各方推动城市发展的积极性、主动性、创造性,共同发力,共同参与、促进城市发展,真正实现城市共治共管、共建共享。

(三) 统筹推进城乡一体化发展

推进城乡发展一体化,是工业化、城镇化、农业现代化发展到一定阶段的必然要求,是国家现代化的重要标志。党的十八大以来,习近平总书记在不同场合多次强调城乡一体化发展的重要意义,在十九届中共中央政治局第八次集体学习时的讲话中指出,没有农业农村现代化,就没有整个国家现代化。在现代化进程中,如何处理好工农关系、城乡关系,在一定程度上决定着现代化的成败。强调要把乡村振兴战略这篇大文章做好,必须走城乡融合发展之路。

推动城乡要素配置合理化。造成城乡发展不平衡的一个重要原因是农村大量的人、财、物向城市的"单向流动",实现城乡一体化发展,必须建

---

① 习近平:《国家中长期经济社会发展战略若干重大问题》,《求是》2020 年第 21 期。

立健全有利于城乡要素合理配置的体制机制,促进人才、土地、资金等各类要素在城乡之间合理流动,从而形成良性循环,为城乡一体化发展注入新动能。在促进人才流动方面,进一步健全农业转移人口市民化机制、建立城市人才入乡激励机制等具体措施,打通城乡人口流动渠道。在土地要素方面,通过改革完善农村承包地制度、稳慎改革农村宅基地制度、建立集体经营性建设用地入市制度等,进一步提高农村土地利用效率。在资本集聚方面,健全财政投入保障机制、完善乡村金融服务体系、建立工商资本入乡促进机制、建立科技成果入乡转化机制,助力农村产业发展,实现农民增收、农业发展和农村繁荣。

推动城乡基础设施规划一体化。基础设施是统筹城乡运行和健康发展的物质支撑。必须提高认识,加大合力,把基础设施一体化建设作为加快城乡融合化发展的基础性工作来抓,着力推进城乡基础设施共建共享、互联互通,推动农村基础设施建设提档升级。通过推动城乡路网一体规划设计,加快实现城乡道路和客运联通,畅通城乡交通运输连接,完善道路安全防范措施。统筹规划重要市政公用设施,推动向城市郊区乡村和规模较大中心镇延伸。统筹规划城乡污染物收运处置体系,因地制宜统筹处理城乡垃圾污水,加快建立乡村生态环境保护和美丽乡村建设长效机制。

推动城乡公共服务均等化。现阶段,我国城乡之间最直观的差距除了基础设施之外,还有公共服务的差距。实现城乡一体化发展必须推进城镇公共服务向乡村覆盖,建立健全普惠共享、城乡一体的基本公共服务体系。特别是在教育、医疗、社会保障等重点民生领域上,要向农村和城市郊区倾斜,逐步实现城乡公共服务均等化。在教育上,要积极建设城乡学校共同体,逐步缩小城乡义务教育办学条件与教育质量;积极构建多元化、多样化、覆盖城乡的普惠托育服务和婴幼儿照护服务体系。在医疗上,加快基层医疗卫生机构标准化建设,提升基层医疗卫生条件,推动城市优质医疗资源向县域下沉。对在农村基层工作的卫生技术人员给予政策倾斜,增强医疗卫生人才到基层的吸引力。在社会保障上,进一步完善城乡统一的社会保障制度,充分发挥社保对保障人民生活、调节社会收入分配的重要作用。

综上所述,习近平人民城市重要理念的提出,深刻回答了新时代我们应该建设什么样的城市,以及怎样建设城市这个重大的理论与实践命题,为我们不断创新城市工作,推进城市建设,走出一条中国特色城市发展道路提供了根本遵循。在人民城市重要理念的指导下,我国城市发展进入提质增效的新阶段,取得了良好的效果,城市发展格局持续优化,城市产业结构持续升级,发展活力不断释放,城市保障能力明显增强,公共服务持续完善,城市生态文明建设成效显著,城市人民的生活更加美好。

第二章　让人民生活更美好：
　　　　新时代我国城镇化的根本目的

2000多年前，亚里士多德就说过："人们来到城市是为了生活，人们居住在城市是为了生活得更好。"作为人类居住环境演化的历史过程，城市化（也称城镇化）是经济社会发展到一定阶段的必然结果。城市化进程中，城市的价值在哪？城市化的目的到底是什么？

马克思主义城市思想认为，城市的本质是社会制度下的人造环境。在资本主义条件下，城市人造环境的生产和创建过程是在资本控制和作用下的结果，是资本本身发展需要创建一种适应其生产目的的人文物质景观的后果。资本主义的城市化是资本的城市化。在资本主义社会，城市是资本积累和循环的空间结点。社会主义城市实现了对资本主义"以资本为本"的价值超越，强调人是目的，城市存在的价值在于"以人民为本"，为了生活其中的人们过得更好。

中国特色社会主义进入新时代，习近平总书记鲜明提出坚持以人民为中心，系统论述以人民为中心的发展思想。党的二十大报告将"必须坚持人民至上"作为习近平新时代中国特色社会主义思想的世界观方法论第一原则，进一步诠释了我们党全心全意为人民服务的根本宗旨。坚持人民至上，反映在城市建设上就是要求我们深入贯彻落实人民城市重要理念，把让人民生活更加美好作为根本目的，聚焦人的城镇化这一核心，全面推进新型城市化，实现城市高水平建设、高质量发展、人民高品质生活。

一、人在城市发展中越来越占据核心地位

(一) 人是构成城市的核心要素

从词源上看,城市是"城"与"市"的组合词。古代的"城"主要是为了防卫,指的是用城墙等围起来的地域。《管子·度地》说"内为之城,外为之廓"。"市"则是指进行交易的场所,"日中为市"。这两者都是城市最原始的形态,严格地说,都不是真正意义上的城市。一个区域作为城市必须有质的规范性。地理学意义上的城市一直被定义为一个大型的人类聚居地。它是一个永久的、人口稠密的地方,具有行政界定的边界,其成员主要从事非农业活动。

人是城市的构成要素,人与城市永远是互相依存的关系。从宏观层面看,无论是城还是市,都离不开人,人既是城市的构成者、建设者,又是城市的居住者、使用者。在一个城市的发展历程中,人的行为与人的需求都尤为重要。从各个国家与城市的发展历史与经验来看,城市的扩张与膨胀史就是人的欲望的扩张与膨胀史。人是城市的主体,有人才有城,有人才有市。人来到城市建设城市,也希望享受城市。城市建设要体现人的需求,并围绕人的需求展开;人在建设一个符合自己需求与愿望的城市,也是人享受自己建设成果的过程。从微观层面看,城市是人赖以生存的聚居所,人是城市不可或缺的一分子,个人与城市是一个命运共同体。城市的建设要"以人为本",让人在城市中感受勇气和力量;个人的生存要"服务于城",让城市在人的奋斗中繁荣和昌盛。城因人而兴,人因城而幸,两者互相依存,共同成长。

而现代城市的发展实践证明,人口越来越成为城市的核心要素。城市的人口对于城市的影响表现在经济、政治、文化等各个方面。从经济方面看,人口是劳动力的基础,是社会生产力的重要因素;人口的增长首先会带动城市的市场扩大,消费增加,从而促进经济发展。城市的发展离不开人口,长期分析,人口的增长、流动,会产生城市聚集效应,促进产业结

构优化升级。人口的问题也是发展的问题，发展的问题也是城市的问题，两者辩证统一，互相促进，互为支撑。从政治方面看，城市是人口的集合，人与城市是生命共同体。在一定程度上，人口结构与人口素质影响着城市的发展面貌，城市的文化政治发展水平也为人口素质发展提供重要支撑。从文化方面看，人口的流动，必然导致文化的交融。而随着时间的沉淀，城市化发展必然会影响已有的文化意识，这是随着劳动力转变和生产有机构成变化所带来的必然结果，这个结果可能是顺应时代发展的，也可能是逆潮流的，这就需要城市与人民共同努力，在发展的曲折道路上不断修正道路，走向前方正途。

城市化是一个国家或地区的人口由农村向城市转移，农村地区逐步演变成城市地区，城市人口不断增长的过程。城市化本质上是人口的城市化。从发展趋势看，人将是城市化的核心要素，中国未来的城市发展将更多地取决于人口的大规模流动，有人口流入的城市才会有明天；而大规模人口流出地，将难以逃离所谓"空城""睡城"的命运。

（二）人才是现代城市的第一资源

党的二十大报告提出"科技是第一生产力、人才是第一资源、创新是第一动力"[①]的思想，并明确了深入实施科教兴国战略，强化现代化建设人才支撑的战略要求。对于城市发展而言，人才更是现代城市的第一资源。

人口要素是城市构成的重要因素，人才是城市创新发展的原动力。一座城市有了新增人口，才可能有新增的劳动力和新的消费能力，这样的城市才可能创造新的价值。如果新增加的人口中人才比例大，这座城市就会形成更大的发展动能。特别是正在转型发展的大城市，由于全球经济环境的迅速变化和国内人口出现负增长趋势，加上土地、资本、原材料等物质因素对经济发展的影响正在慢慢减弱，人口尤其是人才的重要地位越来越凸显。未来的城市发展，谁吸引到优秀人才，谁才有持续的竞争力。因此，在城市化不断加快的进程中，把人才作为推进城市各项事业发

---

① 《习近平著作选读》第一卷，人民出版社2023年版，第28页。

展的关键因素,努力造就数以万计的高素质劳动者、数以千万计的专门人才和一大批拔尖创新人才,建设规模宏大、结构合理、素质较高的人才队伍,充分发挥各类人才的积极性、主动性和创造性,开创人才辈出、人尽其才的新局面,卓有成效地提升城市核心竞争力和综合实力,是城市经济可持续发展和社会协调发展的重要保证。

近年来,随着新发展理念的贯彻落实,各地越来越清醒地认识到,要实现创新发展、高质量发展,吸引人才是关键,是决定性因素。城市发展中大量年轻的高学历人才进入,不仅能优化城市的人口结构,还能延缓城市的老龄化,解决城市发展过程中人才不足的问题。对于一座城市来说,有什么样的人才,就有什么样的竞争力,就有什么样的未来。环境好,则人才聚、事业兴。越是高水平开放,越呼唤高质量人才,越应以高品质服务保障人才需求。在上海浦东,张江国际人才社区拔地而起,轨道交通穿城而过,工作园区变美好城区的目标渐行渐近;前滩现代化办公环境、丰富的公园绿地以及体育中心、购物中心等设施,也让外企负责人无不赞叹这里是"全球最为先进的城市生活和工作融合的典范"。环境怡心、人才舒心,工作生活才能顺心,投身创新发展事业才能更加用心。

栽好梧桐树,引得凤来栖。今天的中国,已经成为各类人才向往的大舞台。奋进新征程,继续以识才的慧眼、爱才的诚意、用才的胆识、容才的雅量、聚才的良方,让人才资源充分涌流、创新活力竞相迸发,中国就一定能实现高水平改革开放,建设好社会主义现代化强国。

(三)"城兴人、人兴业":城市发展的新逻辑

任何城市发展都有着自身的逻辑规律。解构城市发展的逻辑,事实上就是解构城市发展本身,目的是找到城市发展的内在机理和生发机制。城市的构成元素有很多,自然地理环境、人文条件、经济发展状况等是基础。而从城市形成的动态过程看,人口、产业是两个至关重要的因素。城市是"人"的城市,城市也是"业"的城市。无人无以兴城,无业亦无以成城。

现实地看,由一定人口(人才)构成城市发展"人"的因素,是城市发展最直观的表征。在一个城市里,人口因素涉及结构、数量、素质等诸多问题,是构成城市的核心要素。产业则构成城市发展"业"的因素,是城市发展最重要的物质条件。城市的产业基础、结构、品质对于区域发展与经济增长至关重要。在人口、产业支撑下和地理、人文环境基础上才能构建起所谓的"城"。由此,城市发展可以被抽象和解构为"人""业"和"城"三者之间的关系,分析"人""业"和"城"的逻辑关联以及确定不同时期三者发展的优先次序,可以作为探索和研究城市发展的内在逻辑和生发机制的学术框架和理论路径。

按照这个分析思路,我们考察西方国家城市的发展逻辑,可以看到,百年前的西方城市经历了从出现、扩张到衰落,再到复兴的城市发展的生命周期。20世纪后半叶,西方国家城市发展逻辑是"业兴人,人兴城",人跟随产业,实质是产业兴城。在该发展逻辑推动下,工业化推动新兴城市发展,"田园资本主义"盛行,制造业外迁,跨区域跨国迁移,伦敦、纽约等老牌世界城市相对衰落,东京和新加坡等一批新世界城市崛起。而从21世纪初开始,信息社会与知识经济重塑城市发展路径,创新创意成为城市发展新动力。能源危机和环保压力,让"田园资本主义"逐步被倡导"注重步行空间,强调密集型发展"的"新城市主义"所替代,这样的发展逻辑与创新创意人才的需求高度吻合。随着吸引和集聚人才成为城市发展的政策出发点,城市发展逻辑发生显著变化,转变为城市塑造环境,环境吸引人才,人才促进创新,创新推动产业,产业繁荣城市,即所谓的"城兴人、人兴业"的城市发展新逻辑逐步形成并主导城市发展。[①]

回到中国城市发展的实践看,大致经历了"业兴城,城兴人"到"城兴业,业兴人"再到"城兴人,人兴业"的历史过程。新中国成立初期,尽管城市化进程一度比较缓慢,但以油城、煤城、钢城、港城、石化城等为代表的城市崛起是一个时代城市发展的典型标志。"以业兴城、以城聚人"也成

---

① 陈玉娇、邓智团:《顺应新时代的城市发展逻辑》,《中国国情国力》2019年第3期。

为这个时期中国城市发展的基本模式。改革开放以后,借助于超大规模的跨区域迁移人口流动和全球产业转移带来的发展机会,我国城市以新城、新区和开发区建设的方式,推动城市人口、土地和经济规模的迅速扩张,一大批城市迅速成长起来。在这个过程中,城市发展逻辑概括为"城兴业,业兴人",即城市建设新城新区实现城市规模扩张和吸引产业,产业推动人口集聚,人口集聚扩张城市人口规模。其实质是以工业化推动城市化实现城市规模扩张的粗放发展。进入新时代,在新发展理念的指导下,受土地、人口、资源约束和环境生态的倒逼,各地政府特别是超大城市政府主动干预原有城市发展方式,推动城市发展逻辑主动调整,从而使得新时代的城市发展逻辑转型为"环境吸引人才,人才集聚产业,产业繁荣城市",即"城兴人,人兴业"。

与"业兴城,城兴人"和"城兴业,业兴人"的城市化逻辑不同,"城兴人,人兴业"的城市发展逻辑不再是依托产业的计划布局和市场导入,以产业吸引流动人口,实现城市版图的简单扩张、新城新区的粗放发展,而是更加强调提升城市品质的内涵发展。对现代城市而言,人才是第一资源。近些年来,城市间的发展竞争不再像过去重在规模、层级、产业等竞争,而是转变为更显性、直接的人才争夺战。由此,一线城市特别注重改善城市生态环境和促进文化多元,营造舒适的生活和工作环境,以吸引创新创意高端人才,以人才激发创新,以创新繁荣产业,从而实现城市的创新发展。"城兴人,人兴业"的城市发展,正在成为新时代主导我国城市新一轮发展的基本逻辑。

基于城市发展逻辑和生发机制的分析,我们认为,上海的新城发展的基本路径应该是遵循"环境吸引人才,人才集聚产业,产业繁荣城市"的新时代城市发展逻辑,先以城市宜居性吸引人才即"以城兴人",而后"以人兴业"。作为未来超大城市群核心圈层的新城吸引人口并非一定要全靠引进产业,更应靠城市宜居性和人文环境,需要交通技术、信息技术及地方财税制度的保障。

二、以人为本是新时代我国城镇化的基本方针

(一) 以人为本推进城镇化是适应社会主要矛盾变化的必然要求

新时代,我国社会主要矛盾已经转化为人民日益增长的美好生活需要和不平衡不充分的发展之间的矛盾。主要矛盾的变化决定着其他矛盾的变化,经济发展方式的转变决定着城市发展方式的转变。

落实以人为核心的新型城镇化战略,推进城市高质量发展是适应社会主要矛盾变化的必然要求。改革开放以来,我国经历了世界历史上规模最大、速度最快的城镇化进程,从1978年到2021年,城镇化率年均提高1个百分点。2021年末,城镇常住人口91 425万人,城镇人口占全国人口比重(城镇化率)为64.72%,比上年末提高0.83个百分点。

但是,我们必须清醒地认识到我国城市发展还存在许多问题和不足,整体看,最典型的就是规划建设重外延轻内涵、用行政命令取代法治以及"城市病"(人口膨胀、交通拥堵、环境恶化、公共资源紧张、就业困难等,引发商务成本增加、市民身心疾病)等突出问题。具体来看,表现但不限于以下几个方面:一是定位不准,缺乏特色。由于对现代城市建设的规律把握不够,城市的规划建设缺少前瞻性和全局性,一部分城市片面追求高楼林立,忽视了城市的历史文化和区域特点,导致片面求高求大,到处都是"水泥森林"。二是盲目猎奇,审美跑偏。集中体现在城市建筑"丑出天际"。在中国快速城镇化的进程中,许多建筑没有很好地传承这份文化使命,一些建筑设计哗众取宠,与周围的环境格格不入,一些建筑设计简单复刻传统,盲目抄袭,导致许多文旅项目"千城一面",还有一些建筑体态怪异恶俗,让人直呼"辣眼睛"。三是急功近利,毁坏资源。一方面,市场追求利益最大化,受利益驱动会无视整个城市的发展以及其项目本身对城市环境和公众利益所带来的伤害,一些城市规划和建设盲目向周边"摊大饼"式的扩延,大量耕地被占,使人地矛盾更尖锐;另一方面,政府城市规划建设法制约束力弱化,监督的缺失,造成违反城市规划建设、破坏城

市规划总体布局的事例时有发生。城市房地产的无序开发不仅给城市的可持续发展带来毁灭性的影响,也给在这座城市生活的人民群众带来极坏的生存环境。四是管理粗放,治理无序。由于城市管理资源整合不够,未能形成合力,相关部门各行其是,道路重复开挖,电网、给水排水网、电信网、管网等铺设缺乏系统性,经常被相互挖断,造成停水、停电,影响了人民群众正常的生活秩序。

事实上,城市作为人类的智慧创造,是人类文明的鲜明标志,是人类活动的重要区域。让城市生活更美好,是城市建设、发展、治理的价值所在。城市发展的目的,是给这座城市生活的居民提供更好的生活、工作、文化、居住的空间、环境和便利,它不仅具有长远的经济效益,更具有重大的社会效益。因此,与虚幻的城市形象和虚假的市场效益相比,城市建设的价值取向(城市为谁而生)至关重要。城市发展之所以会产生这样或那样的问题,归根到底就是城市发展中价值取向出现严重偏差,见物不见人,没有真正体现人民的意志、观照人民的需求。

同时,这些问题凸显了城市建设领域"人民日益增长的美好生活需要和发展不平衡不充分的矛盾",解决这些问题必须旗帜鲜明地坚持用习近平新时代中国特色社会主义思想指导城市建设,全面贯彻落实人民城市重要理念;在实践中就要转变城市发展方式,由过去大规模增量建设转向增量结构调整与存量提质改造并存,解决城市发展中的突出矛盾,满足人民对美好生活的需要。

(二)以人为本推进城镇化是解决城市发展新问题的必然要求

在过去的几十年,中国的城镇化建设在取得巨大成就的同时,遇到了一些新情况、新问题。无论是"人口城镇化"滞后于"土地城镇化"所带来的两方面问题——城市建设用地的粗放式扩张造成大量土地资源的低效开发和浪费,人口城镇化进程相对滞后导致外来流动人口无法享受与本地城镇居民相同的教育、医疗、就业、住房、养老以及其他公共服务,抑或传统的城市管理方式难以有效应对快速城镇化带来的城市治理难题——快速的城镇化不仅引起了城市规模体量的扩充和城市治理事务的激增,还加剧了城市内部群体结构的分化和利益的多元化,还是传统的城市管理大多采取单一行政命令的方式,面对快速城镇化带来的交通拥堵、住房紧张、环境污染、能源短缺等"城市病"时常捉襟见肘、力不从心,①都与没有坚持人是目的,忽视人的需要,"见物不见人","追求数量",粗放增长、盲目扩张有关。

习近平总书记在2015年中央城市工作会议上的讲话中谈到我国城市发展存在的主要问题包括10个方面:一是在规划建设指导思想上重外延轻内涵、发展方式粗放,盲目追求规模扩张,新城新区层出不穷,大拆大建长年不断;二是一些城市规划前瞻性、严肃性、强制性、公开性不够,一些领导干部习惯于用行政命令取代法治,动辄"我说了算""就这么定了",违法违规干预城市规划、建设、管理,一些城市甚至出现"一任书记一座城,一个市长一新区"现象;三是一些城市越建越大、越建越漂亮,但居民上学、看病、养老越来越难,群众生活越来越不方便;四是相当数量的城市空气污染、交通拥堵、出行难、停车难、垃圾围城等城市病突出,且呈蔓延加剧态势;五是绝大多数城市没有完整准确的地下管线数据,许多城市平时缺水、每逢大雨"城中看海";六是一些城市一边是高楼大厦鳞次栉比,一边是棚户区、城中村破败低矮;七是一些城市建筑贪大、媚洋、求怪等乱象丛生,一些奇形怪状建筑拔地而起,个别城市甚至成了外国设计师"奇思妙想"的试验场;八是火灾、爆炸、垮塌等安全事故频发,老百姓生活不踏实;九是不少城市大量进城农民工难以融入城市生活、长期处于不稳定状态;十是有的城市管理人员不依法办事,选择性执法、粗暴执法事件不时见诸报端,影响很坏。有人这样形容当前的城市病:交通拥堵如肠梗阻,空气污染是哮喘,水污染是血液中毒,垃圾围城好比恶性肿瘤。②

而从目前上海新城建设的情况看,同样存在很多亟须解决的瓶颈问

---

① 叶林、杨宇泽:《深入推进以人为核心的新型城镇化》,《中国社会科学报》2021年4月29日。

② 中共中央党史和文献研究院编:《习近平关于城市工作论述摘编》,中央文献出版社2023年版,第29页。

题:一是新城文教卫体公共服务基础设施在功能和层次上还有差距,亟须进一步加强新城公共服务配套。二是新城对外交通在便利性快捷性方面还存在很多瓶颈,需要切实加快解决交通的通达性问题。三是新城先天拥有的生态优势还没有得到有效开发和利用,需要结合规划建设全面提升新城生态功能。四是人口导入特别是人才引留任务非常艰巨,亟须采取超常规措施加快人才引进和人口引入。五是城市运行和治理还存在制度和技术等方面的堵点,亟须加大新城管理运行数字化支撑力度。

破解当前城镇化建设面临的现实问题,必须坚持以人为本推进新型城镇化,对存在的这些问题,必须高度重视、积极探索、抓紧解决。

(三)以人为本推进城镇化是保证人民当家作主的必然要求

人民当家作主是社会主义民主政治的本质,实现人民当家作主是中国特色社会主义事业的应有之义。作为社会主义的本质规定性,人民当家作主不是仅属于民主政治的范畴,而是一个具有广泛经济社会意义的总体范畴。[1]

从社会发展逻辑看,人民当家作主就是人民构成社会发展动力主体,成为主宰社会发展进步的主人;社会主义就是一切依靠人民,通过激发人的积极性、主动性和创造性,使人民主体性和个人的能力得到充分发挥的社会。人民群众是历史主体,是创造历史的动力,也是主宰社会发展和自身命运的主人。

以人为本推进城镇化,就是要在城市规划、建设管理等各个方面体现人民当家作主的社会主义本质要求。以人为核心的新型城镇化,是以人民为中心的思想在城镇化工作中的具体体现。为谁建设城市的问题始终是城市发展中一个必须解决的根本问题。过去的城市发展中重面子轻里子,建了许多宽马路、大广场,忽视了排水管网建设,结果是不仅出现了过马路难,而且一到下雨就"看海";办了许多推山、填湖、砍树的事,结果城市规模扩大了,历史的记忆没有了,乡愁不见了,等等。

---

[1] 唐爱军:《人民当家作主是社会主义民主政治的本质》,《光明日报》2022年9月2日。

当下城市发展最根本的就是坚持以人民为中心，聚焦人民群众的需求，合理安排生产、生活、生态空间，走内涵式、集约型、绿色化的高质量发展路子，努力创造宜业、宜居、宜乐、宜游的良好环境，让人民有更多获得感，为人民创造更加幸福的美好生活。它符合新型城镇化以人为核心的要义，是新型城镇化战略的具体落实，也是其本质要求。

三、让人民生活更美好是新时代上海城市建设的鲜明主线

（一）世博会主题深入人心：城市，让生活更美好

2010年，世界博览会在上海成功举办。对于上海而言，2010年的世界博览会无疑是上海城市发展的一个极其重要的里程碑。在筹备世博会的过程中，上海建造了很多的优秀建筑，创建了面向未来的住宅区，丰富了城市发展的理念，完善并提升了城市功能，探索创造了城市未来发展的模式，从而也很大程度上推动了中国的城市化进程。

这届上海世博会的主题是"城市，让生活更美好"（Better city, better life），通过主题下设"城市多元文化的融合""城市经济的繁荣""城市科技的创新""城市社区的重塑"和"城市和乡村的互动"等五个副主题的成功演绎，达成以下主要目标：一是提高公众对"城市时代"中各种挑战的忧患意识，并提供可能的解决方案；二是促进对城市遗产的保护，使人们更加关注健康的城市发展；三是推广可持续的城市发展理念、成功实践和创新技术，寻求发展中国家的可持续的城市发展模式；四是促进人类社会的交流融合和理解。

上海世博会的主题体现了全人类对于未来城市环境中美好生活的共同向往，反映了国际社会对于城市化浪潮、未来城市战略和可持续发展的高度重视。可以说，上海世博会是一次探讨新世纪人类城市生活的伟大盛会。

作为首届以"城市"为主题的世界博览会，上海世博会以"和谐城市"的理念来回应对"城市，让生活更美好"的诉求，积极塑造"和谐城市"的范例，这个理念包括"人与自然的和谐""历史与未来的和谐"以及"人与人的

和谐"。在上海世博会184天的展期里,世界各参展国家和国际组织、城市、企业等,围绕主题,充分展示城市文明成果、交流城市发展经验、传播先进城市理念,从而为新世纪人类的居住、生活和工作探索崭新的模式,为生态和谐社会的缔造和人类的可持续发展提供生动的例证。

(二)人民主体地位更加突出:全过程人民民主

2019年11月2日,在上海考察的习近平总书记来到虹桥街道,同正在参加立法意见征询的社区居民代表亲切交流,首次提出"人民民主是一种全过程的民主"。[1]2021年7月,在庆祝中国共产党成立100周年大会的重要讲话中,习近平总书记再次重申这一观点,并提出了"践行以人民为中心的发展思想,发展全过程人民民主"的重要要求,唱响了习近平新时代中国特色社会主义民主政治发展的主旋律,成为人民民主的时代命题。全过程人民民主是我们党团结带领人民追求民主、发展民主、实现民主的伟大创造,是民主理论创新、制度创新、实践创新的经验结晶,既有鲜明的中国特色,又体现了全人类对民主价值的共同追求。

全过程人民民主进一步凸显了人民的主体地位。习近平总书记强调:"一个国家民主不民主,要由这个国家的人民来评判,而不能由少数人说了算!"我国是工人阶级领导的、以工农联盟为基础的人民民主专政的社会主义国家,人民是国家和社会的主人,国家一切权力属于人民。深刻认识全过程人民民主的深刻内涵和意义,必须把握"人民性"这个本质属性,始终践行以人民为中心的发展思想,把人民当家作主贯穿到党治国理政的各领域全过程,使最广大人民的意愿得到充分反映、最广大人民的权利得到充分实现、最广大人民的利益得到充分保障,确保人民始终成为全过程人民民主的建设者、参与者、维护者和最大受益者。

全过程人民民主是"全过程"的人民民主制度安排。全过程人民民主强调公民依照法律规定,通过选举、决策、管理、监督等各种途径和形式,

---

[1] 张璁、巨云鹏:《践行嘱托十年间:"人民民主是一种全过程的民主"》,《人民日报》2022年6月26日。

扩大有序政治参与,既有完整的制度程序,也有完整的参与实践,与西方民主选举时漫天许诺、选举后无人过问形成鲜明对比。实践全过程人民民主必须保证公民持续参与民主选举、民主协商、民主决策、民主管理与民主监督,做到环环相扣,形成完整链条,实实在在保证人民的意愿和要求得到充分表达。

(三)城市管理呈现崭新方式:像绣花一样精细

城市管理是人民城市建设的重要一环。2017年3月,在全国"两会"期间,习近平总书记参加上海代表团审议时说,坚持以人民为中心的发展思想,着力推进社会治理创新,使超大城市精细化管理水平得到提升。上海这种超大城市,管理应该像绣花一样精细。如今,"像绣花一样精细"地管理城市,也正在成为上海社会治理的新的重要要求。

城市管理水平是衡量一个城市文明高度的重要标志。上海要建设令人向往的未来城市,建筑是可以阅读的,街区是适合漫步的,公园是最宜休憩的,市民是尊法诚信文明的,城市始终是有温度的,处处体现向上向善、公平正义的正能量,处处体现海纳百川、追求卓越、开明睿智、大气谦和的城市精神,这是市民群众的要求,也是市民群众的期盼。上海的城市管理者和建设者用心体会、认真践行习近平总书记"城市管理要像绣花一样精细"的要求,为了使上海这座城市更有序、更安全、更干净、更文明、更有温度,积极地探索着,努力地工作着,切实把城市管理好、建设好。

(四)人民城市建设迈上新征程:彰显"五个人人"

上海在践行人民城市重要理念方面始终走在全国前列,"五个人人"(人人都有人生出彩机会、人人都能有序参与治理、人人都能享有品质生活、人人都能切实感受温度、人人都能拥有归属认同)正在成为上海人民城市建设的具象。

习近平总书记指出:"无论是城市规划还是城市建设,无论是新城区建设还是老城区改造,都要坚持以人民为中心,聚焦人民群众的需求,合理安排生产、生活、生态空间,走内涵式、集约型、绿色化的高质量发展路子,努力创造宜业、宜居、宜乐、宜游的良好环境,让人民有更多获得感,为人民创造更加幸福的美好生活。"这一重要论述,深刻揭示了新时代我国城市建设的宗旨、主体、重心、目标,深刻阐明了我国城市建设的方向。

城市建设要以人民为中心。城市归根结底是人民的城市,人民对美好生活的向往,就是城市建设与治理的方向。在城市建设中,必须坚持以人民为中心的发展思想,明确城市属于人民、城市发展为了人民、城市治理依靠人民,全心全意为人民群众创造更加幸福的美好生活。

城市建设的主体是人民。在城市建设中,要发挥人民群众的主体作用,调动人民群众的积极性、主动性、创造性,发扬人民群众的首创精神,尊重城市居民对城市发展决策的知情权、参与权、表达权、监督权,鼓励市民通过各种方式参与城市建设和管理,真正实现共治共管、共建共享。

城市建设的重心在社区。城市的最终受益者一定是工作生活在城市的市民,他们居住在社区,生活在社区,生活品质最集中地体现在社区。因此,城市建设必须围绕人民群众的美好生活的需要,重心下移、力量下沉,着力解决好人民群众关心的就业、教育、医疗、养老等突出问题,不断提高基本公共服务水平和质量。

城市建设的目标是"四宜"(宜业、宜居、宜乐、宜游)。要围绕人民群众需要、贴近人民群众生活、服务人民群众利益,以创造宜业、宜居、宜乐、宜游的良好环境为目标,合理安排生产、生活、生态空间,走内涵式、集约型、绿色化的高质量发展路子,让人民有更多获得感、幸福感、安全感。

为认真贯彻落实人民城市重要理念,凸显城市发展的人民取向,中共上海市委专门制定并发布了《关于深入贯彻落实"人民城市人民建,人民城市为人民"重要理念,谱写新时代人民城市新篇章的意见》,提出要把握人民城市的根本属性,加快建设具有世界影响力的社会主义现代化国际大都市,努力打造"五个人人"之城。

第三章 "五个人人"：上海建设人民城市的新路径

习近平总书记嘱托上海"当好全国改革开放排头兵、创新发展先行者"，并提出"人民城市人民建，人民城市为人民"重要理念，为上海城市发展提供了根本遵循和行动指南。在习近平新时代中国特色社会主义思想指引下，上海确立了以"五个人人"建设人民城市的新路径，努力打造具有中国特色、体现时代特征、彰显社会主义制度优势的现代化国际化大都市，不断创造高品质生活，更好满足人民对美好生活的向往。

一、上海新一轮发展承载着重要的时代使命

（一）深入践行习近平总书记人民城市重要理念

习近平总书记强调"人民城市人民建，人民城市为人民""城市是生命体、有机体""城市管理要像绣花一样精细"。人民立场是中国共产党的根本政治立场，发展为了人民、发展依靠人民、发展成果由人民共享。[1]"人民城市人民建，人民城市为人民"是党的初心使命在城市建设中的具体体现。为了践行人民城市重要理念，2020年6月23日，十一届上海市委第九次全会确定"五个人人"的城市努力方向，探索人民城市重要理念的落实路径。2022年6月25日，上海市第十二次人民代表大会报告进一步提出，牢牢把握人民城市"五个人人"的努力方向，突出

---

[1] 《求是》杂志编辑部：《不忘初心 牢记使命 继续前进》，《求是》2021年第8期。

城市人本价值,聚焦解决群众急难愁盼问题,把最好的资源留给人民,以更优的供给服务人民。牢牢把握超大城市治理的特点和规律,着力在科学化、精细化、智能化上下功夫,把全生命周期管理理念贯穿城市治理全过程,提升城市品质,努力走出超大城市治理现代化的新路。"五个人人"蕴含了人们追求公平正义的社会环境,追求参与社会治理的机会,追求幼有所育、学有所教、劳有所得、病有所医、老有所养、住有所居、弱有所扶的品质生活,追求温馨、温情、人性化服务的感受,追求拥有归属感认同感的城市。"五个人人"开拓了人民城市的建设新路径,回答了城市如何让生活更美好。

(二)加快建设具有世界影响力的社会主义现代化国际大都市

浦东开发开放30周年庆祝大会上,习近平总书记强调"我们完全有理由相信,在新时代中国发展的壮阔征程上,上海一定能创造出令世界刮目相看的新奇迹,一定能展现出建设社会主义现代化国家的新气象!"加快建设具有世界影响力的社会主义现代化国际大都市,是习近平总书记对上海的明确定位。这个定位与全面建设社会主义现代化国家的目标高度契合,是上海发挥服务辐射和示范带动作用的关键所在,是上海代表国家参与国际合作与竞争的必然要求。加快建设具有世界影响力的社会主义现代化国际大都市,其目标是世界影响力的能级显著提升,社会主义现代化的特征充分彰显,国际化大都市的风范更具魅力。这一定位归根结底是"城市,让生活更美好",要实现这一目标,离不开人民城市的根本属性、价值追求和时代风采,离不开"五个人人"的充分彰显。具体而言,就是在经济发展上,实现质的稳步提升与量的合理增长互动并进;在城乡关系上,实现城市的繁华与农村的繁荣交相辉映;在物质文明和精神文明上,实现物质富裕与精神富足共同进步;在人与自然关系上,实现人与自然和谐共生;在人文精神上,实现城市精神品格浸润人心,红色文化、海派文化、江南文化融合发展;在公共服务上,实现高品质公共服务供给更加多元,在生态环境上城市环境更加宜人。

(三)努力打造五个独立的综合性节点城市

2020年11月25日,中国共产党上海市第十一届委员会第十次全体会议通过《中共上海市委关于制定上海市国民经济和社会发展第十四个五年规划和二〇三五年远景目标的建议》,提出上海城市建设再度"发力"的要求,要将嘉定、青浦、松江、奉贤、南汇五个新城打造成上海未来发展战略空间和重要增长极,在长三角城市群中更好发挥辐射带动作用。五个新城不是重复建设功能单一的卫星城或郊区新城,而是要做大成为独立综合性的节点城市。"产城融合、功能完备、职住平衡、生态宜居、交通便利、治理高效"是对五个新城建设的总体要求。2021年2月18日,上海市委副书记、市长龚正在"五个新城"建设座谈会上,进一步提出要"推动符合功能导向的产业项目向新城集聚。完善新城基本功能,做大做强特色功能。推进居住与就业空间协调发展,让人们就近上班、就近居住。加强生态环境建设,打造更具个性魅力的城市景观风貌。加快形成与长三角城市联系直接高效、新城之间网络顺畅、新城内部完善便捷的综合交通枢纽体系。抓住城市数字化转型机遇,提升新城治理体系和治理能力现代化水平"。由此可见,新城建设的24个字要求正是"五个人人"的具体落实,使"五个新城"以强大的产业功能吸引人,以完善的城市功能留住人,以更为优质均衡的公共服务、人居环境、人文环境服务人,使工作生活在新城成为更多人的优先选择。推动新城发展,加快建设属于人民、服务人民、成就人民的美好城市,打造人民城市建设的上海样本,展现社会主义现代化国际大都市的上海形象,让人民城市底色更暖心,成色更耀眼,奋力谱写新时代"城市,让生活更美好"的新篇章,已经成为上海当前和今后一个时期落实的一项重要工作。

二、上海建设"五个人人"之城具有深厚的历史底蕴和现实基础

(一)伟大建党精神为打造"五个人人"之城提供思想引领

伟大建党精神是中国共产党的精神之源,为立党兴党强党提供了丰

厚滋养，也为上海这座城市发展进步提供了强大的思想引领。

党的十八大以来，上海在党的政治建设上全面加强，在理论武装上持续深入，干部队伍彰显勇于担当的上海特质，人才高地"头雁效应"明显，基层党建守正创新持续深化，推动了党的建设质量和水平不断提高，为打造"五个人人"之城提供政治保障、组织保障和人才支撑。2021年，上海隆重庆祝中国共产党成立100周年，深入实施党的诞生地挖掘宣传工程，中国共产党第一次全国代表大会纪念馆建成开放，经认定的600多处红色遗迹遗址和纪念设施得到精心保护，充分发挥建党精神引领新的作用。上海基层党建深化探索、走在前列，党的基层组织设置形式和活动方式不断深化，楼宇党建、园区党建、互联网党建、滨江党建、毗邻党建等实践探索，更好地推动了"五个人人"之城建设。在伟大建党精神引领下，上海以"五个人人"为路径将人的主体地位、发展需要、作用发挥贯穿于城市工作的全过程、全领域。

（二）经济社会高质量发展为打造"五个人人"之城奠定物质基础

党的二十大报告指出："发展是党执政兴国的第一要务。没有坚实的物质技术基础，就不可能全面建成社会主义现代化强国。"城市是经济活动的中心，人在城市中的美好生活、出彩机会、治理效果，城市的品质、温度和归属感，都建立在坚实的经济基础之上。

上海的经济社会发展水平及吸引力体现在城市综合实力、城市发展新动能、民生保障、生态环境等方面。近年来，城市综合实力跃上新台阶。全市生产总值突破4万亿元大关，居民人均可支配收入从2017年的5.9万元增加到2022年的7.9万元左右。[①]金融市场交易总额、口岸贸易总额、上海港集装箱吞吐量持续增长，全社会研发强度持续提高。浦东打造社会主义现代化建设引领区，自贸试验区临港新片区创新发展，长三角一体化不断走深走实。生态环境质量显著改善。展望未来，上海发展新动能

[①] 《上海市第十六届人民代表大会第一次会议的政府工作报告（2023年）》，上海市人民政府网，2023年1月17日。

加速壮大。全球资源配置、科技创新策源、高端产业引领和开放枢纽门户"四大功能"不断强化。"上海服务""上海制造""上海购物""上海文化"四大品牌持续打响。创新型经济、服务型经济、总部型经济、开放型经济、流量型经济的"五型经济"全面发力。国际经济、金融、贸易、航运和科技创新"五个中心"加快建设推动着上海各项事业蓬勃发展。

上海以稳定的增长速度、美好的发展前景、充分的发展机遇、精细的社会治理、包容多样公平竞争的社会制度,保障每个人在实现梦想的道路上公平公正,在工作中实现自我价值、梦想成真,在衣食住行、养老托育医疗方面感受到获得感、幸福感、安全感,在生活上感受到温暖、关怀、人性化服务,体会到人与人之间的温情,从而使人们发自内心地爱上这座城市,全方面认可这座城市,依恋这座城市。

(三)独特的城市精神品格为打造"五个人人"之城提供精神动力

有人惊叹于上海速度,有人震惊于上海高度,有人则从中看到了"硬实力"包裹下的软实力:城市精神、城市品格、城市文化。

文化是城市的灵魂,是城市发展生生不息的力量源泉。海纳百川、追求卓越、开明睿智、大气谦和是上海的城市精神,开放、创新、包容是上海的城市品格。城市精神品格成风化人、浸润人心,感染着城市中每一个人。城市的治理者践行人民城市重要理念,突出城市人本价值,把最好的资源留给人民,以更优的供给服务人民。城市建设者洋溢着红色文化传承的奋斗气息、海派文化带来的包容创新以及江南文化蕴含的人文关怀。红色文化、海派文化、江南文化融合发展,历史传承与时代潮流融合共生,国际风范与东方神韵相得益彰。来自五湖四海的人们在这里创新创业、追逐梦想,人的个性得到尊重、才华得到展示、价值得以实现,创意灵感在这里迸发,时尚潮流在这里定义,美好生活处处可见,真正使在这儿的人引以为豪、来过的人为之倾心、没来过的人充满向往。国有国魂,城有城魂,城市的精神品格为上海打造"五个人人"之城提供了源源不断的精神力量。

三、上海以新城发力回应人民对美好生活的热切期望

人民对美好生活的向往就是我们的奋斗目标。新城建设的努力方向之一是探索"五个人人"落实路径,满足人们不同层次的需要、对美好生活的需要。

(一)新城建设的国际经验

新城建设是城市化对工业化、现代化不同阶段促进城市空间结构协调和功能配置优化的反映,城市空间结构由单中心向多中心转变,由集中到分散,再由分散回归以公共空间为中心的城市区域网络转变。学习借鉴发达国家新城建设经验对于成功高效建设上海五个新城具有积极作用。

英国米尔顿·凯恩斯新城发展建设过程中,在建设运营方面,早期充分发挥政府主导作用,新城发展成熟后市场作用突出,总体来说以市场力量为主,政府适度配合与支持为辅。在建设理念方面,米尔顿·凯恩斯新城开创了许多先进理念:注重生态和景观设计,新城公园用地标准超过20%,呈带状分布,使城市处在森林之中;改变英国传统的中心布局,采用网状交通布局,形成包含住宅、办公、生活配套的网格街区;充分利用周边资源,与伦敦、伯明翰深度合作发展金融、现代物流、科研服务、信息咨询等生产性服务业和高端制造业。由于产业基础雄厚、居住环境优美和营商环境优越等优势,米尔顿·凯恩斯新城逐步成了仅次于伦敦的区域性中心城市,人口增长和城市吸引力居于英国前列。

相比于英国政府和市场相配合的新城建设运营方式,美国新城建设具有鲜明的市场主导特点。19世纪末20世纪初,美国一些大企业主动为职工建造住房,提供基本服务,由此发展出一批新城。1929年资本主义经济危机爆发,为了应对"大萧条",美国联邦政府成立重新安置局,参与新社区建设,由政府出资实施了"绿带城镇"项目,但是由于政府运营效率低下,联邦政府将绿带项目出售给私营公司。20世纪50年代,美国新城出

现特色化发展趋势,出现了城郊购物中心新城、高科技产业城和老龄城等专业性新城。如1951年建立的斯坦福产业园距离斯坦福大学约3000米,促进了学校与企业的合作,是世界上第一个大学科技园。1980年以来,美国的新城镇建设为解决城市发展中过度依赖小汽车、空气污染、自然生态空间占用等问题,复兴传统街区模式,倡导高密度的紧凑社区,采用方格路网取代尽端式道路,强调多样化的住房选择,提倡混合型土地利用开发,引入商业服务业,营造步行环境,鼓励绿色交通,增加社区连片开敞绿色空间等。[①]

虽然欧美国家的新城建设与我国差异较大,但其发展经验对于我国当前新城建设有一定的启发。一是新城建设过程中,政府支持有必要,也要注重发挥市场的作用,政策制度和体制机制创新是新城建设的根本保障。二是结合区域优势建设特色明显的科技创新城、文化旅游新城、养老宜居新城等,实现新城差异化发展。三是立体化的网状交通运输体系是提升城市承载能力和城市运转效率,促进区域发展、城市功能优化的重要基础支撑条件。四是"生态宜居""田园城市"等人与自然协调发展要求已成为新城建设追求的重要目标。

(二) 上海新城定位的变迁

新中国成立以来,上海持续探索新城定位,经历了从"卫星城""一城九镇""1966"城镇规划体系到"独立综合性节点城市"等多个阶段的转变。2005年,《上海市国民经济和社会发展第十一个五年规划纲要》提出逐步形成由1个中心城、9个新城、60个左右的新市镇、600个左右的中心村构成的城镇体系,即"1966"四级城镇体系:1个中心城是上海市外环线以内的600平方千米左右区域内,9个新城是宝山、嘉定、青浦、松江、闵行、奉贤南桥、金山、临港新城、崇明城桥。"1966"城镇规划体系提出的新城建设不同于以往的卫星城,要建设具有综合功能的中等规模城市,并且和地方政府事权相对应,具有更强的自主性。因此,新城在建设过程中,除了

[①] 赵星烁、杨滔:《美国新城新区发展回顾与借鉴》,《国际城市规划》2017年第2期。

规划便捷的交通,大型超市、办公设施也相继建设,上海人口增长开始向郊区转移,新城分担市区人口压力的功能开始显现。但总体看来,原有的新城发展思路定位郊区,发展落后于上海中心城及周边城市。[①]尤其是作为区域综合性节点城市的独立性仍未显现。例如,对外交通联系上,缺少独立的对外交通枢纽和高频次的对外交通联系;产业功能导入上,产业辐射性不强、头部企业不多;公共服务上,中心城区和新城的公共服务差距比较大;人口增长慢,集聚效果不明显,人口从20世纪90年代启动"五个新城"建设初期的90万人增加至2019年的241万人,每个新城年均增加仅1.5万人左右。[②]由此可见,亟须加大制度创新和政策支持力度,提高新城发展能级。

(三)上海新城发力的策略和要求

探索一条新城建设发展新路径,是上海持续思考的问题。2020年6月24日,十一届上海市委九次全会审议通过了《关于深入贯彻落实"人民城市人民建,人民城市为人民"重要理念,谱写新时代人民城市新篇章的意见》,明确要求将人民城市重要理念贯彻落实到城市发展全过程和城市工作各方面。作为贯彻落实的重要举措,上海提出了面向未来推进嘉定、青浦、松江、奉贤、南汇五个新城建设的重大战略。"新城发力"战略最大的特点就是全面贯彻人民城市重要理念,在实践中勇创"新城之新",围绕"新"字做文章,以实现对既往城市建设实践的超越,挖掘新内涵,凸显新功能,体现新要求,为超大城市新城建设探索新的出路。新一轮新城建设首先明确发展定位:在全市发展大局中,五个新城不是从属的、辅助的、战术性的,而是独立的、关键的、战略性的,是要建设成为独立的综合性节点城市。其次明确发展要求,按照产城融合、功能完备、职住平衡、生态宜居、交通便利、治理高效的要求,将新城建设成为"最现代""最生态""最便利""最具活力""最具特色"的未来之城。最后从操作方式上提出全新的实践要求,就是要践行最现代的

[①] 张俊:《系统推进上海五个新城城市更新》,"上海城市研究"微信公众号,2023年2月10日。

[②] 朱建江、杨传开:《上海"五个新城"差别化发展政策研究》,《科学发展》2022年第2期。

理念、运用最前沿的技术、发展最先进的产业、打造最宜居的环境,为工作生活在这座城市的人们提供全新的生活方式选择。

根据摩根士丹利《中国城市化2.0:超级都市圈(群)》报告预测,到2030年,中国将有超10亿人口居住在城市,或将形成长三角、京津冀、粤港澳大湾区(即珠三角)、长江中游及成渝五大超级都市圈(群)。这五大超级都市圈(群)将贡献GDP增长的75%及城市人口增量的50%。未来,中国经济将由点状拉动到组团式发展,这五大超级都市圈(群)将成为中国经济最重要的增长极。[1]上海正在建设中的五个新城不是城市副中心,也不是卫星城或郊区新城,其目的是要建成现代化的大城市、长三角的增长极。这意味着上海将依托不断扩展的中心城区和目前的五个独立而综合的新城,建构起长三角都市圈的核心圈层。2021年3月,上海市新城规划建设推进协调领导小组办公室发布的《上海市新城规划建设导则》指出,新城要围绕"最具活力""最便利""最生态""最具特色"等发展要求,建设汇聚共享的城市、高效智能的城市、低碳韧性的城市、个性魅力的城市。汇聚共享的城市,从强功能、优空间两方面增强新城活力的吸引力。打造功能聚核、宜业宜居的繁荣都市;推进功能融合、空间复合的产城格局;塑造人性化高品质空间,打造活力街区;整体性综合利用地下空间,建设立体城市。高效智能的城市,从营造更方便优质的出行体验入手强化对外便捷、对内便利交通体系。建设完善独立的综合性节点城市交通体系,建设"内外衔接""站城一体"的对外综合交通枢纽,整合高速铁路、城际铁路、市域线、市区线等系统,实现对外便捷,对内便利,并加强枢纽周边地区不同功能集聚和综合设置。低碳韧性的城市,要构建绿色、韧性、低碳的空间新格局,成为全市低碳韧性发展的示范区。个性魅力的城市,依据新城独特城市底蕴和文化价值以及自然环境格局,充分挖掘城市文化内涵,强化新城特色。因此,上海明确提出五个新城要从各自实际出发,深

---

[1] 陈果静:《〈中国城市化2.0〉报告:2030年中国城市化率升至75%》,《经济日报》2019年10月15日。

化、细分功能定位,实现错位发展。

1. 功能定位差异

新城作为独立的综合性节点城市,新城中心应该具备比主城副中心更加完备的功能,同时也要结合各个新城的特点植入特色功能,将新城中心打造成为功能更综合、特色更突出的城市副中心。如奉贤新城建设成上海南部滨江沿海发展走廊上具有鲜明产业特色和独特生态禀赋的节点城市,形成辐射杭州湾北岸地区的区域综合服务中心。

表 3-1　五个新城功能定位差异

五个新城	功能定位
嘉定新城	围绕远香湖,重点培育文化、科技创新等核心功能,形成辐射沪苏方向以及上海西北地区的区域综合服务中心
青浦新城	围绕青浦新城站,重点培育文旅、商贸等核心功能,形成辐射沪湖方向以及环淀山湖的区域综合服务中心
松江新城	围绕松江枢纽和中央公园,重点培育文化、科教等核心功能,形成辐射沪杭方向以及上海西南地区的区域综合服务中心
奉贤新城	围绕金海湖,重点培育科技创新、商贸等核心功能,形成辐射杭州湾北岸地区的区域综合服务中心
南汇新城	围绕滴水湖,集聚自贸区开放型核心功能。发展新型贸易、跨境金融、总部经济、航运服务等功能,营造世界级商业商务环境。服务国际多元化人群,展现海纳百川的文化魅力,发展文化博览、休闲娱乐、创新创意、旅游观光等功能,激发 24 小时持续活力

资料来源:上海市新城规划建设推进协调领导小组办公室:《上海市新城规划建设导则》,2021 年 3 月。

2. 空间布局差异

城市空间布局是指城市不同功能的地理位置分布和组合。不同的空间布局对应着不同的发展定位。如嘉定新城立足打通长三角一体化和虹桥国际开放枢纽的连接通道,实施新城"北拓西联"[1]扩区计划,有力带动

---

[1] 北拓西联:向北,拓展至嘉定工业区北区,规划面积由 122.4 平方千米扩大至 159.5 平方千米;向西,联动安亭枢纽,以安亭北站+安亭西站为核心,形成 2.2 平方千米的交通枢纽功能联动区。

嘉定新城空间结构和功能布局进一步优化,构建"一核一枢纽、两轴四片区"的新格局。

表 3-2　五个新城空间布局差异

五个新城	空间布局
嘉定新城	"一核"——嘉定新城核心区,聚焦远香湖中央活动区打造新城"智核中心" "一枢纽"——安亭枢纽,以安亭北站、安亭西站为核心,打造站城一体化、辐射长三角的综合交通枢纽 "两轴"——沪宁发展轴和沿江发展轴 "四片区"——马东产城融合发展示范区、科技城自主创新产业承载区、全球著名体育城市重要承载区和老城风貌区
青浦新城	"一心引领"——依托中央公园城市绿心和示范区城际线、嘉青松金线、地铁 17 号线三线换乘枢纽,构建城市活力中心 "三片示范"——以城市更新实践区、未来新城样板区、产业创新园区为重点片区,建设集成新理念的示范片区 "两带融城"——发挥长三角数字干线和外青松公路轴带的集聚引领作用,推动数字经济带建设,推进产业创新转型、产城融合互动 "水环串联"——推进自然水脉与城市文脉融合,打造集多重生态功能于一体的滨水空间
松江新城	"一廊"——长三角 G60 科创走廊,体现科创驱动发展的核心动力 "一轴"——城乡统筹发展轴,形成纵横松江南北、联动城市乡村的"发展轴",着力解决发展不平衡不充分问题 "两核"——一是"松江枢纽"核心功能区,集综合交通、科技影都、现代商务、文化旅游、现代物流等于一体,打造"站城一体"中央商务区;二是"双城融合"核心功能区,即松江新府城和松江大学城"科创、人文、生态"深度融合,促进现代服务业和总部经济加速发展
奉贤新城	"绿核引领"——充分发挥奉贤新城中央绿地的核心生态优势,推动生态、文化、创新、商务等功能融合 "双轴带动"——以东方美谷大道为产城融合发展轴,加快打造东方美谷科技创新核心功能区;以望园路为城乡一体化发展轴,强化城市与乡村以及自然生态空间的共生融合 "十字水街"——打造浦南运河城镇生活景观带和金汇港城镇生活景观带 "通江达海"——向北激活黄浦江南岸潜力地区,为世界级生命健康产业储备空间;向东连接临港新片区,打造"未来空间"产业走廊;向南联动海湾大学城和旅游度假区,建立以知识和滨海休闲为特色的功能体系

续表

五个新城	空间布局
南汇新城	"一核"——滴水湖核心，打造具有人口高度集聚、空间多元复合、湖海特色鲜明、城市核心功能完备特点的城市核心区 "一带"——沿海发展带，依托两港大道、两港快线、万水路等沿海大交通走廊，强化交通快速通达与经济联动功能 "四区"——洋山特殊综合保税区（芦潮港区域）、前沿科技产业区、综合产业区、新兴产业区：洋山特殊综合保税区（芦潮港区域）聚焦国际物流、国际航运、国际研发、国际制造、离岸贸易、离岸金融等国际业务，探索多式联运集疏运体系，推进产业链集群发展；前沿科技产业区打造集研发、生产、测试、展示等功能于一体的特色产业集聚区；综合产业区打造以生产性高新科技研发功能为主导，融合生活居住功能的产研一体化的综合性产业片区；新兴产业区推进空间拓展和工业用地转型升级，积极引入重大产业项目，提高空间利用效率

资料来源：《嘉定新城"十四五"规划建设行动方案》《青浦新城"十四五"规划建设行动方案》《松江新城"十四五"规划建设行动方案》《奉贤新城"十四五"规划建设行动方案》《南汇新城"十四五"规划建设行动方案》。

3. 城市意象差异

五个新城空间发展将充分尊重新城自然地理格局、文化历史内涵，因地制宜采用不同的空间策略，塑造城市空间意象。如青浦新城注重依水塑城、构筑最江南的"人·水·城"空间关系，塑造"高颜值、最江南、创新核"的城市意象。

表3-3 五个新城城市意象差异

五个新城	城市意象
嘉定新城	"嘉定教化城"——依托绕城林带、环城水系，构建"绿环、绿廊、绿园"交叠纵横的生态格局，传承古典园林和书画艺术的文化韵味，融合简洁明快的现代审美特点，打造千米一林、百米一湖、水绿文结合的新城意象
青浦新城	"青浦江南风"——依托丰富的湖荡、河网资源，强化水绿交融、城景交融，保护老城厢古园、护城河、坊巷和院落式民居，打造古今融合、江南风韵、国潮魅力的新城意象
松江新城	"松江上海根"——依托北靠九峰、面朝浦江的生态优势，营造山城联景、绿水幽林的优美环境，继承广富林千年历史古韵，营造远眺山水、近看人文的新城意象

续表

五个新城	城市意象
奉贤新城	"奉贤贤者地"——依托中央林湖自然本底,弘扬贤文化精神,提升新城环境的人性化、人文感、人情味,打造十字水街、田字绿廊、九宫城郭、千年文脉的新城意象
南汇新城	"临港海湖韵"——依托"海湖"的独特资源优势,构建从沿海到内陆、从气势磅礴到舒朗开阔渐次过渡的风貌格局,促进东方与西方、传统与未来的多元交织,营造融通世界、先锋未来的新城意象

资料来源:上海市新城规划建设推进协调领导小组办公室:《上海市新城规划建设导则》,2021年3月。

4.产业定位差异

依据每个新城的产业基地和产业社区,打造"一城一名园"。围绕先进制造业,发展现代服务业,培育形成一批生产性服务业的产业链,进一步按照产业发展的未来趋势,培育未来的新兴产业。如松江新城发挥G60科创走廊战略优势,以智能制造装备为主导,做大新一代电子信息、旅游影视等特色产业,培育生物医药、工业互联网等新兴产业。

表3-4 五个新城产业定位差异

五个新城	产业定位
嘉定新城	以汽车研发及制造为主导产业,发展汽车"新四化"、智能传感器及物联网、高性能医疗设备及精准医疗产业。聚焦氢燃料电池、新型车载智能终端、车路协同等核心技术
青浦新城	以数字经济为主导,推进先进制造与未来信息产业融合;推进青浦长三角软信产业园建设,大力发展数字产业;围绕人工智能、氢能新能源、新材料、生物医药等特色领域培育高端产业集群
松江新城	以科教和创新为动力,以服务经济、战略性新兴产业和文化创意产业为支撑的现代化宜居城市;打造新一代信息技术、新材料、新能源汽车、生物医药等千亿级产业集群和集成电路、高端装备、人工智能等百亿级产业集群
奉贤新城	围绕化妆品、健康食品、生物医药等重点领域,构建具有鲜明奉贤特色的"全球生命健康产业创新高地";建立智能网联汽车行业应用体系,打造智能网联出行链

续表

五个新城	产业定位
南汇新城	发展集成电路产业、人工智能产业、生物医药产业、民用航空产业、新能源汽车产业、高端装备制造产业、氢能产业、绿色再制造产业

资料来源：《嘉定新城"十四五"规划建设行动方案》《青浦新城"十四五"规划建设行动方案》《松江新城"十四五"规划建设行动方案》《奉贤新城"十四五"规划建设行动方案》《南汇新城"十四五"规划建设行动方案》。

总之，五个新城建设践行人民城市重要理念，朝着"五个人人"方向努力，打造独立的综合性节点城市，实现功能、空间等全方位转型，不断提升上海服务长三角、全国、全球的能级。

第四章 "美""强"辉映：
打造人民城市新典范

党的二十大报告指出："坚持人民城市人民建、人民城市为人民，提高城市规划、建设、治理水平，加快转变超大特大城市发展方式，实施城市更新行动，加强城市基础设施建设，打造宜居、韧性、智慧城市。"随着《中共上海市委关于制定上海市国民经济和社会发展第十四个五年规划和二〇三五年远景目标的建议》正式发布，上海城市建设再度发力，在全市发展中新城建设的功能和作用日益突出，成为制造业结构调整优化、城市空间布局拓展的战略空间，也是统筹城乡建设、推动区域经济社会发展的重要战略举措。

全面贯彻落实"十四五"规划，推动新城发展，是奉贤当前和今后一个时期举全区之力落实的一项重要工作。奉贤深入践行习近平总书记人民城市重要理念，结合奉贤自身特点将"人民至上"贯穿到城市发展的全过程和城市工作的各方面。作为上海城市总体规划中的"五个新城"之一，奉贤在新城建设中充分体现超大城市建设者强烈的使命感和担当精神，自觉承担起推进以人为本的新型城镇化建设的重大历史使命，在上海的城乡空间体系中，在自己的区域廊道上，依托独特的生态禀赋，统筹生产、生活、生态协调发展，不断增强综合服务功能，加快建设属于人民、服务人民、成就人民的美好城市，让人民城市底色更暖心，精心打造人民城市建设的奉贤样本，展现社会主义现代化大都市的形象，展现人民城市的美丽图景。

一、坚持系统谋划:从"美""强"到高质量发展

(一)"奉贤美、奉贤强"发展战略是践行新发展理念的生动样本

道路问题是关系党的事业兴衰成败第一位的问题。党的十八大以来,以习近平同志为核心的党中央提出,为实现"两个一百年"奋斗目标和中华民族伟大复兴的"中国梦"而奋斗。党中央统筹中华民族伟大复兴战略全局和世界百年未有之大变局,提出了一系列城市工作新理念、新思想、新战略,引领我国城市建设取得历史性成就。奉贤区委、区政府以习近平新时代中国特色社会主义思想为指导,以满足奉贤人民对美好生活的向往为奋斗目标,于2016年11月召开的奉贤区四次党代会提出了"奉贤美、奉贤强"发展战略。

所谓"美",就是人文品质美、生态环境美、城乡协调美、社会和谐美。"美"是奉贤发展的灵魂,体现了区域的独特资源禀赋、生动文化空间、厚重文明底蕴和淳朴民俗民风,让奉贤这座现代化滨海新城散发出难以抗拒的诱人魅力。所谓"强",就是综合实力强、创新能力强、社会活力强、特色优势强。"强"是奉贤发展的筋骨,承载着提能增速的爆发力、创新转型的应变力、锐意改革的战斗力和持续发展的原动力,为奉贤创新转型发展构筑起坚不可摧、延绵不绝、气势磅礴的牢固支撑。

实现"奉贤美、奉贤强"这一目标,关键在于发展要有加速度,群众要有获得感,个性化彰显竞争力。在发展要有加速度方面,奉贤作为后发地区,不断用"品质"和"质量"增强发展新动能、推动加速度,努力实现后来居上、赶超发展。在群众有获得感方面,既锦上添花,更雪中送炭,让老百姓有尊严地生活,努力把农村闲散资金以及宅基地、自留地、承包地"三块地"等分散的资源,整合起来、统筹安排、科学利用,有效促进闲置资源工商资产化,再通过合理分配实现资产证券化、股份化,最终实现农村经济城市化、农民生活城市化。在城市彰显个性化竞争力方面,在产业发展上,奉贤全力打造东方美谷,以美丽健康产业和新能源产业为核心,促进

产业转型升级;在城市建设上,做好"水绿文章",使奉贤"因水而美、因水而魅、因水而富、因水而活",让新城呈现出全新面貌;在城乡统筹上,吸引工商资本,植入城市文明,挖掘农耕文化,以原生态、原风貌、原住民为特色,运用"互联网＋"手段,打造集生态、生产、生活、艺术、文化等于一体的"农艺公园",探索一条在全国具有引领作用的"农民富、农业强、农村美"的新路。①

近年来,奉贤区坚持一张蓝图绘到底,对标勇攀新时代"奉贤美、奉贤强"新高峰新奇迹的要求,提出建设"五美五强""一切美好"新奉贤。奉贤区第五次党代会报告进一步诠释了"五美五强"新画卷,即城市美、城市强,功能品质更加完善;产业美、产业强,创新动能更加强劲;乡村美、乡村强,乡村振兴更加出彩;生态美、生态强,绿色发展更加亮丽;文化美、文化强,城市软实力更加彰显。对奉贤而言,"奉贤美、奉贤强"的战略目标,与"两个一百年"奋斗目标步伐一致,是奉贤贯彻落实习近平新时代中国特色社会主义思想的生动实践,是"创新、协调、绿色、开放、共享"的新发展理念在奉贤落地生根的线路图,符合奉贤发展实际和人民期盼。奉贤区委、区政府团结带领130万奉贤人民紧抓有利发展机遇,以人民为中心,只争朝夕,攻坚克难,按照新发展理念来引领发展,在全面建成小康社会的大背景下,努力实现"奉贤美、奉贤强",谱写"中国梦"的奉贤篇章。实践证明,"奉贤美、奉贤强"发展战略完全符合中央精神,完全符合城市发展规律,完全符合奉贤发展实际,获得了干部群众的真心拥护。

(二)"四新四大"是实现"奉贤美、奉贤强"总体目标的路线图

2022年,上海市第十二次党代会明确提出加快建设具有世界影响力的社会主义现代化国际大都市的使命任务,奏响了"牢记嘱托、砥砺奋进"的时代最强音。奉贤认真落实市第十二次党代会精神,在区委五届四次全会上提出了"四新四大"发展路线图。

---

① 李浩:《智引"汩汩活水"入贤来——上海奉贤的"全域之美"》,《科技中国》2017年第10期。

一是主动融入新片区。奉贤充分发挥国家战略的牵引作用,与新片区管委会签署了新一轮战略合作协议,做实常态化、制度化的统筹协同机制,启动相关规划编制,加大土地收储、腾笼换鸟、二次开发力度,推动东部五镇和新片区产业发展、基础设施、社会事业等一体规划、一体建设、一体管理。

二是全面建设新城市。深入践行人民城市重要理念,抓项目进度、抓有效投资、抓功能导入、抓人才引进,加强与上海城投、上海电气、上海仪电、华建集团、招商蛇口等优质企业合作,全力打造充满温情、富有人文气质的人民城市新典范。

三是繁荣发展新农村。依托农业科研院所、农业科创公司等优势资源,大力发展种源农业、特色农业、数字农业,提高现代化农业发展水平。巩固乡村总部,提高农民收入水平。深化"生态村组·和美宅基"创建,不断改善农村人居环境,凸显经济价值、生态价值、社会价值、文化价值。

四是巩固壮大新经济。聚焦"美丽大健康、新能源汽配、数智新经济、化学新材料"等重点领域,狠抓招商引资、项目落地,抓好存量企业的增资扩产,抓好增量企业的引资项目,加强补链、延链、强链工作,不断提升"东方美谷"品牌优势和影响力,加快推动特色产业做大做强、传统产业转型升级、新兴产业积厚成势,积极构建面向未来的产业体系。

五是融合构建大生态。擦亮奉贤最亮丽的生态名片,通过国家生态园林城区创建、国家森林城市创建,建设城市中的森林、森林中的城市,以更高标准打好蓝天、碧水、净土保卫战。

六是加快建设大交通。顺应人民的长久期盼,优化奉贤南北向交通,补足东西向短板,提升与新片区、市中心、长三角等区域连接的快捷度。全力保障重大工程建设,深化市域线选线及奉贤新城枢纽研究。

七是提升发展大民生。坚持把最好的资源留给人民,用优质的供给服务人民,在保障和改善民生、维护社会稳定上狠下功夫,加快推进一批优质社会事业项目。切实形成安全有序的社会环境,更好满足人民对美好生活的向往。

八是全面拥抱大数据。积极抢占数字化新赛道,掌握未来发展主动权,依托"数字江海"等平台载体,集聚一批工业互联网、电商平台、元宇宙等龙头企业,推动数字经济和实体经济深度融合。深化"一网通办、一网统管",以治理数字化牵引治理现代化,全面提升城乡治理科学化、精细化、智能化水平。

"四新"是重大任务,是推动奉贤新一轮高质量发展的动力源;"四大"是关键支撑,是满足人民美好生活向往的必答题,二者相生相融、有机统一,既事关长远战略,又关系当前发展,是实现"奉贤美、奉贤强"总目标的实践路径。奉贤围绕"奉贤美、奉贤强"总目标,聚力抓好"四新四大"各项工作不断开创高质量发展新境界。

(三) 全面建设新城市是推动奉贤高质量发展的重要突破口

城市是我国经济、政治、文化、社会等方面活动的中心,在党和国家工作全局中具有举足轻重的地位。2001年诺贝尔经济学奖获得者斯蒂格利茨指出:"城市的成功就是国家的成功,反过来,城市的失败也就意味着是一个国家的失败。"[①]城市建设对一个国家的发展起着至关重要的作用,城市的繁荣程度在一定程度上直接显现该国的综合实力。新城建设作为提高城市化水平、加快工业化进程的重要路径,已经成为城市建设的重点领域和学术研究的热点问题。习近平总书记曾指出,要贯彻新发展理念,实施区域协调发展战略,以城市群为主体构建大中小城市和小城镇协调发展的城镇格局。可以说,城市是经济社会发展的主要载体,其建设成效直接决定经济社会发展的前景。

奉贤新城位于上海杭州湾北岸地区的区域中心,是国家沿海大通道与杭州湾环形通道的重要节点。"十一五"期间奉贤新城被确定为上海市"1966"城乡规划体系[②]中的九个新城之一;"十二五"期间被列为上海市重点推进建设的三大新城之一;2017年,新城正式更名为奉贤新城

---

① 刘素冬:《对我国城市化质量的深度思考》,《苏州科技学院学报(社会科学版)》2006年第1期。
② 2006年通过的《上海市国民经济和社会发展第十一个五年规划纲要》,首次明确"城乡体系"(即"1966"城乡规划体系):1个中心城、9个新城、60个左右新市镇和600个中心村。

(原为南桥新城),同年批复的《上海市城市总体规划(2017—2035年)》中提出新城要充分发挥优化空间、集聚人口、带动周边地区发展的作用,承载部分全球城市职能,培育区域辐射、服务功能,将新城培育成在长三角城市群中具有辐射带动作用的综合性节点城市,全面承接全球城市核心功能。

在面临前所未有的巨大发展机遇情况下,奉贤新城的建设与发展肩负着区域落实创新、协调、绿色、开放、共享发展理念,推进以人为本的新型城镇化建设的重大历史使命。新城兴,则奉贤兴。奉贤新城建设是奉贤区赢得新一轮发展的重中之重,具有"牵一发而动全身、布一子而活全局"的重要意义,全区上下紧紧围绕"独立的综合性节点城市"定位,勇创新城之"新",加快"新城发力",着力打造南上海城市中心、上海未来发展战略空间和重要增长极。可以预见,随着奉贤新城的不断建设和完善,不久的将来,奉贤新城必将建设成为上海滨江沿海发展廊道上的节点城市,杭州湾北岸辐射服务长三角的综合性服务型核心城市,具有独特生态禀赋、科技创新能力的智慧、宜居、低碳、健康城市。

二、坚持面向未来:从郊县到新城

(一) 城镇化实践为奉贤落实人民城市重要理念积累了坚实基础

1. 奉贤变迁:从县到区

奉贤地处上海市南部,南临杭州湾,北枕黄浦江,与闵行区隔江相望,东与浦东新区接壤,西与金山区、松江区相邻,距上海市中心人民广场约42千米,距浦东国际机场约30千米,属于长江三角洲冲积平原的东南端,拥有绵延31.6千米的海岸线和13.7千米长的江岸线,全区行政区域土地面积733.38平方千米。相传,孔子弟子"七十二贤人"名列第九的言偃,晚年回到江南家乡传道讲学,最后一站即为奉贤古地,深受当地百姓尊崇。清雍正四年(1726)奉贤设县时,为纪念这位人民崇奉的贤人,起名为"奉贤",为"敬奉贤人"之意,彰显后人以言偃为楷模,崇尚"敬奉贤人,见贤思齐"的民风。

新中国成立后,奉贤隶属于苏南行政公署松江专区。第一个五年计划开始后,上海工业生产恢复发展,不断增长的生产、居住空间需求同有限的可用空间之间的矛盾日渐尖锐。为适应上海市的社会主义经济建设发展,依照市政整体规划的要求,1958年11月奉贤等江苏十县划归上海市。作为城市快速发展时期城市空间拓展的制度性选择,这次行政区划调整,一方面缓解了上海粮食与主要副食品的供应问题,另一方面也为上海建立一批新工业区和卫星城镇创造了条件,对上海市的城市空间重构和城市功能重塑产生了重大且长远的影响。

经过多年发展,尤其是20世纪80年代后,乘着改革开放的东风,奉贤经济社会发展取得了显著成绩。一是经济整体优势不断增强。按照"二、三、一"的产业发展定位,奉贤工业实现了持续快速增长,时至2000年,工业总产值236.4亿元,年均增长率为10.3%;全县人均GDP达到17 100元,县级地方财政收入持续稳定增长。二是城市建设和管理水平不断提高。以奉浦大桥为代表的枢纽型、功能性设施顺利建成,全县城镇化率居郊县前列。三是各项社会事业进步较快。全县新增劳动力的受教育年限提高到12年,建设和改造了一批标志性的文化体育设施;卫生创建工作成效显著,医疗卫生服务质量不断改善;覆盖全社会的社会保障体系初步形成,社会文明程度不断提高。

奉贤撤县建区前,在城镇化进程中仍存在以下问题:一是城镇体系建设方面,当时奉贤全域共有城镇22个,南桥镇为县城,奉城镇为辅城,城镇整体规模偏小,分布不均匀,城镇发展差距明显,职能相近。二是域内交通方面,为适应奉贤交通发展和奉贤对外交通运输的需要,相继建成莘奉公路、大亭公路、大叶公路等一批高等级公路,形成了"六横九纵"为骨架的道路网络。公路网虽与上海市区及跨区干道基本贯通,但许多道路技术标准较低,且与邻近地区的交通还不密切,大亭公路与莘奉公路调整为高速公路,对奉贤原有的公路网造成较大冲击,破坏了原有正常的路网系统,且各乡镇之间的交通联系问题也有待解决。

随着经济的高速发展、社会的进步及人民群众物质文化水平的不断提高,人民对城镇体系的建设与发展也提出了更高的要求。为了使奉贤的发展更符合新世纪的新要求,适应新的发展环境,奉贤城镇体系的调整已迫在眉睫。2001年1月9日,《国务院关于同意上海市撤销奉贤县设立奉贤区的批复》(国函〔2001〕2号)下达,文件明确:同意撤销奉贤县,设立奉贤区。撤县设区,翻开了奉贤发展史上的新篇章,标志着奉贤经济建设和城市建设进入一个新的发展阶段。同年8月24日,根据上海市委统一战略部署,奉贤撤县设区。撤县设区是上海建设国际化大都市的需要,是实施上海城市总体规划的一个重要组成部分,为21世纪初把上海建设成为城市布局合理,交通、通信便捷和生态环境良好的现代化国际城市奠定基础。黄菊同志曾经指出,市区体现繁荣和繁华、郊区体现实力和水平。[1]作为上海郊区,奉贤肩负着非常重的任务,撤县设区加快了奉贤全域工业化、城市化进程。

2. 城镇化发展:从郊区到城市

国外对于新城的研究最早体现在1919年的"田园城市"定义中,国内学术界在20世纪80年代开始对新城建设进行有益思考。上海在20世纪50年代开始了郊区卫星城的初步探索,90年代后"新城"概念逐渐取代"卫星城"。奉贤作为上海郊区,城镇化基础与条件相对好于其他省份郊县。奉贤城镇化起步于20世纪80年代,当时政府引导农民集资建设洪庙农民城。到90年代初期,西渡镇成为上海城市人口向郊区转移的典型城镇。可以说改革开放以来奉贤在城镇化的道路上进行了不少探索和努力,在推进新型城镇化过程中积累了不少成功经验,在统筹城乡发展方面成为先行区。

2001版城市总体规划中,上海提出了郊区建设"反磁力"中心的规划思路。在此理念指导下,"十五"期间上海启动了郊区"一城九镇"试点城

---

[1] 中共中央党史和文献研究院:《为中国特色社会主义伟大事业奋斗终身——纪念黄菊同志诞辰80周年》,人民网,2018年9月28日。

镇建设。奉贤开始对奉城镇进行重点开发建设,随后庄行镇、青村镇于2003年启动了新一轮城镇化探索。"十一五"期间奉贤按照市政府规划精神和奉贤"1750"城镇规划体系①的设计,奉贤城镇化进程探索重点聚焦南桥新城,通过南桥新城辐射带动作用,推动区域城镇组团联动发展。2010年奉贤区"十二五"规划进一步明确提出坚持走新型城镇化发展道路,建设杭州湾北岸综合性服务型核心新城的重大战略任务。这为推进奉贤新型城镇化发展插上了翅膀。②

经过多年发展,奉贤经济实力得到大幅提升,人民生活水平不断提高,奉贤城市能级、经济能级全面跃升。"十三五"期间,奉贤生产总值从779.7亿元增加到1 190.2亿元,年均增速达8.8%。财政总收入达670.8亿元,其中区级财政收入达220.8亿元,年均增长16%,总量排名从全市第13位提升至第8位。奉贤美丽大健康产值规模近500亿元。"东方美谷"287亿元品牌价值释放出行业强磁场,全市1/3以上的化妆品生产企业集聚于此,市场销售额占比超40%,欧莱雅、资生堂、完美日记等美妆领域的头部企业竞相落户,成为上海规模最大、国内知名度最高的化妆品产业集聚地之一。奉贤上海汽车产业"第三极"开始崭露头角,南上海"五型经济"高地也蓄势待发,各类市场主体达54万家,占全市的1/6。新增上市挂牌企业116家,累计达296家。经过多年发展,奉贤全区城乡居民收入水平不断提升,2022年全区城乡居民人均可支配收入达到55 292元,增长2.2%,其中农村居民人均可支配收入达到40 628元,增速快于城镇居民。

(二)"独立综合性节点"功能定位凸显奉贤新城面向未来的鲜明导向

1. 城市定位:"独立的综合性节点城市"

2018年1月,上海市正式发布《迈向卓越的全球城市:上海市城市总

---

① 奉贤区的三级城镇体系为"1750",即1个新城——南桥新城,7个新市镇——奉城镇、海湾镇、庄行镇、柘林镇、金汇镇、青村镇、四团镇,被撤并的镇区作为居住社区予以保留,根据实际需要再建若干个中心村,合计50个左右。
② 杜学峰:《加快推进结构转换型城市化——奉贤新型城市化的战略目标与策略研究》,《上海农村经济》2011年第4期。

体规划(2020—2035)》,不仅对上海市的市域发展提出了纲领性的意见,也对上海市各新城的定位和地位作出了新的规划。明确将位于重要区域廊道上、发展基础较好的嘉定、松江、青浦、奉贤、南汇等新城培育成在长三角城市群中具有辐射带动作用的综合性节点城市,并要求在新城内设置新城中心,强化面向长三角和市域的综合服务功能,承载全球城市部分核心功能。

面向"十四五",2021年2月,上海市政府印发了《关于本市"十四五"加快推进新城规划建设工作的实施意见》(以下简称《实施意见》),"五个新城"被赋予了新的定位,就是要建设"独立的综合性节点城市"。立足长三角视野,上海主城区已经扮演着类似伦敦、纽约在各自城市群和都市圈中的角色,发挥着引领长三角世界级城市群和上海大都市圈发展的核心城市作用。与此相应,"五个新城"也在转变定位,不再是简单承接中心城人口和功能疏解,而是按照集聚百万人口规模、形成独立综合功能的要求,与长三角城市群其余40多个城市一样,建成现代化的大城市和长三角的增长极,与中心城区一起,率先形成上海都市圈"核心内圈"。

"独立"是指新城不再是卫星城和郊区新城的定位,而是要集聚100万左右常住人口,形成功能完备、自给自足的独立城市功能,既包括产业、交通、居住、公共服务等基本功能,也要凸显各新城的特色功能。"综合"是强调二产、三产融合发展,居住与交通、就业、公共服务、生态等功能联动、空间统筹,实现产城融合、职住平衡,同时要形成良好的人居环境品质。"节点"是指新城要构筑区域辐射的综合交通枢纽,在长三角区域城市网络中的能级和地位要进一步提升,成为全市经济发展的重要增长极和上海服务辐射长三角的战略支撑点。①

根据《实施意见》,至2025年,五个新城常住人口总规模达到360万左右,新城所在区GDP总量达到1.1万亿,新城基本形成独立的城市功能,初步具备综合性节点城市的定位。产业能级上,新增一批千亿级产业

---

① 刘子烨:《市政协围绕五大新城建设功能定位座谈》,上海政协网,2021年6月23日。

集群,新城中心初步具备上海城市副中心的功能能级,新城成为上海产业高质量发展的增长极、"五型经济"的重要承载区和产城融合发展的示范标杆。公共服务上,拥有一批服务新城、辐射区域、特色明显的高能级公共服务设施和优质资源,形成保障有力的多样化住房供应体系,"15分钟社区生活圈"功能更加完备。

奉贤新城在明确特色功能定位的基础上,将聚焦产业、交通、公共服务、环境品质等关键领域集中发力、综合赋能,全面落实独立的综合性节点城市新定位、新要求,体现新城之"新"。一是强化产业支撑,打造全市经济发展的重要增长极。制造业打造"一城一名园",现代服务业打造"一城一中心",同时顺应新技术革命,率先实现数字化转型。二是完善综合交通系统,一方面,打造"一城一枢纽",建设便捷高效的对外交通系统,另一方面,坚持绿色集约,打造系统完善的内部综合交通体系。三是提高公共服务能级和水平,吸引各类人才在新城汇聚。高品质公共服务资源将向新城倾斜,包括教育、医疗、文化、体育、旅游资源和专业展演、策划和运营团队等。市一级大型公共服务设施资源也向新城倾斜,除了硬件、软件,重大活动也尽量向新城倾斜。强化人居环境和城市韧性,提升新城空间品质。人居环境打造"一城一意象"的城市名片。另外,超前布局新基建,推进设施智能化。

2. 城市建设:新城能级和综合实力不断提升

奉贤新城范围主要包括新城主体及22单元两部分,新城主体"四至"边界为北至大叶公路,东至浦星公路,南至上海绕城高速,西至沪杭公路—南竹港,面积约67.2平方千米,22单元北至芝泽路,东至沪杭公路改线,南至八字桥路附近,西至地灵路,面积约1.7平方千米,新城总面积约68.9平方千米。

作为重点建设的新城,奉贤新城的规划和建设得到了市委、市政府的高度关注和重视。历任市领导先后多次来奉贤调研并指导新城建设,并高度评价奉贤区委、区政府推进奉贤新城建设所取得的工作成效。

奉贤秉持规划引领、基础设施先行的原则开展城市建设。新城建设初期,区域内大型居住区建设如火如荼,中小企业商务区建设全面展开,产业经济崭露头角,但是公共交通和生产生活服务配套相对滞后。"十二五"期间,新城以"低碳、生态、智慧、宜居"的城市发展理念,着力打造蓝绿交融的城市印象,引导低碳的生活生产方式。2011年奉贤新城被列入上海市首批低碳发展实践区,2014年奉贤新城获住建部正式批复被列为国家绿色生态示范城区。经过几年的建设,新城水电交通等基础设施逐步完善,先进制造业和现代服务业等产业发展特色鲜明,各类教育、医疗、商务等公共服务惠及民生,"一核联四片、一环串两带"①的城市框架基本形成。新城的规划、思路、理念得到了新的提升,方向得到了进一步确定,一座独立、复合型城市的脉络与灵魂越发清晰,为后续城市功能建设奠定了扎实基础。

(三)面对国家战略,牢牢把握发展机遇

1. 新城建设的机遇与挑战

2018年11月,习近平总书记在首届中国国际进口博览会上宣布,支持长江三角洲区域一体化发展并上升为国家战略。2019年,中共中央、国务院印发了《长江三角洲区域一体化发展规划纲要》,这标志着长三角区域进入一个新的发展历史阶段。作为上海连接长三角地区的桥头堡,奉贤迎来了新一轮大建设、大发展的重大机遇。2019年8月6日中国(上海)自由贸易试验区临港新片区正式设立,新片区的主要范围为上海大治河以南、金汇港以东的873平方千米区域。其中,一半左右的土地面积来自奉贤,奉贤东部五镇(奉城镇、青村镇、四团镇、金汇镇、海湾镇)的439平方千米被划入新片区的规划范围,占比达50.3%。建设自贸试验区临港新片区是上海的重大任务之一,奉贤面对距离自身最近的国家级宏大战略,积极作为,主动融入新片区建设。

---

① "一核联四片、一环串两带":"一核"是指利用保留的中央生态林地和规划建设中的"上海之鱼",形成辐射整个新城范围的生态绿化核心和公共活动中心;"四片"是老城、城北和城南三大综合片区和一个依托综合工业园区的产业片区;"一环"则是依托浦南运河、金汇港、南横泾等自然水系形成的环状生态绿带,该绿带串联起四个片区;"两带"包括解放路公共服务带和金汇港生态景观带。

拥有发展机遇的同时，奉贤仍面临系列挑战。一是产业转移带来经济发展压力。"十三五"期间，对宏观经济的调控更多聚焦于淘汰落后产能、促进产业升级方面，同时劳动力、土地成本仍可能继续呈现上升趋势。奉贤作为上海高端制造业承载区，提出了"着力打造上海先进制造业重要承载区、上海大健康产业核心承载区、中小企业科技创新活力区"的发展目标。如何继续发挥奉贤制造业优势，探索制造业转型升级和智能制造发展之路，为奉贤打造上海先进制造业重要承载区提供支持，是奉贤新城在今后一段时间里必须面对的考题，打造先进制造业承载区的过程也不可避免地需要新城承担更多的经济发展责任。二是资源环境约束带来转型发展压力。上海建设用地零增长政策，以及越来越刚性的环保调控指标，倒逼新城建设必须注重内涵发展和弹性适应，走集约用地、可持续发展的转型之路，走资源环境紧约束下城市睿智发展的转型之路。在此过程中，如何合理分配各类城市发展战略资源，处理好引进新项目与建设用地指标之间的关系、淘汰落后产能与 GDP 增长之间的关系、腾笼换鸟与大量成本投入和刚性政策之间的关系、环境治理与投入保障之间的关系等，都需要新城在开发建设过程中时刻关注。三是区域竞争带来发展压力。上海中心城区的功能能级和资源集聚能力进一步提升，使其虹吸效应愈发明显，导致新城仍与中心城区有较大差距；南汇新城得益于国家战略，形成了产业发展、房地产等方面优势，在引进人才、资金和项目方面明显强于奉贤新城；[1]周边江浙地区实现了较快的经济社会发展，特别是这些地区在转型发展中不约而同地与新城选择了基本趋同的模式，近年来一些关键的经济、民生指标不少已经超越新城，甚至呈现拉大趋势。可以预见，以上三个层面的区域性竞争今后还将继续，新城必须以更加积极的创新行动和政策力度抢抓机遇，从而应对新的竞争压力。

---

[1] 王振、戴伟娟、薛艳杰：《"十三五"期间郊区新城建设思路研究》，《上海农村经济》2016 年第 6 期。

2. 新城建设的问题和不足

根据"上海2040"愿景调查,公众越来越强调对宜居环境的追求。奉贤新城始终坚持八字方针,经近十年的建设,新城整体面貌得到了较大改观,但总体来说与中心城区相比仍有较大差距。

一是交通支撑比较薄弱。对外辐射能力不足,区域融入度不够,在区域高速网体系中处于尽端地位。90%的交通出行集中在新城及周边10千米范围内,轨交5号线虽已开通,但仍缺乏直达市中心的轨道交通。同时,新城城区内交通矛盾日益突出,现状路网密度约4.75千米/平方千米,路网空间布局还未形成完善系统,道路交通系统需要改善。二是高品质公共服务配套缺乏。现有的公共服务配套设施不能完全满足需求,社区级公共服务设施仍然缺乏,需进一步加以完善。文化、体育等公共服务功能建设相对中心城区仍显不足,教育、卫生等社会事业资源供给仍存在缺口,新城作为城市副中心的功能尚未形成。三是社会治理仍需加强。随着城镇化建设不断推进,新城中的农村转移人口和外来人口明显增多,给社会治理带来较大压力,对交通、治安、工商以及人口等城市管理领域也提出更高要求。但因新城板块内涉及主体较多,既有多个镇、社区为主的行政管理体系,也有新城公司、产业园区等多元开发主体,建设与治理还未高效融合,治理体制和治理水平不能有效匹配,城市精细化管理水平有待提升,智慧城市建设仍存在不足之处,需在宏观层面上进一步统筹整合。

三、坚持为民造福:从"四城一都"到人民城市新典范

(一)锚定"四城一都",打造奉贤新城

奉贤新城立足"新片区西部门户、南上海城市中心、长三角活力新城",规划到"十四五"期末,将打造成为环杭州湾发展廊道上具有鲜明产

业特色和独特生态禀赋的综合性节点城市,形成创新之城、公园之城、数字之城、消费之城、文化创意之都的"四城一都"基本框架。①

1. 建设创新之城,科技创新能力显著提升

抓住临港新片区建设重大机遇,提升创新浓度、厚度、高度,集聚科技创新人才,激发创新创业活力,基本建成国家级水平的中小企业科创活力区,高新技术企业数量位于上海新城前列。

2. 建设公园之城,林水交融的公园城市风貌进一步彰显

推动绿色经济高质量发展,打造无废城市、海绵城市、韧性城市。发挥生态本底资源优势,锚固生态网络空间,打造高品质的新城生态绿核,凸显江海连景的城镇肌理特色。

3. 建设数字之城,具有未来感的"数字城市"框架基本形成

加快"五型经济"奉贤实践,引入头部企业,数字产业化,产业数字化,发展数字经济,建设数字社会和数字政府,以形成产城、职住、生态、交通、营商环境等的重要支撑。

4. 建设消费之城,基本形成具有世界影响力的美丽健康产业体系

依托东方美谷平台,构建完备的研发、中试、生产、销售的美丽健康产业链,打造世界化妆品之都品牌。发展线上线下新消费、文化消费、健康消费、现代服务消费等,以消费经济提升奉贤新城的国际知名度、城市繁荣度、商业活跃度、消费舒适度。

5. 建设文化创意之都,"贤美文化"品牌深入人心

发掘"贤美文化"时代内涵,建成"文化新地标、演艺新殿堂",塑造江河韵、贤美风、未来感齐鸣的艺术之都,绘就新江南水乡景致,实现上海"一江一河"的别样再现。②

(二)紧扣发展大局,造福人民群众

1. 规划引领,空间布局得到优化

根据"五个新城"建设要求,上海市规划资源局发布《奉贤新城"十四

---

①② 《奉贤新城"十四五"规划建设行动方案》,上海市规划和自然资源网,2021年4月9日。

五"规划建设行动方案》,坚持高起点、高标准,不断优化城市空间布局和规划体系,形成奉贤新城单元规划成果。奉贤新城先后完成作为上海市"五城十区"①示范样板区的数字江海产业社区、望园森林芯中央活动区控规编制。深化重点区域规划设计,完成浦南运河北岸城市规划设计,完成绿环专项规划、南上海中央公园景观设计,公共建筑国际方案征集,完成公园城市示范区规划编制,形成各街镇"15分钟生活圈"行动蓝图和年度行动计划,有序推进生活圈建设,完成九棵树未来众创空间、活力街区、"上海之鱼"周边区域、齐贤工业区等重点区域城市设计,开展东方美谷大道沿线发展轴的规划研究,完成田字绿廊特色景观框架、南桥源滨水公共空间、新城概念规划及城市设计、未来街区、国际生态社区等多个区域和项目的国际方案征集,同步针对各个项目及中央片林、中央活动区等区域开展规划编制修编工作。

2."四名工程",精心打造品质新城

邀请国际知名建筑师打造新城精品项目,共有藤本壮介、隈研吾等14位国内外知名建筑师参与16个项目规划设计,聘请周检、李翔宁、朱翔明三位国内一流专家学者作为新城规划、建筑、园林景观总顾问。此外,针对重点项目、重大工程提前介入质量管理,在项目规划设计阶段确定建设标准,在招标阶段将质量目标落实到招标文件的合同约定中。在"数字江海"开发建设中引入设计总控团队,升级开发建设全生命周期管理。建设项目获"鲁班奖"2项、"白玉兰奖"4项、"市政金奖"2项、"金钢奖"2项、"园林金奖"3项。

3.产城融合,特色产业得到凸显

在建设过程中,新城十分注重产业支撑,聚焦发展先进制造业和现代服务业,进入"十二五"后更加关注产城融合。一是积极发展支柱产业,做强产业特色,依托工业园区,立足"东方美谷",在化妆品、生物医药、医疗

---

① "五城十区"的基本规划,分别是属于中央活动区的嘉定远香文化源、青浦上达创芯岛、松江云间站城核、奉贤望园森林芯、临港环湖自贸港,属于产业社区的嘉定嘉宝智慧湾、奉贤数字江海、南汇世界顶尖科学家社区,属于老城社区的嘉定西门历史文化街区、青浦老城厢和艺术岛。

器械、智能制造等方面形成一定的品牌影响力。二是加快培育生产性服务业,围绕发展总部经济、研发、服务外包、物联网等生产性服务业规划建设南桥中小企业总部商务区。三是加强生活性服务业建设,商业、地产、旅游等行业快速发展,引入了宝龙、苏宁、龙湖等龙头企业,一批地标性生活服务业项目相继营业,商业服务功能配套逐步完善。四是加大"招商引贤"力度,引入国泰君安、中国化学工程集团、新兴际华等项目,持续提升城市能级和核心竞争力。

4. 生态宜居,不断擦亮奉贤名片

生态优良始终是奉贤一张最亮丽的名片。多年来,奉贤牢牢树立"绿水青山就是金山银山"理念,坚持生态优先,把生态作为最普惠的民生,全力争创国家生态园林城区、国家森林城市,打造城市中的森林、森林中的城市。截至2022年底,全区共有200座公园,绿化覆盖率达44.14%,人均公园绿地面积17.38平方米,基本形成"万顷林地、千里绿廊、百座公园"生态体系,"推窗见绿,出门进园"融入了百姓日常生活,被中国贸促会、全国政协人口环资委、国家林草局联合评为"2021中国最具生态竞争力城市"。良好的生态环境不仅为奉贤创造了更宜居的生活环境,也吸引越来越多的人来奉贤旅游、创业。

5. 优化路网,交通便捷程度提升

交通便捷是奉贤人民长久的期盼。近年来,轨道交通5号线南延伸段、金海公路—虹梅南路隧道、全市首条快速公交系统(Bus Rapid Transit,简称BRT)、闵浦三桥等一大批重大基础设施建成通车,连通市区的15号线奉贤段已获批复,奉浦东桥、S3高速、G228国道等重大项目正在加快推进,奉贤线、南枫线等市域线正在规划落地,极大地改善了奉贤与市中心及周边的交通连接,南上海综合枢纽作用日益凸显。

6. 以人为本,民生保障不断加强

奉贤新城围绕老百姓更高品质的就医、就学、消费等需求,深耕"南上海城市中心",不断植入城市功能,提升城市品质。"上海之鱼"城市客厅成为市民休闲打卡首选地,JW万豪、喜来登、希尔顿等一批高等级酒店开门迎客;中国福利会国际和平妇幼保健院投入运营,上海交通大学医学院附属新华医院与国家儿童医学中心复旦大学附属儿科医院推进建设,南上海医学中心初具雏形;华东师范大学第二附属中学临港奉贤分校、上海中学国际部、上海世界外国语学校、格致中学等优质教育资源加速集聚,南上海教育高地优势日益显现。

(三)让"美"与"强"交相辉映,建人民城市新典范

1. 新城"发令",紧抓重大机遇

2021年春节后,上海郊区"五个新城"建设推进大会在奉贤新城举行,打响了新一轮新城建设的"发令枪"。"五个新城"作为全市未来发展的重要战略空间和新增长点,奉贤迎来了新一轮大建设、大发展的重大机遇期。"十四五"期间,奉贤新城将进一步增强自身竞争力,抓住机遇融入长三角城市区域网络格局;进一步凸显东方美谷产业品牌影响力,探索美丽健康全产业链的创新经济发展;进一步彰显宜居生态环境品质发展胜势,提高新城对人才的吸引力;进一步完善高品质公共服务供给,满足人民群众对美好生活的向往。[①]

2. 发挥优势,建设特色新城

奉贤新城立足独立的综合性节点城市的战略定位,发挥东连自贸区新片区、西接长三角一体化示范区、北临虹桥商务区、南倚国家海洋战略的区位优势,用更先进的理念、更完善的功能、更生态的环境、更优质的服务、更繁荣的文化、更优雅的气质、更强劲的竞争力,为上海未来发展构筑新的战略支点。秉持"创新、协调、绿色、开放、共享"新发展理念,建设富有人性化、人文化、人情味的人民城市。始终把人民对美好生活的向往作为奋斗目标和价值追求,充分利用和发挥奉贤新城的优势,高水平优化生活环境,高品质塑造新城形象,建成一座具有现代化、全要素、综合性的独立新城。面向未来,奉贤新城将持续优化城乡空间布局,全力点燃"东方美谷+未来空间"双引擎,加快"五型经济"奉贤实践,发展首店总店集聚

---

① 《奉贤新城"十四五"规划建设行动方案》,上海市规划和自然资源网,2021年4月9日。

区,繁荣夜间经济、云端经济、服务经济,成为领跑跨界融合的新阵地。①

3. 理念引领,建设品质新城

新理念引领新发展。展望未来,奉贤将抓住"十四五"关键窗口期,立足"独立综合性节点城市"定位,围绕产城融合、功能完备、职住平衡、生态宜居、交通便利、治理高效的要求,结合重点领域发展,因地制宜赋能新城建设。以公共服务和文化赋能增强特色,以交通赋能深化联动,以产业赋能集聚人口,以空间赋能提高品质,以城市治理赋能推动转型,强化奉贤新城特色培育和独立功能。加快构建新发展格局,推动高质量发展、高品质生活、高效能治理,瞄准"城市繁华、农村繁荣、万物和谐、人民幸福",践行人民城市重要理念,奋力走好"奉贤美、奉贤强"高质量发展新征程。

---

① 《奉贤新城"十四五"规划建设行动方案》,上海市规划和自然资源局网,2021年4月9日。

第五章 产城融合：
把最好的资源留给人民

作为"十四五"时期率先发力新城建设的超大城市，上海始终牢记习近平总书记的嘱托，把人民至上镌刻在新城建设的每个细节，将产城融合作为新一轮新城建设的重要内容。深入践行人民城市重要理念，把最好的资源留给人民，以不懈努力把"人人都有人生出彩机会、人人都能有序参与治理、人人都能享有品质生活、人人都能切实感受温度、人人都能拥有归属认同"的美好愿景化为现实图景。

一、产城融合：上海新城发力的首要指向

城市是人集中生活的地方，城市建设必须把人民宜居安居放在首位，把最好的资源留给人民。国家"十四五"规划纲要明确提出："坚持产城融合，完善郊区新城功能，实现多中心、组团式发展。"新城是上海推动城市组团式发展，形成多中心、多层级、多节点的网络型城市群结构的重要战略空间。城市没有产业支撑，即便再漂亮，也就是"空城"；产业没有城市依托，即便再高端，也只能"空转"。对于上海这样一个超大城市，当承载力、安全度和可持续性成为不可或缺的刚需，新城就必须肩负起产城融合发展的重任。

（一）产城融合的内涵解析

发展郊区新城是国内外大都市应对城市过度膨胀后"城市病"的共识。产城融合是指产业与城市融合发展，以城市为基础，承载产业空间和

发展产业经济,以产业为保障,以提升人的生活质量为目标,通过产业升级换代和城市服务配套,达到产业结构、就业结构、消费结构的匹配,实现产业、城市、人之间有活力和持续向上发展的模式。对于产城融合内涵的理解主要着眼于人本导向、功能融合、结构匹配三个方面。

1. 人本导向

产城融合的本质是从功能主义主导向人本主义导向的一种回归。从发展历程的梳理及每个时期的发展重点来看,产城融合发展是社会经济发展到一定阶段,反映到空间的一种表征,是资本积累到一定阶段需求新的空间生产的必然产物,也是资本进入第三重循环提升创新能力、提高人的素质的必然要求。

2. 功能融合

产城融合的提出是应对产业功能转型、城市综合功能提出的必然要求,体现了城市规划由功能主导向回归人本主义导向的趋势,由注重功能分区、注重产业结构,转向关注融合发展、关注人的能动性、关注创新发展的转型。

3. 结构匹配

产城融合发展就其核心来分析,是促进居住和就业的融合,即居住人群和就业人群结构的匹配。产业结构决定城市的就业结构,而就业结构是否与城市的居住供给状态吻合,城市的居住人群是否与当地就业需求匹配,城市配套服务设施的供给是否与城市就业结构协同,是产城融合发展的关键所在。

(二) 产城融合的发展轨迹

回溯过往,产城融合的理念一直与上海多中心发展的探索如影随形,当时还没有直接出现这一提法,而是体现在具体的规划建设思路之中。

早在国民政府时期,原上海市行政机构编制的《大上海都市计划》中就已初现产城融合的理念,当时的规划者已经意识到都市发展造成的城区土地紧张和交通拥堵等问题,提出工业应向郊区迁移,对于迁移到郊区的新区,提出了工作和生活的"就近"原则,即居住地与工作地的距离,须在 30 分钟步程之内，以便市民日常往返能够节省生活费用和工业生产成本。

新中国成立后，上海推进的历次新城（卫星城）建设，最核心的就是将中心城区过度密集的人口向郊区有机疏散，在当时的产业和交通条件下，人随产走，卫星城的发展模式一开始就是产城一体。从20世纪50年代开始的郊区卫星城建设，主要是将工业迁出中心城区，导出产业人口，形成了诸如以机电工业为主体的闵行卫星城、以化学工业为主体的吴泾卫星城、以汽车工业为主体的安亭卫星城。

2000年后，上海正式提出集中力量建设新城，《上海市城市总体规划（1999—2020年）》取消了卫星城的提法，取而代之的是首次提出"郊区新城"概念，除了工业之外，集聚人口较多的大学也开始加快在郊区新城建设校区，如松江大学城。

从2000年至2010年的十年间，上海常住人口从1 600万激增到2 200万，发展新城对疏解人口的重要性不断提升，而且随着郊区房地产开发加速，松江、嘉定等近郊及新城成为承载中心城区人口外迁和新市民定居的首选，产城分离、职住分离问题日益凸显。

2011年，上海市政府印发《关于本市加快新城发展的若干意见》，将"基本形成产城融合的发展态势"作为四项目标之首，具体包括：统筹工业园区、产业基地、大型居住社区与新城的建设，符合功能导向和就业容量大的产业项目向新城集聚，产业发展与新城建设互动融合，新城的产业支撑明显增强，初步形成本地居住、本地就业的产业、新城融合发展态势。

由此可见，在上海新城（卫星城）建设中，产城融合是自始至终一以贯之的首要理念，并且随着上海城市发展，其重要性不断提升，如今已经成为必须回答好的关键问题。

（三）产城融合的四级跃升

产城融合并不是一种静止的状态，它是一项系统工程，随着城市产业、人口和空间等的结构性变化，处于动态发展的过程之中，涉及空间规划、基础设施、公共服务、管理体制等方方面面，但最根本的是要有足够的办法形成对中心城区的"反磁力",提升新城产城融合水平并实现层级跃升。对于上海"五个新城",可以从四个层面来理解认识,不同层次之间既有升级迭代的关系,彼此之间也有相互交叉的关联。

1. 空间意义上的产城融合

实现产业和城市协调均衡发展,首先要在空间上满足产城均衡发展的需要,形成合理的空间配比。随着产业变革和生活方式转变,在更精细的尺度上,打造满足职住混合和业态融合需要的复合功能空间,是上海"五个新城"实现产城融合发展的必备条件。

2. 治理意义上的产城融合

在郊区城市化和工业化的过程中,行政管理体制的调整应当是逐步完成的,但新城作为郊区发展最快的地区,体制机制问题往往更早出现也最为复杂。从上海的情况来看,一些新城即使在硬件建设上已经初具规模,但在管理和服务能力上仍与中心城区有不小差距。要同时做好从郊区到城市的转变,以及从产城分离到融合的转变,并要努力在未来治理的理念和技术上达到与中心城区接近甚至更高的水平,对上海"五个新城"的管理者提出了很高要求。

3. 职住意义上的产城融合

能否让大部分居民在新城内部就业和居住是评价产城融合水平的关键方面。从过去的情况看,松江、嘉定、青浦和奉贤四个新城,由于原本就是郊区政府驻地,70%以上的就业人口就在新城及周边地区居住。从满足优质企业和优秀人才需要的角度考虑,如何吸引更多高素质群体在新城定居十分关键,由此可见,职住意义上的产城融合具有很大的提升空间。

4. 功能意义上的产城融合

按照新城综合性节点城市定位,上海"五个新城"的目标不是一般意义上城市功能和普通产业和人口集聚,而是要承担上海的部分核心功能,发展更优质的先进产业、导入更多高素质的人口,并且形成相互支撑、相互促进的良性关系。相对而言,上海"五个新城"在前三个层面实现产城融合都有较好基础,能否在功能层面实现融合是未来的关键。

(四)产城融合的上海优势

《上海市城市总体规划(2017—2035年)》明确提出,必须把新城高水平规划建设作为一项战略命题,抓住"十四五"关键窗口期,举全市之力推动新城发展。推动上海"五个新城"产城融合发展,是不断满足人民群众日益增长的美好生活需要的重要举措,是坚定实施扩大内需战略、构建新发展格局的重要抓手,是形成新的经济增长点、培育发展新动能的重要途径。

第一,城市功能相对完备。上海新城发展不是无中生有,"五个新城"中有四个是郊区的行政中心。区级政府驻地的城市功能相对来说比较完备,各区的人口基数也比较理想,从郊区其他街镇向新城集聚的规模比较稳定,"职住平衡比"长期以来高于市区。

第二,中心城区功能外溢。"五个新城"所在的各区常住人口占全市总量的40%以上,人口基础条件较好,加上未来匹配差异化的人口落户和住房政策,"五个新城"将成为吸纳人口导入的主要地区。

第三,产业基础比较扎实。松江、嘉定、南汇等新城在十多年的发展中,本身已经承担了中心城区外溢的大量功能和产业。特别是各区已经拥有具备基石作用的先进制造业,如嘉定的汽车产业、青浦的信息技术产业、松江的智能装备产业、奉贤的美丽健康产业、南汇的航空航天产业等。

第四,交通体系持续完善。党的二十大报告提出:"加快转变超大特大城市发展方式,实施城市更新行动,加强城市基础设施建设,打造宜居、韧性、智慧城市。"目前,上海拥有全国最长的轨道交通网络,"五个新城"已经实现全部接入。上海向新城的交通格局将从放射状发展为蛛网状,推进建立连接新城之间、新城与周边城市的市域铁路网,如南港线将连接南汇新城和嘉兴,扩大新城辐射半径。

二、探索产城融合的"奉贤样本"

习近平总书记指出,推进城市治理,根本目的是提升人民群众获得感、幸福感、安全感。①临港新片区的落地以及长三角一体化发展作为国家战略的深入推进,奉贤迎来了承担国家战略、实现跨越式发展的机遇窗口。"十四五"期间,奉贤在新的变局中抢抓新机遇,深入践行人民城市重要理念,坚持把新城建设作为重要任务,聚焦"以产兴城、以才兴产、以城聚产",着力破解"大拆大建、千城一面、交通拥堵、文化缺失、空城睡城"等城市病,坚持把最好的资源留给人民,不断提升产城融合水平并实现层级跃升,走出了一条产城融合的全新道路。

(一) 以产兴城,增强产城互动内生驱动力

一是产业集群初具规模,经济保持稳定增长。找准产业定位,构建"1+1+X"产业体系。第一个"1"即东方美谷美丽健康产业,第二个"1"即新能源产业,"X"即若干"四新"经济产业。目前,根据全区产业结构特色,抢占新兴赛道,进一步明确聚焦"美丽大健康、新能源汽配、数智新经济、化学新材料"等四大新兴产业方向。"东方美谷""未来空间"两大千亿级产业集群构成"双擎驱动",是奉贤新城近年来产业版图中最为耀眼的名片。作为全国唯一的"中国化妆品产业之都","东方美谷"产业规模近700亿元,是上海规模最大、国内知名度最高的化妆品产业集聚地之一。"东方美谷"品牌价值达287亿元,市场销售额占比超40%,"东方美谷·美妆产业园"入选上海市第三批特色产业园区。围绕产业定位,将全区原来的17个104板块整合成四大区域,积极引导企业向园区集中,形成组团式空间发展格局,即以美丽健康产业为主的工业开发区、东方美谷板块,以智能制造为主的临港奉贤园区板块,以生物医药和新材料为主的杭州湾开发区板块,以智能制造后台承载为主体的奉城工业区板块。积极推动功能性事项落地,市政府在2022年7月6日举行的"潮涌浦江·重大功能性事项导入新城发布活动"上,发布导入"五个新城"的25个重大功能性事项,其中包括奉贤新城5个项目。

---

① 中共中央党史和文献研究院编:《习近平关于城市工作论述摘编》,中央文献出版社2023年版,第39页。

案例

"东方美谷"赋能产城融合

曾几何时,位于上海最南端、与上海中心城区因浦江之水相隔两望的奉贤,如今经过多年的快速发展,在新城建设方面已经探索出了一条超大城市郊区产城融合发展的有效路径。"东方美谷"是奉贤区委、区政府重点打造的产城融合发展名片。2015年底,奉贤正式提出"东方美谷"概念,希望将奉贤打造成为一个"美丽健康产业的硅谷"。从"奉贤的东方美谷"到"上海的东方美谷",再到"世界的东方美谷",是奉贤新城在眼界和格局上的重要变化。

一、东方美谷成为城市标签

很多行业人士谈起"东方美谷"的横空出世,都用"无中生有"四个字来形容。经过几年的发展,东方美谷从无到有、从有到优,影响力持续扩大,产业范围从化妆品延展到包括化妆品、生物医药和高端食品在内的主要行业。从奉贤区域品牌升级到上海城市品牌,正迈向世界的东方美谷已是春色满园关不住。

等闲识得东风面,万紫千红总是春。截至2022年底,东方美谷化妆品生产企业数量达到全市的35%,其中规模以上企业数量占全市31%,规上总产值占全市41%,集聚了资生堂、欧莱雅等一批国内外知名化妆品企业。全区共有东方美谷品牌近3 000个,行业集群化、集聚化和规模化效应初步显现。中国轻工业联合会将全国唯一的"中国化妆品产业之都"荣誉授予东方美谷。目前,东方美谷有1 000亿元产业规模、300万平方米产业承载空间,品牌价值达到了287.3亿元。

"十四五"期间,为进一步打响"东方美谷"品牌,加快推进产城融合,建设"一城一名园、一城一枢纽、一城一意象"独立综合性节点城市。奉贤按照"企业让城市强大,人民让城市伟大,文化让城市高大"的理念,以跨界、破圈、超越的姿态,聚焦创新之城、公园之城、数字之城、消费之城、文化创意之都,变不可能为可能,推动"东方美谷"由产业品牌成为城市品牌,让东方美谷成为奉贤的"标签"。

二、东方美谷助力数字转型

数字化时代已经到来,无论是城市发展,还是东方美谷品牌的打造以及企业的发展,都应该顺应大势,把握数字化带来的新机遇,企业不能仅追求短期规模增长,更要聚焦顾客价值创新,推动数字化转型升级,追求企业价值的可持续增长。

当其他新城还在寻找产业蓝海1.0版本,奉贤新城的东方美谷已经进入2.0版本,以惊人的速度释放更多增长点、新亮点、爆发点,形成新空间、新名片、新超越。作为中国美妆行业的标杆企业,2020年,伽蓝集团不但启动了美妆行业首创的"一盘货新模式",还开启了企业数字化转型升级。伽蓝集团旗下的自然堂品牌成为航天员独家洗护用品,资生堂中国第三家研发中心在东方美谷正式启用……一家家品牌垒起了东方美谷的高度。随着欧莱雅、伽蓝、百雀羚、巴斯德研究所等一批新项目、新平台、新载体加速聚集,爱宠经济、香精香料、检测服务、食品添加剂等一批特色园区加速崛起,强链、补链、延链,推动东方美谷产业集聚中心的建设。

三、东方美谷赋能新城建设

在《关于本市"十四五"加快推进新城规划建设工作的实施意见》中,打响"东方美谷"品牌,打造国际美丽健康产业策源地,成为上海"十四五"期间全面提升"五个新城"综合竞争力的重要抓手之一。至2025年基本形成产学研创一体的美丽健康产业生态链,构建具有鲜明奉贤特色的"全球生命健康产业创新高地"。

与美共生、与美共兴,东方美谷让"世界化妆品之都"的梦想正在变成现实。面向未来,东方美谷将聚焦"消费之城",打造美谷美购连锁,设置美谷美购论坛,发展线上线下新消费、文化消费、健康消费、现代服务消费等项目,打造个性化、差异化、国际化的"消费城市"。把"最薄弱"

变成"最强劲",从"唯一"到"唯美",让东方美谷赋能新城建设,在长三角城市群中脱颖而出,进而打响东方美谷国际化妆品大会品牌,从产业品牌,到城市品牌,再到文化品牌,从"中国化妆品产业之都"迈向"世界化妆品之都"。

资料来源:胡幸阳:《"中国化妆品之都",如何升级为"世界化妆品之都"?》,上观新闻,2021年11月8日。

二是业态结构优化升级,激发新城发展活力。现代服务业稳步提升,总体规模连创新高,发展结构和质量都有了新的飞跃。13个重点集聚区发展水平和税收成效显著,初步形成了"一核两带、三区多园"的空间布局,并围绕五大产业(现代商贸、金融服务、文创旅游、平台及电子商务、生产性服务业)形成了总部经济,产业园区,功能平台,二、三产业融合企业齐头并进的发展态势,为新城发展打下了坚实的基础。聚焦产业链对接、价值链提升和服务模式创新,鼓励有条件的制造企业实行主辅分离,向价值链两端延伸,发展生产性服务业。2022年,奉贤新城实现社会消费品零售总额293.88亿元,占全区社会消费品零售总额的57%,商贸服务业已经成为新城产城融合的重要支点。

三是创新能力持续提升,优化新城营商环境。创新政府服务模式,出台促进高质量发展的"奉十条"政策措施。每天新增企业500家,新增企业和企业总数均列上海市首位,市场主体超过60万户,奉贤成为名副其实的中小企业科技创新活力区。深化政务服务"一网通办",持续优化营商环境,创建"服务专员"制度、"企业直通车"等平台,取消一切可以取消的审批、减少一切可以减少的环节、降低一切可以降低的收费,实现企业诉求兜底解决,把奉贤新城打造成综合成本最低、综合优势最足、综合竞争力最强的高地。围绕产城融合,加大推介力度,举办"早餐会",开展"云招商",招大引强成效不断显现。中国化学工程集团、新兴际华集团等重量级央企签约落地,上海电气、华谊集团、上海地产、国泰君安、锦江国际等高能级功能性项目纷纷导入。外资外贸加快发展,欧莱雅在华首家投资公司落户奉贤,跨国公司地区总部累计达到11家。

(二) 以才兴产,提升新城综合功能吸引力

一是注重顶层规划设计,强化功能"招才"。坚持人才优先发展战略,优化完善"1+10+X"人才政策,把吸引和用好人才作为产城融合发展的重要任务和内容。抓住新城建设契机,以"产业链""功能链"寻找"人才链",以"人才链"赋能"产业链""功能链",擦亮东方美谷、未来空间、数字江海品牌,让奉贤新城成为"江南韵、世界波、科技范、国潮风"的人民城市、未来之城。

二是构建人才支撑体系,善于就地"聚才"。确立人才规划体系,达到人才与产业的匹配,促进产业的规模化、集聚化、高端化发展。不断提高吸引优秀人才的能力,加强与区内外高校联动互通,努力提升奉贤新城人力资源品质。整建制引进上海巴斯德研究所,围绕大健康产业打造"X+1"创新平台,在文化、科技、创新融合等更大领域寻求合作,助力新城在技术转让、国际合作等领域谋求更大发展。

三是整合教育培训资源,构建机制"育才"。实现政、校、企三方联动,面向产业和企业的即时需求和未来需求,通过政府、企业、高等院校、职业技术学校、行业协会等共同努力,用好用活人才、提高人才效能,用当其长、用当其位的使用机制,竞争择优、双向选择的流动机制,以能力评判人才、以贡献衡量人才的评价机制,强化人才使用与战略性新兴产业的衔接,从而为产业的发展提供坚强的人才保障。

(三) 以城聚产,夯实新城产业发展辐射力

一是城市规划日益完善,基础设施日新月异。精细打造城市"微空间""微功能",全面推进"15分钟社区生活圈"行动工作。"1517""1820"重点项目全面推进,轨交5号线南延伸段、奉浦快线、金海公路—虹梅南路隧道、大叶公路等一批重大基础设施投入使用。深化完善奉贤新城枢纽方案,加快推进轨交15号线南延伸段专项规划、动迁排摸等前期工作,南枫线、奉贤线被列入《2023年上海市重大工程清单》预备项目,人民群众出行更加便捷。"上海之鱼"城市客厅形象凸显,"东方美谷大道"正在建成一条"三生"(生产、生活、生态)融合、特色鲜明的城市发展轴线。依托蓝绿交融的自然禀赋和"贤美文化"的传承,以文创思维,从细节着手,营造并赋予新城以"烟火气"、潮流感、时尚范,最大限度实现生活的便利和舒适、生命的绽放与精彩,让城市始终有温度。

二是生态优势日益凸显,城市客厅绿意盎然。坚持"良好生态环境是最普惠的民生",积极打造"公园之城",推进十字水街、田字绿廊、中央生态林地改造等蓝网绿脉项目建设。以绿为基、以水为魂、水绿交融,着力构建优于中心城区的蓝绿交织、开放贯通的"大生态"网。获评"2021中国最具生态竞争力城市",国家生态园林城区创建通过市级验收,国家森林城市启动创建。实施"公园+""+公园",年丰公园、青年艺术公园、星空公园等相继开园。打响"蓝天、碧水、净土"三大保卫战,空气质量始终位列全市前茅。全面推进"无废城市"建设,实施新一轮湿垃圾处置设施和生物能源再利用中心建设,建成全市首座公交加氢站,全力构建绿色低碳韧性之城。

三是公建配套日渐成熟,城市让生活更美好。坚持知名策划和规划、知名创意设计、知名艺匠和工匠、知名运营管理,积极培育引进教育、医疗、文化、体育等优质公共服务资源。以奉贤中学、实验中学、奉教院附小、解放路幼儿园为代表的基础教育强势崛起,格致中学、上中国际部、世外学校、华二临港奉贤分校等纷纷落户。奉贤中学等各校高质量教学攀高峰,奉贤人民群众和社会各界对教育的满意率达到95.2%。提升优质医疗卫生资源配置,国妇婴奉贤院区建成启用,新华医院与复旦儿科推进建设,健康奉贤迈上新台阶。九棵树(上海)未来艺术中心、城市博物馆、规划馆等文化地标建成使用,"海之花"市民活动中心、言子书院正式启用,上海美术馆分馆等功能性项目稳步推进。新城中央活动区启动先行区项目建设,全面开展南上海体育中心暨奉贤新城CAZ首发项目国际方案征集。

三、开创奉贤产城融合的"未来模样"

治理好、建设好、发展好上海这座超大城市,没有局外人、没有旁观者。"五个新城"作为全市未来发展的重要战略空间和新增长点,赋予了奉贤新一轮大建设、大发展的重大机遇。面向未来,奉贤将构建"一心一核两轴多区"①的产业空间布局,加快"产城融合、宜业宜居"的高质量发展,把奉贤新城建设成为"新片区西部门户、南上海城市中心、长三角活力新城"。

(一)提高产城融合竞争力,培育科研支撑能力

建设自立共生的未来新城,产业发展是新城建设成败的关键,必须得到科技研发能力的支撑。没有产业支撑,新城就会失去竞争力和生命力,人口集聚功能实现就会落空,"独立的综合性节点城市"的新定位也将无从谈起。

1. 全力点燃"东方美谷+未来空间"双引擎

一是深耕"东方美谷"建设,打造美丽健康产业策源地。一方面,持续打造美丽健康产业航空母舰。发挥上海南部滨江沿海发展走廊上的综合节点作用,未来培育1—2家具有全球影响力的本土化妆品龙头企业,并重点围绕龙头企业开展创新链与产业链布局,全面迈向世界化妆品之都。另一方面,大力夯实美丽健康产业创新基石。支持龙头企业在全球范围内加强与大学、科研机构等合作,共建一批高能级的实验室、研究机构、产业创新中心等科研平台,积极谋划并争取一批美丽健康相关领域的重大科技基础设施布局,建设引领世界美丽健康产业技术变革和理论创新的策源地。

二是加快"未来空间"发展,构建智能网联汽车出行链。以智行生态

---

① "一心一核两轴多区":"一心"指奉贤新城中心区,"一核"指美丽健康产业核,"两轴"指东方美谷大道产城融合发展轴和金海公路设计研发服务轴,"多区"指工业综合开发区、生物科技园区、星火开发区等产业协同区内相关园区。

谷为核心,围绕新能源整车及电驱、电池、电控与储能设备、充电桩、智能驾驶等领域,吸引更多国内外整车及零部件企业集聚,推进自动驾驶开放道路测试,探索建立智能网联汽车行业应用体系,集聚智能网联汽车全周期产业链,打造聪明路、未来车、智慧城。

三是做强"数字江海"产业,建成数字化国际产业社区。新城要成为全市数字化转型的先行者、排头兵和样板区,必须在产业数字化转型上下真功夫,打响"数字江海"品牌,在创新策源、应用驱动、生态培育等方面协同发力,推动城市数字化转型,建设数字经济新高地。抓牢数字经济风口,在新城建设中加大数字化应用和利用数字化推进联络,利用数字技术赋能产业、提升数字化公共服务能力、提升政府数字化治理效能,全面实施智能制造行动计划,大力发展在线新经济等新业态新模式,建成全市首个城市力全渗透的数字化国际产业社区。

四是推进"一城一名园",打造具有国际竞争力的品牌园区。围绕新城产业导向,加强产业政策的精准供给,编制"一城一名园"相关支持政策。聚焦园区特定产业方向、特优园区主体、特强产业生态,围绕重点产业领域,支持在品牌园区内高质量建设一批"小而美"的特色产业园区。瞄准产业链价值链关键环节,以特色品牌园区为关键抓手,打造特色园中园跨界空间,加快引进功能型机构、高能级项目、重大平台和龙头企业。鼓励产业协同区内相关园区搭建集研发设计、检测认证、知识产权、品牌管理、金融服务等功能于一体的集群组织和公共服务平台,为产业集群建设提供服务支撑。支持新城内的园区基地与市级品牌园区合作,提升园区的专业化、市场化运作能力,探索更多"区区合作、品牌联动"的新典范。

五是提升经济密度,打造存量土地盘活集约利用的新典范。在新城工业和研发用地规模基本保持稳定的前提下,优化存量用地、盘活低效用地是新城产业发展的唯一选择。《上海市新城规划建设导则》(沪新城规建办〔2021〕1号)提出,到2025年新城地均工业产值要达到100亿元/平方千米。目前"五个新城"重点园区经济密度仍存在较大差异,奉贤经济技术开发区还不到 50 亿元。在盘活存量用地方面,面临工业用地稀缺问题的深圳早就探索出了一条集约高效利用之路。比如,探索"工业上楼"打造垂直产业园,最早发端于深圳宝安区的"工业上楼",对建筑高度超过 24 米且不超过 100 米的高层厂房,鼓励高端制造产业入驻,同时鼓励园区满足高端制造产业工业生产、研发需求,打造产研一体化工业楼宇。

案例

"数字江海"

——产城融合未来产业社区样板

作为上海"五个新城"之一,奉贤新城紧跟国家产业升级和科技立国的步伐,把握长三角一体化国家战略的历史机遇,从过去的发展"末梢"到未来的发展"前沿",不局限于 68.89 平方千米规划面积,而是连接世界、融势启新、数创未来,聚焦"数字江海"、中央生活区等重点任务,打造人性化、人文化、人情味的品质新城,让生活在这座城市的人们感受幸福感、获得感、安全感和归属感。

一、拥抱数字经济,打造产城融合典范

2021 年 4 月 9 日,上海奉贤新城首个数字产城融合造城计划发布。"数字江海"——一个全新可感知、可参与,各类创新要素集成的未来数字城市示范区——上海首个城市力全渗透的数字化国际产业社区呼之欲出。"数字江海"共有 7 期地块,总规划面积约 2 060 亩,计划用 10 年时间完善城市功能,优化空间布局,构建产业生态,建成一座产城融合、功能完备、职住平衡、生态宜居、交通便利、治理高效的智慧数字产业社区。

作为"数字江海"未来的三大主导产业,数字经济、生物医药和智能网联汽车,正因为万物互联时代的加速来临,进入了一个全新的阶段。2021 年堪称中国智能汽车元年,"数字江海"丰富的生活和多元的产业人群,无疑为智能汽车的商业应用,创造了最佳的实证场景。在"数字江

海",未来将有数千家企业入驻,涉及智慧交通、智慧医疗、智慧商务、智能制造、智慧美妆等差异化的产业需求和数字应用场景,意味着土地"场景"的功能必定是高度复合的。

从规划设计理念看,"数字江海"绿色T台、产业T台、城市T台的"三T"融合共生的设计理念颇为亮眼。中央绸带公园宛若一条"绿色T台",与东侧的金汇港蓝领公园和南侧的联合港河滨公园,形成海绵城市公园、滨河公园和城市公园三大主题公园组团。占据"绿色T台"第一排"C位"的,是由智能"芯"产业、美丽"芯"天地和健康"芯"社区三大板块组成的产业中轴,通过以数字底座为核心的管理平台,实现应用生活、工作和休闲场景的数字化。"产业T台"正如字面"江海"所表达的意思,通过世界最顶端的数字管理技术去吸引高"能级"的科创产业在这里汇聚,吸引更好的人才在这里工作生活,再向整个奉贤新城、整个上海辐射,带动周边产业和居住社区的数字化变革。

二、激发潜能,打造一座数字孪生的城市

在"数字江海",人是一切"场景"的核心,而产业人群的创造力,才是最宝贵的可再生资源。"数字江海"激发潜能的"秘密武器",是从设计阶段开始,打造一座数字孪生的城市。除了实体的园区以外,在网络上还有一座虚拟的园区,进入这座虚拟的园区,所有的能源使用信息、人员信息、商业生活消费的信息、企业生产数据信息等都会汇集成一个总的集成,成为一座数字之城的智慧"大脑",运营管理者可以各种衡量指标实现可视化的分析、协同和决策制定。

未来,"数字江海"的每个场景都会配备相应的嵌入式传感器,联结成一个城市数据操作系统,人、商业场景、建筑物和汽车用数据和传感器全部联结起来,通过相互交流,可以在虚拟和现实两个世界中试验实证人工智能技术,并最大限度地发挥其潜力,形成一个开放、融合、共享、生长的"城市引擎"。

三、地上有多繁忙,地下就有多繁忙

"地上一座城、地下一座城、云端一座城"——"数字江海"不仅是一座有城市功能配套的产业园区,更是一座可以入驻产业的微型城市。多样化城市功能和产业功能将高度集聚,甚至还体现在单栋建筑垂直功能的复合上。在"数字江海",地下空间不是地上的"影子"和辅助,是整个城市的重要一部分。地上是居住公寓,地下则是菜场超市、家庭仓库,甚至还有幼儿园出入口;地上是生物医药、健康医疗等美丽消费产业,地下则是与之对应的在线新经济直播间。

某种意义上,"数字江海"不仅是一个产业城区,也是全球大师的建筑作品集群、上海数字之城、低碳之城、韧性之城、创意之城,更是上海五个新城"美好产业场景的孵化器"。从建筑、生态、产业、出行到服务,关于"数字江海"的一举一动,似乎都会引发上海探索未来产城的"蝴蝶效应"。

资料来源:奉贤新城:《奉贤新城"数字江海"藏着上海未来产城的"蝶变"》,澎湃网,2021年8月1日。

2. 全力打造"生产+生活"产城融合示范区

发展服务业是新城丰富城市功能、实现产城融合发展的必然。结合奉贤产业特点,聚焦美丽健康和智能制造产业链延伸,建成集研发设计、检验检测、供应链管理、品牌营销、终端服务等五大功能于一体的全产业链格局,大力促进先进制造业与生产性服务业、生活性服务业在更高水平上实现融合互动发展,实现"产—城—人"之间充满活力、和谐共生的发展模式。

一是制定有穿透力的政策,全面提升生产性服务业。围绕美丽健康产业、智能制造产业集中力量打造面向世界的研发设计、科技服务、供应链管理、检验检测、品牌营销、专业服务、用户体验等服务中心,带动奉贤生产性服务业向高端发展。强化科技创新能力提升要求,大力发展服务于制造业智能化、柔性化和服务化的软件、系统和解决方案,促进工业生产流程再造,促进定制生产等模式创新。大力拓展知识产权代理、法律、信息、商用化、咨询、培训等服务,延伸知识产权服务链。

二是围绕特色产业园区，加快完善生活性服务业。围绕特色产业园区，加快完善通勤班车、人才公寓、职业培训、托育中心、医疗中心、餐饮、便利店、绿化景观、健身场馆等配套设施，打造"引得进、留得住"高端产业的生活性服务业配套。统筹规划公园绿地、公共交通、停车场地、无障碍通道、社区医院等基础设施建设，合理布局社区养老、生鲜超市、洗衣房、物流快递等便民服务设施，为居民生活需求提供优质便利完善的服务。完善休闲娱乐设施，提供面向年轻消费群体追求时尚、注重体验、崇尚品位的服务，不断优化服务供给结构。

三是推动消费提档升级，促进服务业高质量发展。坚持以"人民为中心"，坚持"世界眼光、国际标准"，注重整合政府、市场各类资产、资源，运用好文化、科技、生态等形态，打造新城消费商圈，建成富力万达广场，加快推进"三古里""上江南"等商业项目建设，打造高品质空间载体，实现地标建筑与邻里生活的融合，让人民有情怀、城市有温度、街区有活力、建筑可阅读、公园有故事。

（二）提高人产融合竞争力，吸引人才就地创业

提高人口与产业的融合竞争力，关键是使产业发展在新城得到足够的人力资源支撑。新一轮的新城建设将回归城市规划建设"以人为本"的初心，践行人民城市重要理念，切实遵从人的需求、人的尺度，建设工作与生活更加融合、服务与交通更加便利、城市与自然更加和谐、人文与个性更加彰显的人本城市，打造具有吸引力的人居环境，达到"引人、留人、安人"的可持续发展，让生活在其中的市民有获得感和幸福感。

一是发展壮大人才队伍，助推产业转型升级。始终坚持人才优先发展战略，把培养、吸引和用好人才作为"产—城—人"融合发展的重要任务和内容。大力实施"以租金换税金、以物业换企业、以配套换功能、以市场换总部"政策，以"暖心一人岗"的形式给予人才"精准拎包入住"的体验，以人才队伍发展壮大推动产业转型升级，充分发挥人才在产业发展中的支撑和保障作用。

二是拓宽人才发展空间，建设科技人才高地。大力发展高新技术产

业、战略性新兴产业和特色科技产业,注重发挥产业对人才的承载和吸引作用,积极引导企业加强对科技人才的锻炼、培养、引进和使用,增强自主创新能力。搭建科技创新平台,逐步完善人才金港服务功能,建设生产力促进中心、IDC中心、培训中心等一批服务平台,营造鼓励创新、扶持创业的良好环境,培养聚集更多的创新创业人才。

三是启动住有所居行动,提供人才安居保障。树立"人才是第一资源"的理念,加快构建与奉贤经济社会发展相适应、与引才留才需求相协调的租购并举的人才安居政策体系。根据《上海市"十四五"新城住房发展行动方案》,持续推进保障房建设和老旧小区改造,为人才集聚提供住有所居的安居保障。坚持以"产城融合、职住平衡、宜居多元"为导向,按照《奉贤区人才安居工程实施意见》,进一步优化人才购房、人才租房等优惠政策,提高主导产业领域的重点企业人才享受新城内大居、保障性住房等优惠政策的比重,降低成长型青年人才居住成本,有效促进职住平衡。

(三)提高人城融合竞争力,塑造公共服务品质

人城融合的关键是城市的公共服务与空间品质,是城市建设在空间营造上创造出来的高附加值。奉贤发掘自身优势并引入市级优质教育、医疗、文化、体育等公共服务资源,对标最高最好,聚焦新城重点地区,补齐民生需求短板,提升新城公共服务均衡水平,形成覆盖全年龄段人口、优质完备的公共服务体系,不断满足人民群众对美好生活的向往。

一是对标一流标准,推动产教融合发展。发挥新城大院大所集聚优势,深化"校地合作、院地合作",加强与新城内外高校、科研院所的联动发展,促进产教要素集聚融合、优势互补。加快消除科技成果转化的制度性障碍,聚焦化妆品、生物医药、健康食品、智能网联汽车等重点领域,支持以企业为核心,建立产学研协同创新中心,强化区域优势产业的协作攻关。鼓励有条件的企业设立产业驱动型孵化器,在孵化载体、科技服务机构、高等院校、科研院所等周边,试水创建"创业社区"。

二是挖掘文化底蕴,打造美丽特色新城。将文化品牌作为提升新城竞争力的重要载体,不断壮大传播力、影响力和辐射力。唱响"东方美谷"

城市品牌,以"国际化、个性化、大众化"为主要原则,以高品质的论坛、节庆、赛事为核心内容,让"顶流"和"潮流"汇聚奉贤新城。持续开展"言子杯"系列活动,推进九棵树(上海)未来艺术中心与高等级文娱院团建立更紧密的合作交流机制,优化提升奉贤新城社区文化活动中心功能,向高质量、全覆盖发展,提升城市综合文化软实力。

三是注重站城融合,构建便捷职住空间。奉贤新城将瞄准上海南部交通枢纽,打造便捷高效的大交通体系。通过枢纽整合新城交通方式,提升内外交通转换水平,围绕枢纽开展综合开发,充分践行 TOD 理念,促进多种功能集成融合,鼓励紧凑集约、复合利用、站城融合发展。从市级层面研究城郊铁路、国铁的选线与规划预控,加快推动轨交 15 号线南延伸段开工建设。着力增强运输枢纽能力,构建长三角交通节点、服务上海南部地区、引领杭州湾的枢纽交通网络,实现地区跨界融合发展。

四是坚持以人为本,构筑奉贤新城绿环。回应奉贤人民群众对良好人居环境的向往和需求,落实公园城市理念,打造新江南景致。结合全域土地综合整治,推动形成"田园相嵌、蓝绿交织、森林环绕、绿道贯通、功能融合"的新城绿环体系。全面打造"美丽街区·梦想街景",在街区改造中更多植入智能环保、历史人文、红色文化等元素,推进街区"微空间""微基建""微功能"建设,创建更多让群众有更多获得感的"街区会客厅"。

五是坚持数字赋能,支撑新城智慧治理。一座新城要留住人,完善的基础设施配套是关键。加大新城"一网通办"和"一网统管"建设力度,围绕市民生活服务、文化休闲、交通出行等需求,推进应用场景研发和迭代升级。深化建设新城综合管理信息系统,统筹新城发展的物质资源、信息资源和智力资源,实现资源共享和业务协同。推动智能城市基础设施与传统城市基础设施"双基建"同步规划建设,打造网络无所不在、平台无所不联、智能无所不及的"数字底座",实现新城发展"规、建、管、养、用、维"的全生命周期信息化,从而构建出实体城市与数字城市虚拟交互、相互映射的"数字孪生"城市。

第六章　功能完备：用最好的服务筑就高品质人民之城

习近平总书记强调："全心全意为人民服务，为人民群众提供精细的城市管理和良好的公共服务是城市工作的重点，不能见物不见人。"①

近年来，奉贤坚决贯彻落实人民城市重要理念，广纳世界智慧，勇创新城之"新"，积极营造更美丽的自然生态，加快发展更现代的产业体系，认真做好更贴心的公共服务，全力打造更走心的贤美文化，深入抓好更精细的社会治理，努力把奉贤新城建设成为富有生态特色、彰显人文气质且宜业、宜居、宜乐、宜游的人民城市新典范。

一、没有完备的城市功能就没有高品质的人民之城

城市是人民的城市，人民城市为人民。为了落实"使城市更健康、更安全、更宜居，成为人民群众高品质生活的空间"这个重要要求，需要城市聚焦创新能力增强、产业实力提升、城市品牌塑造、公共产品供给、发展环境优化等方面，全力提升治理能力和发展动力，促进均衡发展，为人民创造更加幸福的美好生活。

（一）高品质城市生活："人民城市为人民"的出发点和落脚点

"城，所以盛民也。""城市的核心是人，关键是十二个字：衣食住行、生

---

①　中共中央党史和文献研究院编：《十八大以来重要文献选编》（下），中央文献出版社2018年版，第83页。

老病死、安居乐业。"①解决好人的问题,是高品质城市生活的价值指向;让人民群众在城市生活得更方便、更舒心、更美好,是城市管理和服务的重要标尺。

近年来,奉贤坚持把打造高品质城市生活作为践行"人民城市为人民"的出发点和落脚点,始终做到发展为了人民、发展依靠人民、发展成果由人民共享,并将提高城市生活品质、更好满足人民群众对美好生活的需要作为共享改革发展成果和实现共同富裕的重要形式。

奉贤在新城建设的实践探索中深刻认识到:高品质城市生活既要通过促进经济发展、推动充分就业、提高居民收入来夯实人民群众的物质基础,也要通过发展健康、养老、育幼、家政、物业等生活性服务业来提升人民群众的生活质量。为此,奉贤一方面紧紧围绕人民群众对美好生活的需要,以促进生活性服务业高质量发展为关键抓手,推动形成服务更普惠、设施更便利、质量更放心、标准更健全、品牌更响亮、业态更丰富、消费更舒心、生活更美好的生活性服务新场景;另一方面,紧扣新时期提高人民生活品质的丰富内涵和时代特征,围绕人民全生命周期的美好生活需要,统筹抓好底线民生、基本民生和质量民生,更高标准补齐民生短板,更深层次增进民生福祉,扎实推动共同富裕。

(二)完备的综合功能:城市核心竞争力和向心力的根本保证

人民对美好生活的向往具有多领域、多层次、多样化、时代化、精细化等特点,反映到城市生活品质方面,关键就在于能不能在重点解决好"有没有"的基础上进一步解决好"好不好"和"优不优"的问题,这必然需要由城市提供完备的综合功能来保障实施,以不断提升公共服务功能,吸引各类人才在城市汇聚和创业。

近年来,奉贤坚持将打造完备的综合功能作为提升新城核心竞争力和向心力的根本保证,按照百万人口级别的综合性节点城市的目标,加大

---

① 中共中央党史和文献研究院编:《十八大以来重要文献选编》(下),中央文献出版社2018年版,第83页。

高品质公共服务资源倾斜,提升新城辐射服务能级,以满足新城的高能级、特色化公服配套需求,提升奉贤新城服务区域、辐射长三角的能力;同时,围绕南上海中心城市的发展目标,对内重点强化中心集聚,对外以城镇圈为依托,实现高能级文教体卫设施服务资源的集聚和共享,统筹周边的新市镇、集镇和乡村地区的公共服务设施配置,促进城镇圈内产城融合、职住平衡、资源互补、服务共享。

(三) 高水平公共服务:人民群众对城市功能最大最直接的诉求

一个城市的品质并不取决于它的规模和容量,能不能实现人的幸福才是最关键的核心要义。随着高品质生活的内涵不断丰富,对高水平公共服务的要求也越来越凸显。

近年来,奉贤在新城建设的实践探索中,通过广泛征求人民群众的意见和建议,汇聚各方民情民意,深刻认识到,高水平公共服务在推进中要聚焦三个方面:一是优化服务供给,满足人民对美好生活的多层次、多样化的需求;二是让城市更加宜业、宜居、宜游、宜学;三是在政府治理效能上进一步提高,让城市更具有韧性,城市生命体更加智慧,充满生机和活力。

因此,奉贤努力把握人民群众对美好生活多样化、多层次、多方面需求,尽力而为、量力而行,健全基本公共服务体系,扎实推动建设高品质生活,促进人的全面发展。在新城建设中注重完善公共服务体系,提高就业、教育、医疗、养老、托幼等服务能力,提升普惠、均衡、优质服务水平。与此同时,特别关注并集中力量解决城市建设领域群众最关心、最直接、最现实的利益问题。持续推进老旧小区改造,建设完整社区,保护传承好历史文脉,完善城市功能,提升城市品质,创造宜居安居的良好环境,不断增强人民群众的获得感、幸福感、安全感。

二、没有新发展理念就没有人性化高能级的公共服务供给

公共服务事关民生保障和民生改善,公共服务的高质量发展是推动

发展成果更多更公平惠及全体人民的重要路径。新城全面贯彻"创新、协调、绿色、开放、共享"新发展理念,做好公共服务工作,公共配套日益完善,城市品质不断提升,让奉贤成为人才"近悦远来"、干事创业的大舞台。

（一）坚持以新发展理念统领新城迈向最现代的未来之城

筑就高品质的最现代的未来之城,就是坚持以人民为中心的发展思想,在教育、社保、就业、医疗、养老、扶贫等方面走在前列,形成公共服务健全、社会保障有力、社会公平和谐、生活安全舒适的生活品质之城。形象地说,就是让百姓收入更高、住得更宽敞、出行更便捷,享受到更好的教育、医疗、社会保障,吃上更放心的食品,喝上更干净的水,呼吸更清新的空气,让群众有更多的获得感和幸福感,让发展成果更多更公平惠及全体人民。

坚持以新发展理念统领新城建设。一是坚持创新发展,不断推进公共服务的制度创新、科技创新、文化创新等各方面创新,着力提高公共服务的质量和效益。奉贤新城高起点高标准规划建设完善公共服务体系,不断加强制度创新和科技创新,完善城市功能;打造特色"贤美文化"品牌,提高城市品质,推进新城公共服务持续高质量发展。二是坚持协调发展,促进城乡、区域公共服务均等化和基本公共服务具体领域的协调进展,着力增强公共服务的统筹配套功效。奉贤新城根据当下和未来的产业规划布局和人口结构特点,统筹规划公共服务设施,协调推进老城区和新建区的建设,注意城乡之间的协同发展,保持市、区联动机制的畅通,坚持区域协同联动发展,实现对资源要素配置的高效使用,提高公共服务的配套供应效率。三是坚持绿色发展,着力提供公共服务的优质生态产品,推动形成绿色发展方式和生活方式。奉贤新城积极倡导绿色低碳生态的生产生活方式,提升人民的"幸福指数",满足人民群众对清新空气、干净饮水、安全食品、优美环境的要求。四是坚持开放发展,通过建立多元供给机制、打破事业单位垄断、加快购买公共服务的步伐、扩大社会的广泛参与,着力实现公共服务的供给创新。奉贤新城在实行人才安居房源运营监督管理体系中,政府对经认定的人才公寓实行市场化管理,建立人才公寓项目动态调整机制,为人才安居乐业营造幸福港湾。五是坚持共享发展,着力体现公共服务以人民为中心,坚持发展为了人民、发展依靠人民、发展成果由人民共享的理念,让全体人民在共建共享发展中有更多获得感。奉贤新城在建设中努力坚持普惠性、保基本、均等化、可持续方向,立足解决人民群众急难愁盼的问题,提高公共服务共建能力和共享水平。

(二) 坚持以增进人民福祉为目标布局公共服务体系

城市存在的意义就是使人们的生活更美好,美好生活的本质和内涵就是人民幸福。让人民生活得更幸福是新城建设的宗旨。公共服务高质量发展的一个重要目标就是满足人民群众对更高品质生活的需求,包括收入水平的稳步提高、就业质量的不断提升、生活环境的更加优美、幸福感和安全感的日益增强等。顺应这些需求,公共服务要从过去以保障基本生活为重心转向以提高生活品质为重点。

按照《"十四五"新城公共服务专项方案》提出的发展目标:围绕打造具有辐射带动作用的综合性节点城市定位,新城具备独立完善的综合城市功能,按"幼有所育、学有所教、劳有所得、病有所医、老有所养、住有所居、弱有所扶、优军优抚服务和文化体育保障"九个服务领域进行布局,形成优质均衡、公平高效、便利可及、保障多元的公共服务体系。奉贤新城坚持以提高民生福祉为追求,把教育事业放在优先位置,努力让每个孩子都能享有公平而有质量的教育。全面建成覆盖全民、城乡统筹、权责清晰、保障适度、可持续的多层次社会保障体系。积极打造"健康奉贤",让人民群众切实享受更好的医疗卫生服务。

社区是聚集在一定地域范围内的人们所组成的社区生活共同体,是实现社区治理的基本单元,实现人民幸福需要高品质的社区生活圈。展望未来社区新模式,需从布局、规模、设置方式上积极适应未来生活方式,体现均等化、精准化、高品质。本着"增进人民福祉"的理念,适度前瞻性、高标准布局优质的教育、卫生、文体旅等公共服务设施和资源,为完善城市功能、吸引集聚人才、创造高品质生活、推动区域产业发展提供有力支撑。

打造未来社区,要做优街坊公共服务功能。通过空间利用方式的转变适应并促进生活方式的转变,将街坊作为构建"15分钟社区生活圈"的空间细胞,结合生活路径对社区公共服务设施混合布局、复合设置,加强线上线下融合互动,一站式解决美食、办公、健身、社交、娱乐等需求。针对不同人群特征和需求,提供全龄友好的多元功能服务和品质设计。为长者提供集助餐点、护理站、康复训练等多元功能于一体的为老服务中心,在管理上强调运营社区化、服务专业化,实现幸福养老。鼓励社会力量建设各类托育资源,满足适龄幼儿家庭多元的入托需求。

打造"15分钟社区生活圈"需关注几个方面:一是系统性,既要提供完善、公平、全覆盖的基本生活保障,又要发展高品质、特色化的服务,满足全年龄段人群需求。二是便捷性,要兼顾效率与公平,确保居民在适宜的出行范围内使用到具有一定品质的公共服务。三是包容性,要关注老人、儿童等弱势群体的使用需求,加强文化要素、地域要素、民族要素的植入。四是成长性,要有效应对未来生活方式的转变,引导居民需求实现持续更新。五是参与性,要充分发挥自下而上的社区自治组织力量。

制定的《奉贤新城15分钟社区生活圈配置导则》,以九宫格为城市基底,按照优于中心城水平,提供类型丰富、覆盖广泛的基本公共服务保障。通过打造15分钟社区生活圈,让设施便利、服务多元、环境有韧性、管理精细化的社区,更好地汇聚人气、集聚人才、凝聚人心,转化为五湖四海的人们向往这座城市、汇聚到这座城市的理由;汇聚起共建美好城市、共创美好生活的强大合力。例如,奉浦街道联合高校专业设计团队,编制"魔方奉浦"15分钟美好生活圈行动规划。通过盘点资源、用地评估,挖掘空间资源潜力,梳理锁定一批微更新、微改造项目,建设成为生活圈示范街镇。

在新城社区功能建设日益完善的同时,社区美好生活圈里值得拥有更高层次的供给。未来将继续科学设计"超前1分钟"、升级形成"15分钟+社区生活圈"。超前1分钟,赋予15分钟生活圈"16分"的全新内涵,多出来的1分钟,也是对新城加快建设的慢思考,鼓励人们在生活圈里,去欣赏城市的美、思考城市的生长、感受城市的温度。

案例

奉浦"15 分钟社区生活圈"

奉浦街道位于奉贤新城的核心板块,先期构建辖区东南部的"15 分钟社区生活圈",约 5 平方千米。依托"共创计划",集社区居民、在地商铺、民间达人以及社会组织等智慧协力完成了"魔方奉浦"15 分钟美好生活圈三年行动规划。"五宜行动资源图"梳理锁定一批又一批微更新、微改造项目,形成一个个节点、空间、场域,共计 93 项实施项目。2022 年底,社区级公共服务设施 15 分钟步行可达覆盖率提升到 80%,建设成为生活圈示范街镇。

奉浦街道对标"人民城市"新场景,以实施"双十"项目为引领,以"坐得下"为主轴,建设"快乐上学路""水魔方"等十大示范性项目。实施社区博物馆、百椅艺术展等行动,盘活社区微空间。依托"椅子工作坊"持续完善基本社会服务设施,优化园区街区社区场景,提升公共管理和服务水平,建设"人人都能享受品质生活、人人都能感受城市温度"的群众幸福圈。"15 分钟社区生活圈"涉及宜居、宜业、宜养、宜学、宜游五大板块内容。

一是开放活力宜居。主要围绕住房修缮、智慧社区建设、运动设施改造与补充、社区服务设施提升与补充、充电停车棚建设、消防设施补充与隐患排摸等方面。积极打造为民服务中心,提供社区多样服务及邻里交互空间。

二是融合共生宜业。主要围绕就业配套服务、街区商业提升及智慧治理建设三方面。针对就业者打造共享空间,如韩村路口等多个外卖员等待休息区、夜"椅"继日党群服务微空间的打造,韩村路艺术共享街区的建设并投入使用,绿地老街的业态调整,宝龙广场周边非机动车停车整治,"蓝牙道钉"项目完成并投入使用。

三是长幼关怀宜养。主要围绕养老设施以及儿童友好设施两方面。一方面针对社区老龄化，持续推进家庭医生工作，推进九华苑适老设施个性化改造、天鹅湾老人智能水表试点安装；推进认知障碍中心以及长者运动之家的建设。另一方面持续建设自然种植体验教育基地、中草药教育基地等五类儿童友好社区教育基地；继续完善辖区内19个儿童服务站的建设。

四是文教均衡宜学。主要围绕校园配套设施、上学路、校园周边活动场地等方面开展。打造儿童安全上学路，提升奉教院附小校门外等候区的建设，完成陈桥路周边学校外墙美化工程，聚贤幼儿园周边安全隐患整治，使辖区内办园环境更安全、设施更完善，营造出良好的育人浓郁氛围。

五是艺术渗透宜游。主要围绕滨河空间贯通、梦想街景、慢行系统与公共交通、公共空间等方面开展。既解决居民日常出行困难，对八字桥等路进行改造，还建设活力共享的开放空间，韩村港水体提升、奉浦河滨水空间贯通、韩谊路青蛙社区花园建成、文化活动中心"椅子咖啡馆"改造完成并对外营业、社区博物馆一期展示在文化活动中心展出等。

资料来源：1.《这里的"15分钟生活圈"有"16分"的新内涵……》，"上海基层党建"微信公众号，2022年2月28日；2.王佳婉、李蒙：《何为"年轻态"的15分钟社区生活圈？奉贤这个街道告诉你答案！》，"上海奉贤"微信公众号，2022年10月14日。

（三）坚持以高于中心城区的标准建设公共服务设施

新城要建设成为独立综合性节点城市，其"独立"指的不是脱离于主城区和其他片区的独立发展，而是功能上的相对独立及其能量能级的集聚辐射。新城的最大优势应该在于面向未来，成为年轻人的逐梦、圆梦之地。因此，新城作为成就未来梦想之地，必须得社会服务功能先行，按照高于中心城区的标准配置公共服务设施，引入一批特色化、专业化的公共服务品牌资源，切实提升服务能级和水平。充分引导中心城区优质的教育、医疗、文体资源集聚，同时优先畅通和主城区的交通连接，吸引各类人才在新城汇聚和创业。

引入高能级公共设施，提高新城服务品质。在教育方面，优化教育资源均衡配置，建设南上海品质教育区。围绕建设"自然·活力·和润"南上海品质教育区的目标，创新学区化集团化办学，将通过资源整合、多校协同，推进"四个一体化"即学校管理一体化、教师队伍一体化、评价考核一体化、教育教学一体化，办好每一所家门口学校，促进各类教育优质均衡发展。积极推进一批优质教育资源，全面提升本地学校教育质量，积极引入知名学校托管，加快以学区和集团为主推进优质资源均衡布局配置。与华东理工大学、上海师范大学等高校合作办学，建设大学附属学校；与华东理工大学、上海师范大学、上海应用技术大学、上海中医药大学等高校合作推进产教融合项目；推进上海出版印刷高等专科学校奉贤校区建设；引入上海中学品牌教育资源，上中国际奉贤分校规划落地；引进中福会等品牌资源，建设高品质幼儿园。

在医疗方面，加强一流医疗资源布局，构建亚洲妇儿医学中心。补齐民生需求短板，加大医疗健康设施布局。加快推动新城优质医疗卫生资源配置，全力打造更加健全、更有品质、更为便利的卫生健康服务体系，强化系统观念，坚持医防融合，不断满足人民群众对高水平医疗卫生服务的新期盼。同时，聚焦全力保障母婴安全、加强妇女儿童全生命周期健康管理，持续提升妇幼健康服务体系能级水平，努力打通健康服务"最后一公里"。国妇婴奉贤院区已正式启用，致力于成为一所实验性、示范性、国际性的"科研＋服务"的一流研究型妇幼专科医院，在妇科、产科、儿科和生殖医学等领域打造全国标杆。即将建成启用的新华医院奉贤院区，将建设成为区域内高难度复杂疑难疾病诊治中心、高水平卓越医学人才培训中心、高精尖生物医药研发承载中心。即将开工建设的复旦儿科医院奉贤院区将侧重新生儿、出生缺陷、儿童早期发育三个方向和临床转化中心的建设，致力于疑难危重症、专科专病的诊断、治疗和管理，打造成为国际一流水平的儿科疑难病症诊治中心及研究型医院，满足奉贤区妇幼人群连续性享受优质医疗服务的同时,也将辐射至松江、金山、浦东等以及长三角其他地区。随着国妇婴奉贤院区、复旦儿科医院奉贤院区、新华医院奉贤院区等一流医疗资源布局落地,区域医疗服务水平将不断提升。

在体育方面,引进各种大型赛事活动,打造南上海体育中心。以建设"南上海运动健康新城"为目标,推动奉贤新城成为上海建设全球著名体育城市的重要承载区。推进现有奉贤区体育中心数字化改造升级,提供智慧体育服务管理新场景,打造奉贤市民体育运动的标志性打卡地。新城将启动南上海体育中心建设,继续优化健身设施布局,依托浦南运河、金汇港和"上海之鱼",引入更多国际国内水上运动赛事和主题活动。

在文旅方面,聚焦新城中心区域,高品质建设以"上海之鱼"、九棵树艺术公园为生态基底的中央活力区。依托万亩中央绿心,发挥生态价值,推动创新空间、文化空间与生态空间融合,植入高等级公共服务设施,优化公共空间环境,突出展现新城建设风貌,建设九棵树众创空间的创意文化集聚区、东方美谷的生态商务区和公共服务集聚区,形成最具活力的新城CAZ。

此外,大力推进实施特色工程。一是"满天星"工程。提出并启动建设"百个大空间、千个链接点、万个微基建",形成移动、复合、共享的场域空间,最终形成城市的高品质与烟火气,体现人情味、人文化、人性化,让奉贤新城成为人们最向往的城市。二是"萤火虫"工程。围绕"民生七件事"(就业、收入、社保、住房、教育、医疗、出行)以及人民群众的操心事、烦心事、揪心事,推动"我为群众办实事"活动走向深入、取得实效,让每个人都成为自带发光体的"萤火虫",充分展示城市治理的精细化与城市的温度。

三、没有历史文化的传承就没有魂牵梦萦、直抵人心的乡愁

文化是城市的灵魂。习近平总书记说:"城市是一个民族文化和情感记忆的载体,历史文化是城市魅力之关键。"[①]"城市建设,要让居民望得见

---

① 习近平:《论坚持全面深化改革》,中央文献出版社2018年版,第229页。

山、看得见水、记得住乡愁。"①奉贤,以"敬奉贤人、见贤思齐"得名,孕育而出的"贤美文化"成为奉贤的精神之源、思想之根,更是新时代弘扬"奉信、奉贤、奉献"②城市精神和城市品格的内核力量。

(一) 奉信、奉贤、奉献——深入人心的贤美文化

"贤美文化"历史底蕴深厚,文化特色魅力彰显。奉贤,因孔子弟子言偃讲学,自古以来就有着"敬奉贤人、见贤思齐"的历史文化底蕴。勤劳、孝亲、节俭、诚信……这些家风,一直活跃在奉贤民间。20世纪八九十年代,奉贤就曾以家庭为单位,开展了影响全国的"新风户"评比活动,一时间,"移风易俗、敬老爱幼、热爱集体"的风气吹遍奉贤乡村,好家风、好家训更是名扬全国。

2005年,奉贤提出创建上海市文明城区目标,仅用两年时间,就创建为上海市文明城区;2015年,成功创建为全国文明城区,成为上海郊区首个获此殊荣的区。奉贤以文明城市建设为契机,众志成城,持续开展"东方美谷•风雨彩虹——圆梦行动在贤城"主题实践活动,关注、解决人民群众的"急难愁""愿思盼"梦想,把早已内化于心的"文明种子"外化于行,成为全社会的新风尚。进入新时代,为了更好回应人民对美好生活的向往,弘扬中华美育精神,奉贤创新实施"全域美育"工程,让人们有了发现美、理解美、追求美的能力,以美育人、以文化人,为文化自信筑牢根基,演绎社会主义核心价值观落细落小落实的生动实践,唱响了"各美其美,美人之美,美美与共,天下大同"的华美篇章。

如今的奉贤,继续打响"贤美文化"品牌,实施"文化追问"工程,弘扬"奉信、奉贤、奉献"城市精神和城市品格,实现向善向美、面向世界、面向未来、面向现代化的新时代"贤美文化"新愿景。

---

① 习近平:《论坚持全面深化改革》,中央文献出版社2018年版,第230页。
② "**奉信**"是对马克思主义、共产主义的信仰,对中国特色社会主义的信念,对实现中华民族伟大复兴的信心;"**奉贤**"是敬奉贤人、见贤思齐,聚天下英才而用之;"**奉献**"是贡献贤美、创造奇迹,提供奉贤方案、呈献奉贤智慧。

(二) 十字水街、田字绿廊——近悦远来的新江南景致

习近平总书记说:"一个城市的历史遗迹、文化古迹、人文底蕴,是城市生命的一部分。"[1]"文化是城市的灵魂。城市历史文化遗存是前人智慧的积淀,是城市内涵、品质、特色的重要标志。"[2]奉贤的历史文化、民俗风情、地域特色等值得当作珍宝一样去珍藏,当作特色去弘扬。一条老街、一处名胜,一个传说、一桩轶事,既是一座城市独一无二的印记,更是一座城市的精髓和软实力所在。如今,在杭州湾北岸,奉贤正围绕"更富独特魅力的人文之城",按照统筹好新城、镇域、乡村三个空间的要求,以城乡空间蝶变的形式,致力于打造"十字水街、田字绿廊"新江南城市意象,把奉贤建设成新江南城乡空间策源地、新江南生活生产弄潮地、新江南生态肌理重塑地、新江南精品力作打卡地、新江南文化创新魅力区,使之成为富有生态特色、彰显人文气质且宜业、宜居、宜乐、宜游的人民城市新典范,让生活在这座城市的人引以为豪,来过的人为之倾心、没来过的人充满向往、离开的人依依不舍。

"十字水街"作为新城发力的闪光点,"上海之鱼"、江南古镇、产业园区、生态廊道勾勒出奉贤新城亮丽的轮廓,为奉贤新城建设提供有力支撑与持续动力。结合现有人文、自然景观元素,梳理现有水塘、河浜,增加生态湖面和湿地,有机串联江南古镇文化遗存,打造现代版的"富春山居图",形成独具韵味的新江南水乡景致,在"五个新城"建设中,成为构建水岸经济活力区、古镇新城新典范。

水,激发了城市的灵气;绿,增添了蓬勃的生命力。别具一格的水岸景致,是历史与现代的对话,是生态与文化的碰撞。沿着百里运河,漫步森森绿道,穿越千年古镇,乐游奉贤新城,感受历史老街与滨水空间的美,感受现代艺术与自然生态的美。从西部卷首的庄行感受"冷江雨巷"的都

---

[1] 中共中央党史和文献研究院编:《习近平关于城市工作论述摘编》,中央文献出版社2023年版,第113页。

[2] 中共中央党史和文献研究院编:《习近平关于城市工作论述摘编》,中央文献出版社2023年版,第114页。

市古镇和田园牧歌,再到奉贤新城"南桥源"城市更新重温乡愁记忆,又至青村"青溪老街"体验历史老街与国风国潮,再达奉城寻古墙再见"明城新月"。在绿荫环绕下,在流水潺潺间,越走越有味道,越看越是惊喜。除了充满历史韵味的古城、古街,更有新时代新城迸发的新活力。漫步环湖绿道微风拂面,一览金海湖畔风光,游览奉贤规划资源展示馆和奉贤博物馆,感受历史的沉淀和新城的蝶变;沿中央森林大道,打卡全国首座森林剧院"九棵树(上海)未来艺术中心",聆听一场音乐,感受建筑与森林的和谐共生。

如果说,文化遗产生动记录着一个城市的历史演进,承载着一个城市和居民的"乡愁",那么,相对于新城的建设,老城的更新其实更承载着将城市和市民"乡愁"活化的使命。

案例

"南桥源"城市更新项目

奉贤新城城市更新项目"南桥源",依托昔日江南水乡古镇南桥的历史文脉,结合浦南运河水街,重构生态系统与生活系统,打造一片有历史传承、有城市温度的复合社区,让每个怀抱不同理想和生活态度的人,都能在"贤韵水乡"中找到自己的栖身之地和精神依归。

"南桥源"更新改造项目坚持"人民至上"的理念,把"人民对美好生活的向往"作为项目策划的出发点和落脚点;坚持"文化先行"的原则,把本土历史文化的挖掘与传承作为项目规划的底色和特色;坚持"有机更新"的策略,把看得见的发展与留得住的乡愁作为项目建设的"形"和"神",打造卓越的新江南历史文化街区。

该项目从彰显老城的历史特征入手,把以南桥书院、沈家花园、运河水乡等传统"南桥九景"历史风貌,以及"一廊六街二十四弄"的慢行街巷为主体的江南水乡城市肌理作为基础,灵活嵌入公共服务设施、绿地和开放空间,在老城区范围内结合城中村改造、老旧小区等城市更新补短板、提品质。

在项目实施过程中,充分保护并合理利用历史文化风貌资源。梳理沿线老城历史文化风貌资源与新城特色文化资源,如"沈家花园""鼎丰酱园""南桥书院"等,注重优秀历史建筑、工业遗产资源等历史遗存的保护与合理利用,体现奉贤新城新老交汇的文化魅力。依托风貌保护街巷、景观道路和滨水开放空间,串联起丰富的历史文化遗存和特色文化设施,形成具有历史积淀韵味的文化线路。

资料来源:上海市住房和城乡建设管理委员会综合规划处、《"南桥源"项目:梦回南桥·源启新篇》,上观新闻,2022年3月7日。

(三)文化新地标、演艺新殿堂——从唯一到唯美的文化创意之都

习近平总书记强调:"城市建筑是人类劳动和创造的结晶,承载着人类社会文明进步的历史。建筑也是富有生命的东西,是凝固的诗、立体的画、贴地的音符,每一个建筑都在穿行的岁月里留下沧桑的故事。"[1]

打造城市文化新地标,拓展高品质艺术空间。奉贤新城强调城市建设要打造一座富有人性化、人文化、人情味的人民城市,不断提升集中度、显示度、美誉度。努力在人性化元素凸显、人文化气息弥漫、人情味特色鲜明上做文章,对标国际最高标准、最好水平,打造新城文化新地标。传承既往、面向未来。树立"代表作"意识,结合特色自然资源等要素,建设一批像博物馆、规划馆、九棵树(上海)未来艺术中心等特色化建筑,成为新城的公共建筑地标象征。同时,加强新城人文景观设计,提升空间文化魅力。从设计迪拜棕榈岛的著名国际设计大师拉瑞主持设计了奉贤新城的城市客厅"上海之鱼"开始,日本新生代设计师藤本壮介设计的奉贤区博物馆、法国知名设计团队操刀的九棵树(上海)未来艺术中心,隈研吾团队的传悦坊、斯蒂文·霍尔设计的中粮文体中心,到同济大学建筑城规学院教授章明主持设计的"海之花"市民活动中心、中国工程院院士何镜堂主创设计的言子书院、同济大学建筑城规学院教授袁峰操刀的"落英缤

---
[1] 习近平:《论坚持全面深化改革》,中央文献出版社2018年版,第228—229页。

纷"……国内外大师的精品力作遍地开花纷纷落地奉贤,成为诗和远方的打卡地。

拓展艺术化空间,强化公共艺术培育,融合人文科技,加强互动性、娱乐性,将艺术化产品引入日常生活空间,营造青年人喜闻乐见的高品质、艺术化的生活环境。浦南运河畔的中粮文体中心规划设置有邻里中心,包含美容美发店、宠物馆、便利店、菜鸟驿站、小型体育装备商店等生活周边商业配套和文化体育宣传角,还设置文化艺术类的展示空间、体育健身的活动空间,旨在促进健康生活与文化交流,为相邻的大型住宅社区提供绿色公共空间。建设中的"在水一方",打造可以植入具有科技特色和可体验内容的空间,形成与奉贤博物馆、城市规划馆的功能差异化,更好塑造"上海之鱼"内人文生态空间的功能性、完整性。让现代与传统握手、时尚与古朴对话、科学与人文融合、技术与艺术再造,实现从唯一到唯美,打造南上海文化创意集聚区。

策划具有影响力的展演,建成文化创新魅力区。赋予"贤美文化"时代内涵,策划一批具有影响力的文化活动。引入高品质展演、赛事,高质量运营九棵树(上海)未来艺术中心、区博物馆、区规划资源展示馆等文化设施,举办东方美谷国际花展,办好"东方美谷"艺术节,策划一系列具有国际影响力的品牌活动和赛事,增强地区对外的文化交流与宣传,不断提高文化软实力、影响力。建成"文化新地标、演艺新殿堂",塑造江河韵、贤美风、未来感齐鸣的艺术之都,即从唯一到唯美的文化创意之都,打造一座有个性、有人文、有温度、可持续的品质新城,让生活在这座城市的人们感受幸福感、获得感、安全感和归属感。

九棵树(上海)未来艺术中心作为全国首座森林剧院,正打造成为"南上海文化新地标、世界级演艺新殿堂",郎朗、王佩瑜等艺术名家纷纷到场,各大音乐会和戏剧演出创新迭出,满足了人民群众精神文化需求。镶嵌在"上海之鱼"的城市博物馆因举办故宫雍正文物大展、三星堆·金沙出土文物大展和"周秦汉唐"文物精华展而声名鹊起,为奉贤注入了深厚的历史文化内涵。同时,"上海之鱼"国际公共艺术双年展、上海国际花展等丰富多彩的日常文化活动的不定期举办,让城市地貌、自然景观、建筑艺术与人文活动和谐共生,成就文化创新魅力区。

> **案例**
>
> ### 九棵树(上海)未来艺术中心
>
> 九棵树(上海)未来艺术中心位于奉浦大道以南、望园路以东、金海公路以西的中央生态林地内,处于林地核心位置,用地面积12万平方米,借助周围森林环拱,形成一个与自然对话、与水绿交融的"森林剧院"。剧院主体建筑承袭了大自然清新、通透的特点,俯瞰宛若一颗萌芽的种子。艺术中心拥有三个室内剧场和两个室外剧场。室内剧场主要包括1 200座的主剧场、500座的多功能剧场和300座的主题剧场;室外剧场包括一个水岸剧场和一个森林剧场。艺术中心还拥有艺术展览及创作中心等,能满足歌剧、舞剧、话剧、戏曲、交响乐、综艺节目等演出。作为"南上海艺术名片"的标志性工程,九棵树(上海)未来艺术中心不同于沪上其他大型综合性剧场,首次将森林、建筑、城市、人文与艺术等概念融为一体,带给观众前所未有的观赏体验。
>
> 位于户外的森林剧场和水岸剧场则充分发挥"九棵树"融入自然的生态优势,使得"九棵树"全天候常态性运营成为可能。可以容纳2 000人的森林剧场,充分借助自然地形,观众席被设置在一片被树林环绕的草坡上,如同置身于一个天然氧吧中;而水岸剧场则好似一个湖心小岛,观众需要通过与陆地相连的干道进场,水与音乐的相互映衬,尤为浪漫。户外剧场将以四季为主题,策划和定制不同样式的演出活动,让观众真正体验到森林里看剧、水岸边嬉戏的互动观演乐趣。2 000多平方米的艺术文化空间,用于定期举行主题展览、文化沙龙、艺术普及等众多类别活动。该区域全部采用轻装形式,便于灵活调整,以配合各种主题活动的场地需求。未来,无论是否观看剧院内演出,到访者均可自由进出开放互动区参与各类活动,体验艺术所带来的乐趣。不仅如此,艺

术中心1 500多平方米的配套商业区也将以主题商铺为依托,提供集餐饮、休闲、购物等多模块于一体的服务,丰富观众的到访体验。

"九棵树"为更好地服务人民群众,深度挖掘自身潜力,在市场培育上,紧扣"未来"概念进行深挖;在剧目创作上,着力"孵化"功能,结合剧院硬件资源与软件资源,鼓励新锐创作人才,挖掘艺术新浪潮,呈现剧场新视野,引领市场新风尚;在表现形式上,努力打造"无界"的概念,剧院的空间是有限的,但传播的途径是无界的,通过深度发展线下演出与线上直播相结合的观演形式打造娱乐化、综艺化的观演体验。"九棵树"还将探索文旅相结合的运营模式,以文促旅,以旅彰文。

资料来源:《上海奉贤"九棵树艺术中心"秋季试运营》,人民网,2019年3月27日。

第七章　职住平衡：用最好的空间打造宜业乐居之城

近年来，奉贤区委、区政府锚定"产城融合、功能完备、职住平衡、生态宜居、交通便利、治理高效"的总体要求和独立综合性节点城市定位，扎实推进新城职住平衡，积极打造新时代宜业乐居之城，不断满足人民群众对美好生活的向往，奋力打造人民城市新典范。

一、职住平衡的历史沿革及现实价值

（一）职住平衡的形成与发展

19世纪末霍华德"田园城市"的思想是职住平衡理念的最早雏形。基于当时英国最大城市伦敦人口过分拥挤、贫民窟大量出现、城市交通混乱等问题，霍华德认为当城市发展超过一定规模后，就应在它附近发展新的城市，而不是将原来的城市进行扩展。新城市内部要配备齐全的服务设施，就业和居住平衡分布，使居民的"工作就在住宅的步行距离之内"。

20世纪后，伴随着工业革命向世界更大范围的扩散，城市化进程进一步加速，城市中的各种问题也日益凸显，如住房的紧张、工人居住地距离工作地路程较长等。为此，美国学者芒福德提出了"平衡"的概念，即城市和乡村要在范围更大的生物环境中取得平衡，以及城市内部各种各样的功能之间要取得平衡，而且平衡可以通过限制城市的面积、人口数量、居住密度等积极措施来实现。

第二次世界大战后，西方发达国家的经济进入高速发展时期，许多大城市经济和人口急剧增长,给城市环境、城市效率以及城市管理等方面带来了诸多问题。以英国为首的发达国家掀起了新城建设的热潮,以实施在新城就业和居住,来缓解疏散大城市的人口压力。例如,阿伯克隆比的"大伦敦规划",在城市建成区外围有计划地建立新城来缓解中心城区的人口压力,持续抑制市区内工业数量和规模的扩大,将过剩人口和工业企业疏散到新城,把城市和周边纳入有序的发展规划中,并制定了一系列法律体系和行动方案确保规划的实施,有效地控制了城市的无序蔓延,一定程度上改善了混乱的城市环境、缓解了城市压力。随后的新城建设风靡了世界,丹麦哥本哈根的指状规划(1947年)、荷兰兰斯塔德地区的规划(1960年)、华盛顿的放射长廊规划(1950—1960年)、莫斯科总体规划(1970年)也进行了相应实践,通过快速交通来完善职住空间,确保新城保持充足的吸引力,实现城市的有序扩张,为居民塑造丰富多样的职住空间。

经过将近半个世纪轰轰烈烈的建设,100多座新城在西欧和亚洲的日韩等国拔地而起,对于缓解大城市的过度拥挤、消除贫民窟、改善居住环境作出了实际的贡献。但遗憾的是,最初的"自给自足、职住平衡"的目标没有能得到很好的实现。新城功能不完善、充分就业没有有效解决、通勤时距过长等,导致新城缺乏吸引力,许多新城变成了"卧城",进一步加长了人们的通勤距离,造成了新城和原有中心城市之间的交通拥堵。

(二) 我国城市职住平衡的现状

改革开放以来,我国从计划经济向市场经济转型的过程中,城市用地发展模式经历了由计划经济时期的"职住混合型"向市场经济时期的"职住分离型"的转变。计划经济时期以单位大院为社会单元,教育、医疗和社会服务设施配置齐全,职住相对平衡,通勤和非通勤时距较短。改革开放后,传统的单位制解体,职住自主选择性增高。城市发展被动式外溢,郊区新城和基础设施建设不断加快,在地价规律作用下,诸多工业企业通过用地置换迁至近郊区,金融、办公等现代服务业则不断向城市中心聚集;与此同时,近郊区大规模的土地开发和住宅建设吸引了中心城区部分居民和大量外来人口迁入，但出于郊区化过程中居住与就业的不同步性、郊区新建居住区职能过于单一等原因，通勤距离和时间明显增加，职住分离、空间错位等现象在上海、北京等大城市出现。

近些年来，城市交通拥堵、出行困难等一系列"城市病"愈来愈严重。为解决上述问题，一些城市规划主管部门尝试将职住平衡的理念纳入法定规划，例如，《深圳市城市总体规划（2010—2020）》中明确指出，要促进职住平衡，构建"三轴两带多中心"的城市结构，促进交通和城市建设时序同步发展，在规划和政策方面引导职住空间分布均衡，提倡节地型和节能型住宅发展，在城市中心地区和轨道交通沿线地区的开发和改造过程中，重点供给各类政策保障性住房，合理提高住宅开发力度和密度，引导居住与就业等相应功能的混合布局。同时，在大型产业园区及周边地区，建设政策性保障住房以及引导企业建设配套的员工宿舍，以满足产业发展所必要的居住配套需求。北京在2016年的两会上首次阐述了"职住平衡"下的房地产政策方向。所谓"职住平衡"，不是住在郊区，去城区工作，来回往返；而是工作和居住都在郊区新城，减少钟摆式的潮汐交通，以治理北京的大城市病。2021年3月发布的《中华人民共和国国民经济和社会发展第十四个五年规划和2035年远景目标纲要（草案）》中，在住房方面提出的"加快建立多主体供给、多渠道保障、租购并举的住房制度，让全体人民住有所居、职住平衡"就提到了职住平衡这个重要举措。紧接着，广州、杭州相继完善职住平衡具体化目标和举措。譬如，2021年5月广州首发职住平衡指标体系，城市更新五年计划完成后，广州市将达成的主要目标包括：职住平衡指数平均达到0.41，即典型商圈平均可满足30分钟通勤圈内41%适龄就业人口的就业需求，30分钟通勤圈内其他分散就业岗位可满足10%以上适龄就业人口就业需求，即50%以上的适龄就业人口可保障30分钟通勤；7月杭州发布《关于构建共建共享公共服务体系的专项计划（征求意见稿）》中也提到选择湘湖三江汇未来城市先行实践区等特定区域开展"职住平衡"试点，优先保障户籍和工作在本区域的居民购房需求，探索研究特定区域购房政策，制定特定区域的差异化购房措施。

综上所述，国内外相关职住平衡新城建设理论研究及实践探索，为高质量推进新城建设提供了深入思考及有益借鉴，同时对职住平衡的认识达成了一定共识，即职住平衡指的是在给定的地理空间范围内或者合理的出行成本内，就业岗位和就业人口大体相当，以尽可能实现邻近就业，减少跨区域通行。[1]通勤交通方式可采用步行、自行车或者其他的非机动车，即使是使用机动车，出行距离和时间也比较短，限定在一个合理的范围内，这样就有利于减少机动车尤其是小汽车的使用，从而减少交通拥堵和空气污染。

欧洲国家在新城建设中考虑了职住分布的相对平衡，且依托快速轨道交通来拉近新城与城市中心区的联系，相对有效地解决了通勤出行时耗问题。相对而言，我国城市正处于市场化转型下高自主选择性的城市空间组织模式中，居民住房选择过程中的住房支付性不断增加，住房质量与通勤成本之间的替代关系也日益凸显，城市空间呈郊区化发展。其中，各类政策保障性住房主要位于近郊区，中低收入家庭以牺牲就业可达性为代价来改善住房问题，住宅产品流动性缺乏与就业岗位流动性较强之间的选择性矛盾抬高了职住平衡理念实施的门槛。在郊区化发展过程中，由于缺乏稳定的消费人群，新城公共设施的配套长期存在缺位，这样也被动地拉长了非通勤出行的时距，交通设施系统在未能与城市空间结构和土地使用模式相整合的前提下，导致了交通体系与空间体系的双重低效。

（三）职住平衡之于新城的重要价值

在实施奉贤新城规划建设中，奉贤区委、区政府始终贯彻落实人民城市重要理念，认真学习借鉴国内外职住平衡的经验教训，充分认识把握职住平衡之于新城的重要价值并付诸推进新城高质量发展的实践。在职住平衡框架中，就业与居住是构成城市土地利用的两大基本要素，二者的空间关系又在很大程度上决定了城市交通的特征与效率。伴随市场化的改

---

[1] 岳丽莹：《超大城市职住关系与通勤绩效研究——以上海中心城区为例》，华东师范大学博士论文，2022年。

革，中国的许多大城市正出现就业与居住的空间分离，交通拥堵和空气污染也日益加剧，如何走出一条高效和谐的城市化道路，即真正实现职住平衡已经成为当前新城建设面临的一个重大实践命题。

1. 职住平衡是打造繁荣都市的需要

为落实人民城市重要理念以及市委"创造条件，把奉贤新城建得更好"的要求，奉贤区这些年来全力以赴打造富有人性化、人文化、人情味且功能完备的奉贤新城，积极塑造开放、包容的城市气质，吸引全球精英加盟，让他们把奉贤新城作为就业、创业、生活的首选地。大量优秀人才纷至沓来，看到了奉贤新城"一核四心两轴"的格局，体悟到了"一样的新城、不一样的感觉"："十字水街、田字绿廊""创新之城、公园之城、数字之城、消费之城、文化创意之都"的蓝图徐徐展开，"东方美谷、未来空间""产业园区—大型功能区—城镇生活区"的联动发展等，一座更现代、更生态、更便利、更繁荣、有品质、有品位、有温度、有个性的新城正越来越清晰地呈现在世人面前，只有进一步推进职住平衡，更加充分地实现各方面人才职住一体化，帮助他们达成工作价值和生活惬意的完美结合，才可能继续让新城更有烟火气，让都市的白天和黑夜同样繁荣兴旺。

2. 职住平衡是提高人民生活品质的需要

城市的核心是人，创造人民向往的美好生活是城市发展的根本所在。近年来，奉贤区根据"上海2035"总体规划，坚持人民至上，努力把奉贤新城打造成开放创新、智慧生态、职住平衡、宜居宜业的现代化、全要素、综合性的独立新城、活力新城。如今，奉贤新城内部交通网络不断完善，社会事业能级不断提升，人与自然、人与生活、人与生产不断互动交融，"诗意的栖居"正在成为现实。继续推进职住平衡不仅可以使交通、生活服务等社会成本进一步降低，对个人来说也更有利于家庭成本的降低。尤其对二胎、多胎家庭，居住生活在新城，与中心城区相比，住房宽敞，生态环境良好，可以有效降低生活服务成本，从而用更经济的手段达到更高质量的生活内容；同时在通勤上节省不少时间，将更多时间用于陪伴孩子成长，使得一家人在充分享受新城优质资源的同时，感受着这座城市所焕发的活力、魅力以及所传递的温度,增强生活的满意度和舒适度。

3. 职住平衡是应对突发状况的需要

在正常情况下,城市平稳运转,市民的生活平静规律。市民通常通过乘坐公共交通工具或是开车去上班,即便通勤时间长,会对市民的生活产生一定影响,但还是在可控范围内。倘若城市遭遇一些突发或危急情况,就会给正常工作和生活带来不小的影响。比如2008年冰灾对城市影响很大,市民出行困难,有的城市甚至全城断水断电、公共交通停运,需要长距离通勤的市民只能顶风冒雨骑很长时间的自行车上下班,长距离通勤以及部分跨城通勤降低了市民生活品质,而住得近的市民,受到的影响相对较小。因此,职住达到良好的平衡状态是应对突发状况的需要,有利于人们在更加美好、安全、健康的城市里安居乐业。

二、奉贤新城职住平衡的现状及存在的问题

新城是上海市推动城市组团式发展,形成多中心、多层级、多节点的网络型城市群结构的重要战略空间。对标《关于本市"十四五"加快推进新城规划建设工作的实施意见》《上海市新城规划建设导则》及十一届市委九次全会提出的"五个人人"的努力方向,要把新城建设成为具有百万人口的"最现代""最生态""最便利""最具活力""最具特色"的独立综合性节点城市工作目标,奉贤新城在职住空间及平衡方面还存在不少问题。

(一)奉贤新城职住空间分析

1. 新城居民的工作地选择情况

居住在奉贤新城的居民在工作地的选择上有以下情况。一是选择在本区域就业。首先优先选择的工作地是在新城内部,其就业比例为51%,[①]其次选择在新城周边的区域,其比例达到31.5%。金汇工业区、青村和奉城工业区、上海奉贤化工区等这些工业产业园区比较受到青睐,之后的选择

---

① 上海市城市规划设计研究院:《奉贤区职住空间特征分析》(研究报告),2022年8月。

是四团工业区、海港开发区等。之所以有如此的工作地选择,主要考量因素是这些工业园区是否有大量的可供选择的就业岗位。譬如奉贤区所集聚的生物医药企业,大部分坐落于新城区域内的市工业综合开发区、东方美谷核心区,其提供的岗位比较多,可供选择的范围大,所以选择在新城内部就业的比较多。二是选择在市中心区域就业。新城居民沿轨道交通线选择工作地,呈现出扇形分布特征,同时工作地的选择还兼顾到新城轨道线路和市中心城区的轨道交通、公交等能否便捷换乘。由于5号线与市中心城区是单点换乘,且到达市中心城区的时间较长,所以新城居民在中心城区的工作地选择,更多地集中在靠近新城一侧,没有形成多点多区域就业的情况。

2. 新城就业者居住地选择情况

在奉贤新城的就业者在选择居住地上有以下情况。一是选择在奉贤新城及周边居住情况:选择居住在奉贤新城周边区域要多于居住在奉贤新城内部。二是新城就业者在本区域、市中心城区居住情况:就业者在奉贤区内居住比重约占88.7%。[1]可见,新城就业者在选择居住地时,对轨道交通、公交的要求不是很高,对是否靠近市中心城区也不是很在意。

(二) 奉贤新城通勤情况

通勤是与居住、就业共同构成一座城市空间结构的重要内容,平均通勤距离和用时会直接影响到居民通勤出行直观感受和生活品质。随着城市空间的不断扩张,保障通勤质量已经成为城市空间治理面临的巨大挑战,长时间通勤将大大降低人们的生活幸福指数、工作满意度,并影响到对人才的吸引力。国内外对通勤研究的结果表明,5千米内通勤是"幸福通勤"的最大阈值,45分钟是超大和特大城市中心城"理想通勤"时间分界线,而超过60分钟则被定义为"极端通勤"。[2]奉贤新城内部平均出行距离

---

[1] 上海市城市规划设计研究院:《奉贤区职住空间特征分析》(研究报告),2022年8月。
[2] 上海市城市规划设计研究院:《上海城市发展战略规划研究报告2022》,上海市规划和自然资源局网,2023年1月10日。

约为 3.1 千米，是慢行和公交方式的优势区间。奉贤新城至新城周边地区的平均通勤距离约为 9.3 千米。在此情况下，就要加大力度提高新城到周边地区的通勤质量，重点聚焦公共交通服务完善，并以布局优化为主要抓手，推动沿公交走廊的职住平衡。

（三）奉贤新城与其他新城职住空间的对比分析

从新城居民工作地选择看，与其他新城相比，奉贤新城居民在新城内部就业比重仅为 51%，是上海五个新城中最低的（嘉定新城为 63.3%、青浦新城为 65.8%、松江新城为 70.2%、南汇新城为 76.7%），而在奉贤区内新城以外的就业比重达到 31.5%，又是五个新城中最高的（嘉定新城为 17.3%、青浦新城为 18.2%、松江新城为 13.8%、南汇新城为 8.4%）。

从新城就业者的居住地选择看，奉贤新城居住在新城内部比例为 58.9%，低于其他新城（嘉定新城为 66.5%、青浦新城为 60.9%、松江新城为 68.1%、南汇新城为 71.5%）。

从出行看，五个新城与中心城区之间的出行量约为 78.5 万人次/日。奉贤新城出行量最小，约为 8.7 万人次/日。其余新城分别约为 28.3 万人次/日（嘉定新城）、21.8 万人次/日（松江新城）、10 万人次/日（青浦新城）和 10 万人次/日（南汇新城）。[1]

综上所述，奉贤新城职住现状不容乐观，职住不平衡情况还在一定程度上存在。为此要进一步加强职住平衡建设，在产城融合中实现职住平衡，工作生活"零通勤"，不断满足新城居民和新城就业者对美好生活的期盼，提高其对生活工作的满意度、获得感。在未来规划中应更加注重教育、医疗资源的均衡和多样性住房的提供，增强新城综合性节点功能，进一步构建与新城规划定位和功能空间相匹配的交通体系强化支撑，逐步将职住不平衡状况予以改善。

---

[1] 张天然、王波、訾海波、朱春节：《上海五个新城职住空间特征对比研究》，《上海城市规划》2021 年第 4 期。

三、奉贤新城推进职住平衡的实践和探索

近年来,奉贤区委、区政府在充分发挥区位优势明显、人才资源丰富、城市功能完善、生态环境优美等优势,努力在防止职住分离,推进职住平衡上下功夫,积极营造宜业、宜居、宜乐、宜游的城市氛围,增强居民的通勤幸福感,从而用最好的空间打造一座近悦远来的活力新城。

(一)奉贤新城推进职住平衡的基本策略

面对新城建设推进中,城市郊区化和空间重构现象日益凸显、土地与住房等市场要素的系列改革以及城市交通工具多样化和交通需求的快速增加,使城市居住空间与就业空间关系发生明显变化,随时间推移人员频繁流动产生的潮汐交通、职住分离等诸多问题,奉贤区委、区政府高度重视,加强顶层设计,将职住均衡状况作为审批奉贤新城总体规划的核心内容之一,制定居住分布与选择的相关政策及对职住均衡建设项目实施优惠的政策等,有效改善职住关系。

1. 多管齐下确保筹措数量

严格执行年度土地出让计划,建设一批品质较高的商品住房和保障性租赁住房,同时改建一批。将闲置和低效利用的商业办公用房、厂房、农民集中上楼后闲置宅基地房屋等,盘活利用,改建为租赁住房,在此基础上再收编一批,通过城市更新改造、代理经租等,将社会闲置房源纳入住房租赁范畴。

2. 多措并举激发市场活力

为鼓励更多的社会资本投入保障性租赁住房的开发、建设和运营过程当中,对符合条件的新建保障性租赁住房项目,由区级财政进行贴息奖励。同时,为进一步高效建设安居住房,充分利用中央和市级专项债资金,和区发改委、区财政局共同研究,在土地收储、开发建设等阶段做好收支平衡和工可报批,推进利用专项债建设租赁住房的可行方案。

3. 统筹规划加快地块出让

区规划资源局、区土地储备中心等部门要加强指导和协助,对有些镇督促加快前期手续办理,确保项目与土地同步出让,同时在全区范围内加快梳理一批符合条件的集体建设用地,特别是东部产业集聚区域,提前准备办理相关土地出让手续,为今后的住宅用地出让做好统筹储备。

4. 确保住房公平分配

不断完善各类保障性住房管理制度和实施细则,明确住房保障工作实施机构,简化住房保障申请手续,优化住房保障事项审批流程,严格准入和退出管理,确保配租工作做到层层把关,公开透明,阳光操作,畅通投诉渠道,健全监督机制。

(二)奉贤新城推进职住平衡的主要做法

职住平衡建设是一项系统工程,就是要完善多主体供给、多渠道保障、租购并举的住房制度。近些年,奉贤区委、区政府突出住房民生属性,深化公租房、廉租房、共有产权保障房以及动迁安置房建设供应,夯实住房保障"四位一体"托底作用,探索"以人民为中心"精细化多层次供给的住房服务体系。

1. 积极推进保障性租赁住房建设

保障性住房是让新奉贤人能安居乐业的托底保障。一是增强公租房收储和供应效能。譬如 2022 年新增供应凰城雅苑、铂悦华庭、春江锦苑、水榭兰亭 4 个项目,房源 302 套,总建筑面积 2.3 万平方米。二是进一步扩大廉租住房受益面。根据上海市廉租住房准入新标准,进一步降低本区廉租住房申请门槛。按照市局统一部署,结合本区实际,放宽收入准入标准和财产准入标准,调整保障家庭分档区间标准,提高租金配租家庭租赁补贴标准,限定最大补贴面积标准等。通过实物配租或租金补贴,对符合条件的廉租住房申请家庭做到"应保尽保"。据统计,累计约 500 户家庭已享受廉租房租金补贴,每年发放资金约 800 万元。2022 年,廉租房实物配租房源共 108 套,针对符合标准的家庭,目前已有 85 户廉租住户入住。三是推进共有产权房(经适房)供应量。2022 年 6 月,在全市率先启动新一批共有产权保障房申请审核工作。第九批本市户籍共有产权保障房共50户家庭通过审核,于9月28日完成摇号选房工作,为全市首个完成该项工作的区,10月完成签约。对第四批非沪籍9户申请家庭通过共有产权保障房审核,10月摇号选房,11月完成签约。

2. 有效推进旧住房更新改造

旧住房更新改造是将存量房有效发挥功能的重要内容。奉贤区有序推进旧住房修缮改造,譬如2022年售后公房修缮改造60万平方米,推进170万平方米各类旧住房更新改造项目;坚持内外兼修、统筹兼顾,不断丰富和拓展旧住房修缮的内涵,持续优化住宅小区居住环境,全部结合雨污分流改造同步实施。实施中注重"全过程人民民主",全覆盖征询居民意见建议,将各街镇房修的立项批复、设计招标工作和前期报建手续等予以公示。建设好"南桥源"城市更新项目,提升大居转型档次,同时更新政策标准,创新旧改政策机制,引入社会资本,构建多元化实施主体共同参与的旧改新模式。

3. 有力推进大型居住社区配套建设

按照《关于完善上海市保障性住房大型居住社区市政和公建设施基本配套的若干意见》要求,根据奉贤大居建设进度和入住人口的现况,推进大型居住社区配套建设,奉贤新城制定了2021—2023年内配套"三年行动"计划。2022年大居内配套项目涉及10项建设任务,其中新开工4项。根据新城发展阶段需求,为科技创新人群和初创人群提供多样化的住宅类型,为入驻奉贤的医院、学校等单位的员工提供住房保障。如将位于朗诗绿色华庭100套存量公租房作为国妇婴奉贤院区人才公寓,并根据需求重新更新配套各类设施设备,保障医务人员的居住需求。

4. 持续推进"城中村"改造

"城中村"改造涉及面广,时间周期长,需要与相关委办局协同作战,同向综合发力。譬如奉浦街道的肖塘"城中村"改造项目,于2015年启动,面积共761亩,涉及996户居民、158户企业。安置房三块基地已全部完成建设和交付使用;公建配套项目已完成了1所小学、1所幼儿园、2个变电站和4条道路建设;经营性项目建设共4个地块,已出让3块(住宅、商办、商住各1块),住宅用地11万平方米商品房已启动销售,商办2万平方米的办公楼已完成建设并投入使用,商住混合用地开工建设。

5. 大力推进住房专项政策的优化

为贯彻落实党的十九大"房住不炒、租购并举"重要精神,聚焦打造人才高地、建设具有全球影响力科技创新中心的发展战略,积极制定人才安居政策,奉贤区以人才安居工程为引领,制定《奉贤区人才安居物业免租实施意见》,明确实施原则、加大政策举措。在奉贤工作或投资创业的各类人才,符合条件的,可分别享受40平方米到80平方米不等的租金减免优惠,彻底解决人才租不起、留不住的困境。

(三)推进奉贤新城职住平衡的前景展望

奉贤区坚持用习近平新时代中国特色社会主义思想世界观和方法论看待问题、解决问题,将职住平衡放在"奉贤美、奉贤强"高质量发展新征程大局中予以考虑,紧抓五个新城建设发展机遇,倾力奏好"安居曲",改善新城居住条件和人居环境,增强新城生活品质和对各类人才的吸引力,筑就南上海发展新高地,以更高标准、更实举措为奋力推进中国式现代化提供奉贤案例。

1. 完善政策法规,不断优化住宅空间布局

奉贤新城就业与居住空间平衡发展是奉贤新城高质量发展的重要问题。要防止因行政因素而导致的职住分离现象,解决因市场原因而造成的职住分离问题,就必须注重系统性,统筹规划好新城职住平衡体系,强化存量再利用。

一是制定好新城总体规划。为保障奉贤新城发展过程中职住平衡,在奉贤新城总体规划上制定建设用地比例方案,达到就业岗位与居住人口比例平衡,合理布局就业中心,均衡各片区就业岗位,安排好开发时序,保障就业岗位与住宅供应平衡发展;同时根据就业类型和人均收入水平,合理确定居住用地种类和布局。

二是制定好控制性详细规划。在奉贤新城各分区控制性详细规划上注意合理确定居住用地和各类产业用地的开发面积，保障居住人口的就业需求和就业岗位数相匹配，完善区域内部的公共服务与基础设施配套。根据奉贤新城的相关问卷调查，居住区周边的教育、医疗、商业等公共服务配套水平是影响奉贤新城居住小区实际入住率的重要因素，为此要十分注重商务办公区和商业中心的空间混合度，提前筹划大量就业人口集聚而引发的消费需求，一定比例的商业服务设施进入配套建设，促进地区就业岗位的充分发展。

三是制定好政策引导措施，切实增强服务保障。规划引导措施可以为奉贤新城的就业与居住空间发展确定长期结构性框架，提供发展空间以及基础设施和服务配套保障。当前要加快完善优秀人才导入政策。奉贤新城建设的第一要素是人口，第一资源是人才，把合理的人口布局放在突出位置，人口布局逐步从规模扩张转化为结构优化模式，均衡年龄结构与人才结构。通过充分发挥奉贤新城政策优势，结合金汇港两岸公共空间及能级提升，优化保障房地块，以高服务能级、高建设标准、高环境品质引入高等级、国际化文化、教育、医疗资源，以世界级滨水空间与活力滨水中心区的打造，形成吸引高端人才集聚安居的功能完备的新型社区，建设高标准青年国际社区。

四是推进居住平衡政策。首先，调控好商品房政策。对于奉贤新城建设而言，商品房用地的土地出让收入是奉贤新城投资回报的重要方式之一。但是，大规模的土地出让通常会导致奉贤新城在发展中前期居住人口规模远大于实际提供的就业岗位数量，进而导致"卧城"现象。因此，在商品房调控过程中，建立居住用地供给类型和供应量审核机制。奉贤新城相关主管部门在每年确定居住用地供给类型和供应量时，应当建立新增居住人口估算统计模型，结合预测的就业增长量，对奉贤新城的居住用地供给类型和供应量进行审核，建立居住用地供给区位选择机制。根据居民对居住地点进行选择的市场规律，奉贤新城的居住用地开发力图选择邻近就业中心和公共交通站点地区，对本区就业人口就近购房提供优惠政策。近些年出台相关政策,鼓励本地区就业人口在奉贤新城地区就近居住,在税收、住房价格等方面给予一定的资金补贴。其次,推进保障性住房政策的切实落地。在住宅市场化条件下,过高的居住成本甚至会影响奉贤新城地区的就业人口增长,影响奉贤新城相关产业的发展。近些年陆续出台针对低收入群体的保障性住房政策,尤其将地方紧缺型人才纳入保障性住房政策体系。积极探索支持利用集体建设用地规划建设租赁住房,提升奉贤新城"十四五"期间新增住房中政府、机构和企业持有的租赁性住房比例,在轨道交通站点周边优先规划建设公共租赁住房。重点做好"增存并举"。通过新建一批保障性租赁住房,积极筹措公共租赁住房房源来更好满足居民住房需求。

2. 提升租购并举,打造人才安居乐业幸福港湾

贯彻人民城市重要理念,聚焦奉贤新城高质量建设发展,着眼"独立、无边界、遇见未见"的发展愿景,紧贴奉贤区各类人才安居需求,实施租购并举的人才安居工程,加快建设与本区经济社会发展相适应、与引才留才需求相协调的人才安居政策体系。

一是建立区人才安居工作联席会议机制。在区人才工作领导小组领导下,建立区人才安居工作联席会议机制,由区委组织部牵头,区人社局、区房管局、区发改委、区公安局、区经委、区科委、区财政局(区金融办)、区建管委、区规划资源局、区投资促进办、区民政局以及涉及的街镇、区管企业以及其他相关区职能部门(单位)等共同参加,联席会议办公室设在区委组织部。区人才安居工作联席会议统筹全区人才安居工作全局,研究决策区级人才安居政策制度和重大事项,搭建全区人才安居供需对接平台,指导协调各单位、各街镇的人才安居工作。

二是扩大人才安居房源规模。各街镇、产业园区和企事业单位各尽其责,通过集中新建、商品住房配建、单位利用自用土地建设、盘活利用社会闲置存量住房和乡村宅基地住房、探索非居住房屋改建转化等多种方式,多渠道筹集人才安居房源。重点在高校及科研院所周边、科创园区、产业和商务集聚区,以及交通枢纽地区等交通便捷、生产生活便利的区域

选址布局,充分调动社会力量参与建设筹措租赁住房的积极性。到"十四五"期末,力争全区新增人才公寓房源达到 3 万套。

三是完善人才安居租赁房源分级分类运行机制。区级人才安居房源的来源渠道主要有公共租赁住房、经认定的市场化租赁住房、单位自筹住房等。公共租赁住房按照本市和本区公共租赁住房政策运行,面向符合准入条件的人才供应,支持企事业单位集体租赁。市场化租赁住房中的适配房源,经区人才安居工作联席会议认定后挂牌"奉贤区人才公寓",优先保障经区人才办认定的各类人才。单位自筹租赁住房由单位自主管理,可面向本单位、本系统人才定向供应。可实物分配人才安居住房由区人才办按税收产出和贡献原则,制定折扣系数,向符合条件的单位和个人进行出售和分配。

四是健全区级人才租房、购房补贴制度。聚焦本区高层次人才和优秀青年人才,结合东方美谷、未来空间等重点产业发展导向,有序扩大人才租房、购房补贴受益面,稳步提高补贴标准,合理确定补贴期限,加大对成长型青年人才安居支持力度,进一步增强人才获得感。鼓励各街镇、旅游区、头桥集团、各国有企业施行自行制定的、经区人才办备案的各项人才补贴政策。

五是加大人才安居政策信息服务保障。进一步提升本区住房租赁公共服务平台功能,建设人才安居管理服务信息平台,加强人才安居政策信息和房源信息的整合汇集,编制人才安居服务指南和租赁房源地图,依托平台开展政策宣传、信息发布和交流互动,方便用人单位及人才及时了解和申请安居保障。

六是加强人才安居房源运营监督管理体系。完善人才公寓制约机制以及监督体系,确保人才公寓政策真正落实到位。政府对经认定的人才公寓实行市场化管理,建立人才公寓项目动态调整机制,将人才公寓交由更专业的第三方机构运营。强化对人才公寓的监督,定期检查人才公寓管理情况,每年对运营机构进行一次运营情况考核:考核合格的,根据入住人员的类别和数量,按年度给予运营管理机构奖励;对不符合管理要求的人才公寓项目,予以撤销认定摘牌处理。

3. 加强住房管理,增强外来务工人员的获得感

随着奉贤新城建设深入推进,在可预见的将来,外来务工人员数量会持续增加。尽管受限于文化素质、生活习惯、眼光眼界等,外来务工人员群体中存在这样或那样的问题,但作为城市的建设者和生活者,他们依然为城市发展、活跃城市经济贡献了力量。因此,他们不应成为被忽视的那一个。奉贤新城要打造人性化、人文化、人情味的人民城市,也必然要在这点上有所体现、有所作为。

一是加强对外来务工人员宣传教育。对其普及贴近日常的法律法规、安全生活常识、良好生活习惯等,引导他们积极向上向善。

二是做好外来务工人员基本服务工作。为外来务工人员提供安心贴心服务,使其尽快融入奉贤,尤其对部分工作期限较长人员,加大信息登记、居住证办理、子女就学等,让他们无后顾之忧,投入奉贤的经济社会发展中。

三是与奉贤新城相关企业积极对接。推动企业将必要的员工宿舍、餐厅等基础性配套落地。

四是创新公共租赁房屋供给和管理。目前的公共租赁住房供给主要集中在城区且设定了一定门槛,这对于吸引较高层次人才或优质企业员工发挥了重要作用,但也将一般外来务工人员排除在外。就奉贤新城而言,一般外来务工人员是外来人口构成主体、占据绝大多数,因此公共租赁房屋供给和管理上,应当有更加契合现实需要的计划和安排。要以服务企业和员工为宗旨,体现出门槛不高、住得起、床位多、方便管理的特点。例如,四团镇为解决特斯拉超级工厂大量外来务工人员租住需求,以五四村为试点,由新成立的房屋综合管理中心收储农户闲置宅基房(收储价格约为0.45元/平方米/天),统一改造后出租,目前已提供床位105张(租金约为400元/床/月),让外来务工人员能住得起。四团镇的探索实践,对于奉贤新城创新公共租赁房屋供给和管理,最大限度解决外来务工人员居住问题,具有一定的借鉴价值。

案例

奉贤新城打造职住平衡的园区实践：乐活青年社区

"乐活青年社区"位于上海工业综合开发区。该开发区是上海市九个市级开发区之一，它集工业园区、科技孵化、综合保税区于一体，是华丽蝶变、奋发有为的经济迸发区。未来的高质量发展，需要更多优秀人才汇聚，奉献青春与智慧。为此，开发区大力更新基础配套设施，使园区环境日新月异、服务功能日臻完善，为未来的发展和腾飞积蓄后劲。

开发区将乐活青年社区筑成"凤凰巢"，吸引来奉青年纷纷来此就业、居住，打造安居乐居、惬意生活的美丽家园。该社区在奉贤区奉浦街道肖塘路255弄，是上海市工业综合开发区生活配套区项目，委托上海市奉贤区供销合作总社负责运营管理。乐活青年社区的总面积96 000平方米，人才公寓共计1 618套。

乐活青年社区是一个集人才公寓、社区商业和运动休闲于一体，崇尚自然、健康、快乐的大型生活社区。社区配套有篮球场、足球场、羽毛球场、健身房、台球桌、图书馆等，整个园区绿化覆盖率达25%。还配备有集购物、休闲、文化、娱乐、餐饮、便民于一体的乐活商业街。乐活青年社区交通便捷，南桥12路的公交站位于社区大门口，2017年地铁5号线延伸段通车，从乐活青年社区步行至5号线萧塘站仅需8分钟。同时，它地理位置优越，北靠西渡经济园区，西邻闵行出口加工区，东有S4高速大叶公路出口。整个社区由乐活青年公寓、乐活商业街、乐活天地创意办公区与时尚酒店四类业态组成，其中乐活青年公寓是上海地区单一体量最大的统一管理、封闭式一体化服务型公寓，专为开发区内的企业员工提供住宿保障。

"七普"结果显示，乐活青年社区现有常住人口2 149人，其中外来常住人口为1 979人，占比高达92%；现有总户数1 371户，其中家庭户有1 120户，占比82%；平均户规模为1.56人/户，1人户占比61%，2人户占比27%;劳动年龄人口(15岁—59岁)有2 066人,占比96%;大专及以上学历人口有1 234人,占比57%。①从乐活青年社区的人口结构数据上看,公租房的服务对象以外来人口为主,且以家庭户居多。家庭户中,1人户比例过半,3人户占比很少。公租房租户绝大多数为劳动力人口,儿童、老人比例很低。同时,高学历人口接近总住户的3/5,约为奉贤区高学历人口比例的三倍、奉贤新城高学历人口比例的两倍。

乐活青年社区的住户从事的行业主要集中于制造业、交通运输、仓储和邮政业、建筑业等第二产业领域。这是由于其社区特殊性的影响,因其依托于上海市工业综合开发区,因而主要服务对象为工业综合开发区的从业人员。乐活青年社区在一定程度上缓解了该部分从业人员的住房问题。易畅是上海一家公司的文员,入职以来,一直居住在乐活青年公寓。她和同事合租了一间公寓,里面的配套设施很齐全,有空调、热水器、洗衣机等家电,对于像她们一样的年轻白领,这些生活配套已经能够满足日常的生活所需,而且社区环境舒适、清新优雅,离公司也很近。"乐活青年族不用穿越大半个城市去上班,周边餐饮、休闲娱乐、便民服务都有,住在这里很舒适。"易畅这样说。未来,乐活青年社区还将为年轻人提供集居住、工作、生活、资源整合于一体的新型共享空间,为社区住户和创业者打造24小时的创新生活圈。

除了"住"的便利,开发区在"行"方面的提升也是有目共睹的。几年来,开发区投入资金对园区的几条主干道进行了改造美化。经过修整、拓宽和绿化建设,开发区的路不仅成为招商引资、迎来送往的"迎宾大道",更成为园区企业员工闲暇打卡的"景观大道"——肖南路的"月季大道"、陈桥路的"绣球大道"、奉科路的"海棠大道"、灵更路的"星光大道"、肖塘路的"街角花园"……每一条开发区的路,都让人深深感受到"家"的温暖,也看到了通向未来的光明前景。

2017年8月8日,由上海市工业综合开发区、上海市奉贤区经济发

---

① 上海市城市规划设计研究院:《奉贤区职住空间特征分析》(研究报告),2022年8月。

展有限公司、乐业集团主办的乐活青年公寓（社区）首届文化节正式启动,此后每年都进行,一般持续2天,社区的青年像过年一样参加活动。文化节活动有"东方美谷"图片展、"贤城之巅"——沪上名家速展、"青春飞扬"乐活青年公寓卡拉OK歌曲大赛、"我爱奉贤,我爱乐活"摄影展等。文化节活动丰富了乐活青年社区青年人的业余生活,展示了他们快乐生活的风采,激励他们在贤城爱奉贤、在企业爱岗位、在社区爱乐活,传递乐活"快乐、活泼、友爱、奉献"的精神。

资料来源:邱爱荃,《当好"店小二"种下"金豆芽"筑起"凤凰巢"》,中国发展网,2022年2月15日。

第八章 生态宜居：
让人们走出家门就是公园

党的二十大报告强调，要"推动绿色发展，促进人与自然和谐共生；必须牢固树立和践行绿水青山就是金山银山的理念，站在人与自然和谐共生的高度谋划发展"。习近平总书记提出："一个城市的预期就是整个城市就是一个大公园，老百姓走出来就像在自己家里的花园一样。"近年来，上海着力推进人民城市重要理念和公园城市建设有关要求有机融合，建设体现中国特色、时代特征、上海特点的公园城市。奉贤区深入学习贯彻落实习近平生态文明思想，落实新发展理念，以公园城市建设为抓手，构建"大生态"格局，大力推进生态宜居建设，不断满足人民群众对优美环境的需要。

一、公园城市是城市发展模式的深刻变革

（一）公园城市概念的由来

建设生态宜居城市已经成为当下世界上大多数城市可持续发展的选择。2018年2月，习近平总书记在视察成都天府新区时，首次提出"公园城市"理念，指出要突出公园城市特点，把生态价值考虑进去，努力打造新的增长极。由此，建设公园城市成为当下中国生态宜居城市建设的新模式。

公园城市的提出并非无源之水、无本之木，是生态宜居城市理论与实践发展的必然结果。

所谓生态宜居城市是生态城市与宜居城市的统称。生态城市是联合国在20世纪70年代"人与生物圈"的计划中提出的概念,强调经济高度发达、社会繁荣昌盛、人民安居乐业、生态良性循环,四者保持高度和谐,有利于提高城市文明程度的稳定、协调、持续发展的系统。生态城市包括三个层次:一是自然地理层次,即城市生态系统保持协调平衡,实现地尽其能、物尽其用。二是社会功能层次,即调整社会城市布局结构及功能,改善城市子系统间关系,增强城市生态系统。三是文化意识层次,即增强人的生态意识,变外在控制为内在调节,变自发行为为自觉行为。[①]

宜居城市,即适宜人生产生活居住的城市。联合国在1996年召开的第二次人居大会上提出这一概念。2005年1月27日,国务院在《关于北京城市总体规划的批复》(国函〔2005〕2号)文件中首次使用这一概念,并提出要"坚持以人为本,建设宜居城市。要采取有效措施,进一步改善居住环境,满足人民群众物质、文化、精神和身体健康的需要,切实提高人民群众的居住和生活质量"。此后,2007年5月国家建设部科技司明确提出宜居城市科学评价标准,由社会文明度、经济富裕度、环境优美度、资源承载度、生活便宜度、公共安全度等六大部分构成,充分体现城市宜居性。

综合比较生态城市与宜居城市的内涵,可以发现,两者的目标具有一致性,都是以人为中心,让人们在城市享受更好的生活,没有好的城市生态根本就谈不上什么宜居城市。生态宜居城市就是遵循生态文明建设的理念与要求,建设人与自然、人与人、人与社会协调发展,适宜人居住生产生活的可持续发展的城市。

生态宜居城市的重要起源是田园城市。针对工业革命带来的城乡差距不断拉大、环境污染等问题,英国建筑学家霍华德1898年在《明天的花园城市》中最早提出"花园城市"理论(又称"田园城市"),主张由核心田园城市与周边田园城市共同组成城市群,通过发达的交通进行连接,并向外

---

① 董增刚主编:《城市学概论》,北京大学出版社2013年版,第172页。

扩散分布各类产业、居民区、市政设施等,强调将城市产业发展与生态环境相融合。[①]这一城市理论为解决"城市病"提供了一种方向和选择,深刻影响了现代城市规划建设。英国、美国等不少西方国家把花园城市作为城市建设的目标,但是在西方城市实践中往往挂有花园城市之名,强调人在郊区生活。

在我国生态宜居城市建设中,钱学森于20世纪90年代提出"山水城市"的建设构想,它是一种基于中国传统优秀文化与自然特色,对中国未来城市发展模式的构想。在"山水城市"建设构想的基础上,建设部制定"园林城市"评选标准,设置人均公共绿地、绿地率、绿地覆盖率等基本指标,这一标准突出强调的是城市绿地建设。国家林业局在2004年发起"森林城市"创建评选,制定森林覆盖率、森林生态网络、乡村绿化等指标,突出强调城乡森林植被建设。为进一步推进城市生态建设,住房城乡建设部在园林城市建设的基础上,于2007年提出"国家生态园林城市"概念。国家生态园林城市创建规定了城市生态环境、生活环境、基础设施等指标要求,是国家园林城市的升级版,突出强调城市生态环境与生活环境质量的发展。

从国外理论与实践看,一些发达国家的城市生态已经成为显著标识,成为吸引全球人才的重要因素,如新加坡有"花园城市"之称。但从全球上看,生态系统仍遭遇严峻挑战,经济与生态发展之间的矛盾仍然存在。从国内情况上看,通过园林城市、森林城市、国家生态园林城市的实践,我国部分城市的生态环境得到一定程度的改善,但存在城市发展模式转变难、城乡生态发展不平衡不充分、优质生态产品不足、生态效益不明显、"绿水青山"向"金山银山"转化难等问题,如何进一步促进城市"三生"融合,满足人民日益增长的优美生态环境需要,亟须在理论和实践作出回答。为更好解决这些问题,习近平总书记提出公园城市的建设目标,以期推动城市转变发展方式,实现高质量发展。

---

① 刘亦师:《田园城市学说之形成及其思想来源研究》,《城市规划学刊》2017年第4期。

（二）公园城市的主要内涵

公园城市是新发展理念的全新实践,目前理论界尚未形成统一的概念,但有两类观点值得关注。一类从生态文明角度进行理解。有的学者认为"公园城市"是将城市绿地系统和公园体系、公园化的城乡生态格局和风貌作为城乡发展建设的基础性、前置性配置要素,把"市民—公园—城市"三者关系的优化和谐作为创造美好生活的重要内容,通过提供更多优质的生态产品以满足人民日益增长的优美生态环境需求的新型城乡人居环境建设理念和理想城市建构模式。[1]也有的学者认为,公园城市充分吸收了景观都市主义、生态都市主义、城市人本主义等发展理念,是在生态文明建设总体要求背景下,重新定义的城市发展新理念,不仅是对"田园城市"等工业文明时代城市发展理念的革新,也是对我国农耕文明时代"天人合一""道法自然"等自然生态思想的传承与弘扬。[2]还有的学者认为,公园城市的核心内涵就是用生态理念引领城市发展,以人民为中心,构建"人、城、境、业"和谐统一的城市发展新范式。[3]另一类观点是认为,应在新发展理念下,对公园城市作更广义的理解,是以实现共荣、共治、共兴、共享、共生为目标,经济系统绿色低碳、政治系统多元共治、文化系统繁荣创新、社会系统健康和谐、生态系统山清水秀的城市发展高级形态。[4]值得注意的是,即便是更广义的理解,也没有否认公园城市蕴含的生态内涵,只是前者更突出强调城市生态文明建设,后者更强调城市各方面发展的质量与协调性。

综合学者的观点,公园城市本质特征是以人民为中心,构筑山、水、林、田、湖、草生命共同体,形成人、城、境、业高度和谐统一的城市形态,旨

---

[1] 吴岩、王忠杰、束晨阳、刘冬梅、郝钰:《"公园城市"的理念内涵和实践路径研究》,《中国园林》2018年第10期。

[2] 林凯旋、倪佳佳、周敏:《公园城市的思想溯源、价值认知与规划路径》,《规划师》2020年第15期。

[3] 赵建军、赵若玺、李晓凤:《公园城市的理念解读与实践创新》,《中国人民大学学报》2019年第5期。

[4] 高国力、李智:《"践行新发展理念的公园城市"的内涵及建设路径研究——以成都市为例》,《城市与环境研究》2021年第2期。

在探索转变城市发展方式,改变经济社会发展模式,实现城市经济在增长的同时,碳排放、资源消耗不再增加,人与自然和谐共生、城市与自然相融的可持续发展模式。

公园城市从字面上看,"公"强调公共性、共享性、开放性,意味着生态将作为公园城市规划建设的前提和基底,按照山、水、林、田、湖、草生命共同体的要求,对城市基本生态肌理进行梳理和重塑,把最好的资源留给人民,让人民群众能够最大限度享受到生态红利。"园"体现城市的生态性、多样性与特色化。公园城市并非千篇一律,基于不同的生态要素、发展特色形成的城市形态也不尽相同,有绿道型、山水型、郊野型、人文型、街区型、产业型等形态,并在实践中不断创新创造出更多形态。①"城"体现城市的综合功能,能够让人民群众享受到更为优质的城市公共服务,使得人民群众的生活更为宜居。"市"表现为经济、商业活动的频繁,体现城市活力与效率。综合而言,公园城市是实现生态、生产、生活的融合,寻求生态效益、社会效益、经济效益的统一。因而,相较于田园城市,公园城市更强调城乡融合发展、城市生态建设与经济发展的协调统一;相较于生态城市,公园城市更强调生态自然与人文历史价值的融合;相较于山水城市、园林城市、生态园林城市,公园城市的内涵更为丰富,主张全面推进生态与城市各领域的融合发展,最大限度实现生态价值,在空间上不是简单的"公园+城市",而是强调公园与城市无界融合、人与自然和谐共生,是从"城市中建公园"到"公园中建城市"的理念转变。

(三) 公园城市建设的重要意义

建设公园城市是习近平生态文明思想的创新实践,有着深刻的时代意义、理论意义和实践意义。

1. 建设中国式现代化的题中应有之义

中国式现代化是人与自然和谐共生的现代化,是对西方先污染后治理的现代化发展道路的批判与超越,是对中华优秀传统生态文化的传承

---

① 张清宇、戚朱琳:《公园城市:美丽中国的未来城市形态》,《学习时报》2020年4月22日。

和发展。马克思主义认为,人与自然关系是人类社会最基本的关系,"环境的改变和人的活动或自我改变的一致,只能被看做是并合理地理解为革命的实践"①。人依靠自然生活,自然对人类活动有影响有制约,人类在同自然的互动中生产、生活和发展。中国传统文化强调天地人统一,按照自然规律活动,形成"天人合一"的思想,如《老子》中说"人法地,地法天,天法道,道法自然"。这些为中国式现代化建设提供了重要思想基础。党的二十大报告明确指出,"人与自然是生命共同体,无止境地向自然索取甚至破坏自然必然会遭到大自然的报复"。这就要求必须坚持可持续发展,坚持节约优先、保护优先、自然恢复为主的方针,像保护眼睛一样保护自然和生态环境,坚定不移走生产发展、生活富裕、生态良好的文明发展道路,实现中华民族永续发展。公园城市是在生态文明与绿色发展理念的指导下,遵循人与自然和谐共生的理念基础上,把城市绿色理念、绿色生产、绿色生活方式有机联系起来,创造优质生态产品需求的城市发展新动能、新业态,②是中国式现代化的重要实践创新。

2. 践行人民城市重要理念的重要举措

人民城市重要理念深刻揭示出城市建设发展依靠谁、为了谁的根本问题,深刻回答了建设什么样的城市、怎样建设城市的重大命题。③公园城市聚焦满足人民群众的需求,建设内涵式、集约式、绿色化、高质量发展的城市,努力为人民群众创造宜业、宜居、宜乐、宜游的良好环境,强调在公园里面建城市,把生态功能与城市功能、居民生活需求、城市人文历史文化进行紧密结合,建设人与自然和谐共生的城市;并把广大人民群众作为城市建设的主体,让人民有更多获得感、参与感、幸福感,可以说公园城市是落实人民城市重要理念的重要抓手。

---

① 《马克思恩格斯选集》第一卷,人民出版社1995年版,第59页。
② 赵建军、赵若玺、李晓凤:《公园城市的理念解读与实践创新》,《中国人民大学学报》2019年第5期。
③ 朱亮高:《上海要建成一座怎样的"人民城市"?》,上观新闻,2021年3月29日。

3. 推进城市可持续发展的实践创新

从西方城市发展看,尽管西方发达国家在不断进行生态宜居城市建设,但工业化生产与生态环境之间一直存在发展的张力,也一度存在城市生态环境遭到破坏的情况,极端天气、环境污染等问题仍然存在,在西方现代化发展逻辑下无法得到有效解决。

改革开放 40 多年以来,我国城镇化建设取得巨大成就,但由于城市盲目无序扩张、摊大饼式发展,导致交通拥堵、环境污染严重、资源浪费等"城市病"问题突出,为此,我国提出推进"以人为中心的新型城镇化建设"新的发展方向。城市发展从工业逻辑回归人本逻辑,从生产导向转向生活导向,城市只有依托良好的生态环境和公共服务,才能吸引人才的聚集,通过人力资源的提升,才能吸引企业的汇聚,进而带动产业的繁荣,最终实现人、城、产的和谐发展。[①] 公园城市发展的逻辑不仅仅是"城中建园",在城市建设中展现城市生态性;更强调的是"园中建城",在城市生态底板基础上规划发展产业等,实现城市公共空间、生态空间与城市功能融合,体现绿水青山的生态价值、诗意栖居的美学价值、以文化人的人文价值、绿色低碳的经济价值、简约健康的生活价值以及美好生活社会价值的高度统一[②],能够推动城市高质量发展,为居民创造高品质生活,增强城市吸引力与影响力,推动城市可持续发展。公园城市的提出为解决经济社会进步与可持续发展之间的矛盾提供了中国方案,符合全世界人类对生态发展的期许,也为推动中国城市可持续发展提供了一种新的思路。

二、率先建成公园城市是上海新城贯彻人民城市重要理念的基本要求

(一) 公园城市是上海新城迈向最现代未来之城的创新实践

当前,上海在超大城市高密度发展与资源环境紧约束背景下,面临发

[①②] 李晓江等:《公园城市:城市建设的新模式》,《城市规划》2019 年第 3 期。

展方式转型、生态环境保护等方面的诸多挑战。新时代,上海深入践行习近平生态文明思想和人民城市重要理念,提出要推动建设体现中国特色、时代特征、上海特点的公园城市,进一步优化"市民—公园—城市"的关系,积极破解超大城市生态环境建设瓶颈,不断推动绿色空间开放、共享、融合,让绿色成为城市发展最动人的底色、人民城市最温暖的亮色,更好地满足人民日益增长的优美生态环境需要。

从国际城市发展上看,建设创新、生态、韧性城市是主要发展方向。无论是上海城市发展要求还是国际城市发展趋向,都表明新城建设必须从人的需求出发,建设生态宜居之城。因而,"十四五"时期,上海新城建设围绕人民城市重要理念,提出"迈向最现代未来之城"的总体目标愿景,在实践上要求率先建成公园城市,使城市与自然更加融合,这将在推进城市生态发展、城市发展方式转变等方面起到积极的促进作用。

首先,上海新城建设公园城市有利于推进上海生态、低碳发展。我国力争2030年前实现碳达峰、2060年前实现碳中和,是党和国家重大战略决策,是我国进入新发展阶段、破解资源环境约束突出问题、实现可持续发展的迫切需要。当前上海面临较大的交通、建筑碳排放增长压力,绿色空间碳汇能力有待提升等挑战,有限的生态空间规模与快速增长的生态需求之间矛盾突出,距离世界发达城市人均公园绿地面积还有一定差距,有的发达国家城市的人均绿地面积为20—40平方米,甚至高达60—70平方米。公园城市以推进城市绿色低碳发展为导向,能够协同推进降碳、减污、扩绿、增长等工作,加强生态环境的保护和系统治理,提升生态系统碳汇能力。因而,上海新城公园城市的建设有利于推进国家"双碳"战略的落实,促进经济社会全面绿色转型。

其次,上海新城建设公园城市能够提升城市竞争力。良好的生态生活环境是留住人才和科创企业的重要原因。如,哥本哈根不断完善绿地发展规划,发展指状公园系统,将居民生产生活与生态环境相融合,吸引集聚了清洁技术产业集群350多家企业,为城市提供了3万多个工作岗位,成为实现碳中和的技术储备库,近10年,城市人口增加近20%,碳排放量却减少了 90 万吨。①公园城市旨在探索建立绿色生产生活方式,推进城市绿色发展,解决"城市病"问题;因而,上海新城建设公园城市能够加快推动建立绿色生产生活方式,推进城市生产生活环境建设,为吸引人、留住人提供良好的生态生活环境,促进提升上海城市的竞争力。

最后,上海新城建设公园城市是全民共建、全民共享的创新实践。人民城市重要理念突出城市人本价值,聚力解决群众急难愁盼问题,把最好的资源留给人民。上海新城建设公园城市强调在公园里面建城市,把生态、城市功能与居民生活需求进行紧密结合,注重城市建设的安全韧性与生物多样性发展,助力提升城市文化软实力,是促进高质量发展、强化高效能治理、创造高品质生活的重要载体。

(二)上海新城率先建成公园城市的目标任务

上海先后发布《关于推进上海市公园城市建设的指导意见》《关于本市"十四五"加快推进新城规划建设工作的实施意见》《上海市公园城市规划建设导则》等,明确了上海建设公园城市的目标任务,即将人民城市重要理念和公园城市建设有关要求有机融合,实现生态、生产、生活协调发展,生态空间系统更加完善,宜居宜业魅力充分彰显,基本建成贯彻新发展理念、创造高品质生活的超大型美丽城市,并提出上海新城要率先建成公园城市的目标任务。

2021 年 2 月 23 日上海市人民政府下发的《关于本市"十四五"加快推进新城规划建设工作的实施意见》明确提出上海新城建设要"推进新城规划、建设、管理,借鉴现代城市发展的先进理念和先进经验,面向未来打造宜居城市、韧性城市、智能城市,使新城更健康、更安全、更宜人",要"注重以人为本,创造新城优良的人居环境,坚持'大生态'格局,完善新城开放空间网络,落实公园城市理念,基本形成以骨干水系为骨架,林、田、湖、园共同构成的新城整体生态格局,实现生态空间开敞疏朗,生产、生活空间

---

① 李万、钱娅妮:《世界级"科创中城"发展要素及对我国创新型城市的启示》,《创新科技》2023 年第 3 期。

集约紧凑"。2021年2月23日发布的《"十四五"新城环境品质和新基建专项方案》中明确提出,要"坚持绿色生态,增强创新驱动。深入贯彻新时代发展要求,对接新征程,积极深化公园城市等聚焦新城环境品质与新基建专项,以绿色生态为引领,在规划、建设、管理全过程中明确新城建设要求,构建'蓝绿为底、宜居为本、低碳为要、数字赋能、韧性为基'发展内涵,以蓝绿一体网络,构筑新城生态底色;显著提升新城生态空间规模和品质,率先建成公园城市"。2021年3月上海市新城规划建设推进协调领导小组办公室发布《上海市新城规划建设导则》,提出要建设"最生态"的现代化新城,"城市发展不能只考虑规模效益,必须把生态和安全放在更加突出的位置,打造韧性城市、低碳城市。新城应深入贯彻'上海2035'总体规划和上海市'十四五'规划纲要提出的2025年上海实现碳达峰的要求,率先成为全市低碳韧性发展的示范区,形成绿色、韧性、低碳的空间新格局"。2021年5月中旬,上海市发布《关于推进上海市公园城市建设的指导意见》,明确提出"至2035年,公园城市基本建成,城市有机更新,公园最宜休憩,优美环境人人享有,生态价值高效转换,生态效益充分彰显",要求新城全面开展"公园城市"创建工作。2021年8月4日上海市下发《上海市生态空间建设和市容环境优化"十四五"规划》,再次明确提出五个新城积极创建公园城市,并提出要注重新城生态格局打造,加快建设环城森林、楔形绿地、大居绿地、生态廊道等生态空间。

综合来看,率先建成公园城市是上海新城生态宜居建设的基本要求,具体包括以下目标任务:

一是构建大生态格局,建设蓝绿城市。基于市域生态走廊的框架,打造森林绕城、生态渗透、自然交融、网络叠加的城市生态格局。公园绿地步行可达,水岸空间连续贯通,郊野公园开阔舒朗,形成环境宜人、美感愉悦的公园里的城市。[1]挖掘生态文化底蕴,塑造美丽特色新城;强化生态环

---

[1] 上海市新城规划建设推进协调领导小组办公室:《上海市新城规划建设导则》,上海市人民政府网,2021年3月。

境保护,构建优美生态空间,推动人与自然和谐共生新城建设,打造长三角蓝绿交融生态新城标杆。①

二是统筹空间布局,建设韧性城市。通过空间的弹性适应和应急空间、场地的合理预留,构筑空间布局韧性。运用先进技术提高生命线系统抗冲击和快速恢复能力,构筑设施韧性。落实海绵城市建设要求,构建低影响开发雨水系统,构筑生态韧性。②

三是落实双碳战略,建设绿色低碳城市。农田林网复合生长,促进森林、农田碳汇,加强清洁能源和分布式能源的应用,促进节能减排,加快实现碳中和,形成以人为本、绿色低碳、气候友好的城市环境。③

四是推动功能复合,生态与城市融合发展。推动绿色生态空间与城市功能要素和场景的融合,创新生态价值转化路径,探索经济发展、城市安全和生态建设保护相辅相成、相得益彰的新路子。

为推进上海五个新城公园城市建设,上海市明确提出具体任务指标:在生态惠民方面,骨干河道两侧公共空间100%贯通,步行5分钟进公园、20分钟进林带、1小时进森林。④到2025年,形成蓝道、绿道、风景道三道交融的网络框架,生态生活水岸占比达80%;每个新城至少拥有一处面积100公顷的大型公园绿地,人均公园绿地面积10平方米以上,公园绿地500米服务半径覆盖率达到90%以上,平均森林覆盖率达到19.5%;各新城水功能区水质达标率为95%左右,主要河湖优良水体断面比重不低于60%,地下水环境质量得到改善。⑤在绿色低碳方面,要求新建城区100%执行绿色生态城区标准;新城绿色交通出行比例"十四五"期末达到80%;污染地块安全利用率达到100%,全面实现原生生活垃圾零填埋,工业固废高效资源化利用水平位于全市前列;⑥新建建筑100%执行绿色建筑标

---

① ⑤ 上海市人民政府:《"十四五"新城环境品质和新基建专项方案》,上海市人民政府网,2021年4月16日。

② ③ ④ 上海市新城规划建设推进协调领导小组办公室:《上海市新城规划建设导则》,上海市人民政府网,2021年3月。

⑥ 上海市人民政府:《关于本市"十四五"加快推进新城规划建设工作的实施意见》,上海市人民政府网,2021年2月23日。

准,其中政府投资的公共建筑和所有大型公共建筑执行绿色建筑二星级及以上标准;落实新(改、扩)房建项目配建停车场(库)、新建居民小区充电设施配建要求,支持配建充电设施的停车位占总停车位的15%以上,重点加强60 kw及以上经营性快充桩建设,支持快充车位占总充电车位的30%以上,至少布局建设1个加氢站。①

(三)上海新城率先建成公园城市的推进措施

公园城市是以人民为中心,融合生态、生活、生产功能的城市发展新模式。2021年6月21日上海市发布的《关于推进上海市公园城市建设的指导意见》明确提出按照"坚持公园姓公,服务人民;坚持三生融合,协同创新;坚持共建共享,社会参与;坚持规划引领,试点先行"的原则推进公园城市建设。2022年11月上海市发布的《上海市公园城市规划导则》为新城城市开发边界内的街区、社区、校区、产业园区和乡村郊野地区规划建设公园以及城园融合发展提供了相应的规划指引。根据上述文件推进上海新城公园城市建设主要采取以下方面的措施。

1. 坚持服务人民,推进"三生"融合

公园城市不仅是种树种花种草简单的绿化建设,还融合生态、历史、文化、技术等系统性、综合性发展。上海市按照"城市是一个生命有机体"的系统思想,通过政策协同与创新,推动一体化规划设计,促进公园形态与城市空间有机融合,强化各类城市功能的空间复合,使生产、生活、生态空间相宜,实现"三生"融合,体现高质量发展、高品质生活、高效能治理。如,结合上海五个新城资源禀赋、环境特点,构建蓝绿交织、田园共生、清新明亮、城乡融合的绕城绿环,为每个新城打造一条符合各自气质的绿项链,形成各具特征的"一环一意向":嘉定新城为"绿动光环",青浦新城为"青美水环",松江新城为"山水云环",奉贤新城为"贤荟花环",南汇新城为"海上玉环"。每个新城约40千米长度的绕城绿环,100米宽的空间贯

---

① 上海市人民政府:《"十四五"新城环境品质和新基建专项方案》,上海市人民政府网,2021年4月16日。

通主脉,1 000米宽的蓝绿交织主环,3 000米宽的城乡融合主带。其中,100米宽主脉是主环内依托重要水系划定的主贯通空间,综合设置骑行道、跑步道、慢行道和船行道等贯通道,是新城绿环内主要的郊野游憩空间和标志性绿道。1 000米宽主环紧邻各新城、以水路为边界划定,是新城绿环内推进林地建设、疏通水系的重点地区。3 000米宽主带衔接行政村边界并综合考虑周边地区功能联动和风貌协调后划定,是落实乡村振兴战略、推进城乡统筹发展的主要地区。按照每个新城绿环每年造林2平方千米左右、主脉内主贯通道和水系整治贯通10千米以上推进,预计到2025年主脉全线基本贯通,重要节点有序推进,生态示范效应初步彰显。[1]传统意义上的绿环是在一座城市发展到一定规模或环境问题突出时被动出现的,用来防止城市无序蔓延,而推进新城绿环规划建设则是面向新城未来发展的主动作为,是实现"三生"融合的重要举措。

2. 实施"公园+""+公园",推动生态价值转化

在资源紧约束的背景下,既要满足人民群众对生态空间的需求,又要推动城市与公园的功能融合发展问题,这就需要全力增加生态开放空间,全面提升生态环境品质,同时促进公园形态与全域城市空间有机融合。因而,上海提出以建设"公园中的城市"为理念,"坚持全域公园,全面提质""坚持无界融合,无界创新"的工作要求,并以"公园+""+公园"为抓手,促进城市各类空间的开放、共享、提质,强化"公园"与"城市"的无界融合。所谓"公园+"就是以全域绿色开放空间为主体,体现城市、乡村各级公园的差异化,强化多层次、一体化的体系建设,融入各类城市功能,满足市民的多元休闲需求,结合生态化、智慧化、开放化的空间特色,推动公园的整体品质提升。[2]"+公园"是以城市街区、社区、校区、产业园区以及乡村郊野地区为主体,体现各类城市区域的特色,通过一体化的规划、设计

---

[1] 徐祯曜:《上海五个新城绿环专项规划获批:每个新城将建约40公里绕城绿环》,澎湃新闻,2023年2月7日。

[2] 上海市绿化委员会:《上海市公园城市规划建设导则》,上海市人民政府网,2022年11月22日。

与建设,推动城市绿线、道路红线、河道蓝线、地块边界线等各种城市空间管理边界的内外融合,推动全年龄友好、全时段开放、全季节宜人的场景营造,建设形成公园中的街区、社区、校区、园区与乡村。①同时按照韧性城市、海绵城市建设的要求推进公园建设。可见,无论是"公园＋"还是"＋公园",其实质是推进城市与公园的融合发展,最终实现城市即公园、公园即城市。

3. 坚持共建共治,引导多主体参与

公园城市需要建立党政、市场力量、社会组织、公民个体等多方力量参与机制。上海坚持全民共建、全民共享,动员社会多方力量参与公园城市建设。落实党政主体责任,发挥政府在公园城市规划、建设、管理、保护、监督和投入等方面的主体作用,同时,按照统一规划、建设和管理的思路与标准,引导各部门共同推进建设。发挥市场与社会主体的功能与作用,探索政府、市场、社会参与建设运营的多元模式。通过线上结合线下的方式进行公众意见征询,科学规划建设公园。此外,提升公园城市的数字化管理水平,依托空间基础信息平台,完善动态监测与评估,设计开发应用场景,并建立"一园一档"电子档案,加强绿化及设施的全生命周期管理。

三、城园一体是建设公园城市的实践导向

(一) 奉贤建设公园城市的独特禀赋与方向选择

为落实上海市关于新城生态建设的要求,不断满足人民群众对优美环境的需求,《奉贤新城"十四五"规划行动建设方案》明确提出奉贤新城要建设公园之城,进一步彰显林水交融的公园城市风貌;推动绿色经济高质量发展,打造无废城市、海绵城市、韧性城市;发挥生态本底资源优势,

---

① 上海市绿化委员会:《上海市公园城市规划建设导则》,上海市人民政府网,2022 年 11 月 22 日。

锚固生态网络空间，打造高品质的新城生态绿核，凸显江海连景的城镇肌理特色。

实际上，奉贤新城建设公园城市具有独特禀赋。首先，奉贤具有优越的地理环境和丰富的水绿资源。奉贤位于上海南部，坐拥黄浦江支流的天然水系，丰富的森林、绿地、湿地等绿色生态空间，分布有 1.8 平方千米黄浦江涵养林、2.6 平方千米的申亚片林、7 平方千米的申隆生态林、4.8 平方千米的城市中央生态林地、6.6 平方千米的化工区隔离林等五大生态本底以及 10 平方千米的海湾森林公园。海湾森林公园内 9 000 亩复合混交林群落，野生动物种类众多。中央生态林地位于奉贤新城范围内，成为有别于上海其他新城的最大特点。此外，奉贤还有 31.6 千米的杭州湾海岸线、13.7 千米的黄浦江江岸线以及 4 000 多条河流，浦南运河横亘东西，金汇港纵贯全境，具有通江达海的天然优势。其次，奉贤生态环境优势明显。近年来，奉贤以创建国家生态园林城区为抓手，启动森林城市创建，打响"蓝天、碧水、净土"三大保卫战，不断加大生态环境保护力度，提高人均绿地面积。奉贤空气质量始终位列全市前茅，2020 年，区环境空气质量指数（AQI）优良率为 87.7%，较 2015 年上升 17 个百分点，$PM_{2.5}$ 平均浓度为 30 微克/立方米，比 2015 年（54 微克/立方米）下降了 24 微克/立方米。区内 2 228 条劣 V 类水体基本消除。全区垃圾分类收运体系基本形成。"十三五"期间，新城范围内蓝绿空间占比达 35%，人均公园绿地面积 14 平方米，3 000 平方米以上公园绿地 500 米覆盖率达到了 95%。2021 年，在由中国国际贸易促进委员会、全国政协人口资源环境委员会、国家林业和草原局联合主办的中国国际生态竞争力峰会上，奉贤荣获"中国最具生态竞争力城市"。

独特的自然禀赋构成奉贤建设公园城市的基础。而问题的关键在于，如何有效利用和充分发挥自身优势，如何实现自身生态环境与城市各项功能的有机融合，如何在城市建设中进一步践行好"双碳"战略，走低碳韧性城市发展之路。针对以上三个问题，奉贤着力从三个方面谋划，奋力开创一条城园一体的公园城市建设道路。其一，在自然肌理基础上进行规划建设,发挥独有的水资源优势,建设具有新江南文化特点、个性魅力的城市。"新江南"不仅仅要传承优秀的江南文化,更要将现代与传统相结合,既满足现代生产、生活功能,又不破坏原有的生态特点,为未来之城呈现新样本。奉贤新城以"绿色成为城市发展最动人的底色"为导向,按照"5分钟进公园"的目标提高新城绿化布局与建设,实施"＋公园",构建"城市综合公园—郊野公园—镇村公园—口袋公园"的公园体系。其二,打破以往城市圈层式发展的"硬"结构,突出工业区、居住区和绿色环境有机融合,实现城市与公园融为一体。对此,奉贤提出以满足各类群体需求为导向,加强公园与体育、文化、旅游、商业、休憩、应急避难等各类功能的有机融合。在新城建设中,注重在公园中植入产业、注入以人为本的实施路径和设计细节,让公园里有"内容",并最终实现"有风景的地方就有新经济"的局面。[1] 其三,深入贯彻落实习近平总书记关于"双碳"工作的重要讲话精神,在新城建设中更多践行"双碳"战略,走低碳韧性城市发展之路,推进生态绿色低碳发展与经济发展的相统一,转变生产生活发展方式,真正体现"绿水青山就是金山银山"理念。

(二) 奉贤新城公园城市建设的实践探索

1. 推进公园体系建设,塑造新江南景致

(1) 建设城市综合公园,彰显城市意象

清晰的城市意象能给人安全感,提升城市活跃度,指导和预判日常生活。奉贤把生态融于城市规划建设,以绿为基,水为魂,发挥生态资源优势,构建"绿核引领、双轴带动、十字水街、通江望海"的总体格局,彰显"十字水街,田字绿廊"的城市意象。公园城市首先要体现"公",即公共性、共享性、可及性。这就要求生态空间在打造过程中必须注重开放性和连通性,才能体现公共属性。奉贤依托生态体系布局、功能板块特征,将新城蓝绿空间与河湖、林地、耕地进行融合,进而构建生态网络和空间体系,打

---

[1] 王凯:《城市规划要软硬结合,公园城市形态应是"城在园中"》,每日经济新闻,2020年10月6日。

造"百里城市绿道、千亩环城森林、万亩生态绿核"的生态空间。金汇港和浦南运河相交构成的"十字水街"岸边的主要绿化建设初步完成。金汇港（北至大叶公路、南至 G1503）两岸全长约 15.4 千米，两岸共 40 公顷绿化景观。浦南运河（西至南竹港、东至浦星公路）两岸全长约 16.4 千米，两岸共 85 公顷绿化景观。"田字绿廊"的外围由大叶公路、浦星公路、G1503 三条道路和竹港围合成"口"字形外框，内部由东方美谷大道、S4 构成"十"字形廊道。外环绿廊打造 50 千米连续开放的环城森林城郭公园；内环绿地提升城镇品质，让乡愁、风景、文脉融入内部城市绿道，营造出具有江南韵味、蓝绿交融的城市意象，内外相连成为树的世界、花的海洋、鸟的天堂、人的乐园。其中以"上海之鱼"为中心，形成 6 个开放式城市公园，与其北侧中央公园南北呼应，共同构成奉贤新城的生态核心区。

为进一步推进新城绿色发展，2022 年启动新城绿环规划设计，并于 2023 年实施该专项规划。绿环环绕奉贤新城周边，外圈由西渡街道和南桥镇、金汇镇、庄行镇、青村镇下辖 26 个村围合，内圈由沪杭公路、大叶公路、浦星公路、绕城高速围合构成，总面积约 65.4 平方千米，周长约 2 000 米。绿环的建设将充分保留田、水、路、林、村等城乡原生风貌，将沿绿环主贯通空间，建设 1 处万亩级、4 处千亩级、10 处左右百亩级的"大小镶嵌、长藤结瓜"样式的郊野生态空间。

（2）布局镇村公园，推进乡村生态发展

一方面，开展郊野公园建设。2017 年版《城市绿地分类标准》指出，郊野公园是位于城区边缘，有一定规模，以郊野自然景观为主，具有亲近自然、游憩休闲、科普教育等功能，具备必要服务设施的绿地。为推进郊区生态功能的开发，满足市民游憩需求，《上海市国土空间生态修复专项规划（2021—2035）》明确提出要积极推进郊野公园建设，提升区域生态服务价值。奉贤推进占地 14 平方千米的庄行郊野公园建设，通过文化、科教、旅游与农业的有机结合，形成生态环境改善、城乡统筹发展、农民生活水平提高的美丽乡村。另一方面，按照城乡一体化发展的要求，推进镇村公园建设，改善乡村风貌，实现全区"一镇一园"全覆盖。

(3) 建设口袋公园,优化生态服务

加强公园基本服务的均等化,满足群众公园休闲游憩需求是建设公园城市的题中应有之义。为推进公园基本服务均等化,除建立辨识度较强的大公园外,还需布局建设社区公园、口袋公园等,让居民步行300—500米就能抵达一个公园,实现推窗见绿、出门入园。

1967年美国第二代现代景观设计师罗伯特·泽恩设计了佩雷公园,这是世界上第一个口袋公园,它的面积仅为纽约中央公园的八千分之一,但年平均面积游客量是纽约中央公园的两倍,由此开启了全球建设口袋公园的序幕。[①]口袋公园等微公园在建设用地指标日趋紧张的情况下,充分利用闲置、废弃空间、边角区域,采取见缝插绿的方式进行规划建设,既能增加人均绿化面积,也能满足居民就近享受到生态服务,因而口袋公园等社区微公园在城市生态体系布局中的作用不容小觑。建设什么样的微公园和如何更好把微公园建好管好,是社区公园建设要回答的关键问题。

奉贤按照"推窗见绿、出门入园"的要求,推进社区口袋公园、小游园等微公园建设。结合城市更新和老城改造,进行城市空间梳理,重点布局和建设老城区绿化薄弱地区,不断完善公园布局,把城区最金贵、距离老百姓最近的好地块和具有一定体量的地块用来建设公园,满足市民群众日常生活需要。对建成区内300—500米服务半径尚未覆盖的地区,实施扫盲绿地建设工程,充分利用闲置、废弃空间和边角区域,建设口袋公园,构建"小多匀"公园绿地系统,并注重参与性、开放性、观赏性、功能性,让居民切实能够享受到更好的服务。一是注重参与性。在社区微公园规划建设或改建过程中,吸纳社区居民的意见,让居民广泛参与微公园建设与管理过程中。奉浦街道开展参与式社区花园建设,热爱社区公益的青少年以及社区居民成为社区规划师,在社区党组织的领导下参与社区花园的规划设计。二是注重开放性。社区公园从内向型(内置于小区内部)向

[①] 杨丽:《建设"微公园"也要有大视野大智慧》,《新华日报》2020年5月26日。

开放性、共享性、连通性转变,让社区公园与城市连通。位于解放东路北侧、望园路西侧、庙泾河以东的和合公园在建设时就将小区、公共建筑与城市水系无缝衔接,为周边社区居民以及行人提供休憩地方。一些单位打破围墙,建设开放式公园,让居民共享生态福利。三是注重观赏性与功能性相结合。社区公园不再以单纯满足健身或游乐为单项功能,而是转向观赏性与功能性相结合。如"德园"社区公园,以"相地而为,让土地可以呼吸;返璞归真,共筑生态林间"为理念,使人们走进绿色、亲近自然,感受美美与共的人境和谐。该公园调整了原有乔木的分布,增加了色叶大乔和开花类植物,通过色彩斑斓的树叶和五颜六色的花带,增添了花园的活力;还在林间建设了一条生态透水的漫步道,沿着透水道的两侧特意设置了休憩的座椅。[①]还比如,建设法治文化或文化主题公园,把文化传承和宣传与公园结合。

此外,结合"美丽乡村"建设,在农民居住较为集中的区域利用村里的河边、林地、拆违后的空地,因地制宜建设村级公园。公园内设置绿道和体育健身器材,弥补城乡体育设施的差距。

正是基于人人参与、人人享有的理念,奉贤在建设社区微公园过程中,结合居民的需求与期盼,积极引导公民参与,把自然之美带到居民生活之中,推进了生态与生活融合,使得居民对奉贤生态环境的满意度不断提高。

2. 实施"公园+",推进城园功能融合

一是以"公园+文体"增强城市吸引力。主要以田字绿廊、十字水街和"上海之鱼"等绿化空间为载体,布局各具特色的市民休闲健身与运动场地、场馆,为市民提供环境优美的健身场所。"十四五"时期新城地区规划建设南上海体育中心,为城市体育服务综合体,使之成为新城新地。挖掘整理历史文化资源,结合公园绿地、滨江水岸等绿色开放空间,布局各

[①] 张超群:《2 000 m²!奉贤区"德园"社区公园已建成+开放》,上观新闻,2021年12月3日。

类文旅设施,举办草坪音乐会、园艺文化展览等,营造城市的文化空间氛围。结合历史文化遗产和古树名木保护,传承贤美文化,2021年"上海之鱼"青年艺术公园开展东方美谷·2021"花海美妆"音乐嘉年华活动,活动吸引了全国各地的游客,新城良好的生态环境以及美妆体验项目给游客留下了深刻印象。

二是以"公园+商业"带动城市发展活力。主要在生态底板上,布局商业空间,综合提升消费空间品质。如推动"上海之鱼"金鱼广场等商业项目与公园绿地结合,打造花园式智慧商务区、开放式市民广场及场景化文旅商业街。位于中央生态林地"九棵树(上海)未来艺术中心"已成功引入大隐书局、隐溪茶馆、大白兔全球首店、一尺花园咖啡馆等商业项目,规划精品步行街、购物公园度假酒店等,联动"上海之鱼"、奉贤博物馆等周边生态环境和场馆,以艺术流带动商流、物流、人流、资金流、信息流,推动商贸业、服务业和旅游业发展。①

三是以"公园+产业"激发乡村发展新业态。主要是由生态推动产业发展成为壮大村级集体经济和农民增收的有效形式。如,南庄路沿线建设乡野公园过程中,部分宅基进行了整体流转,并引入优质总部企业。

案例

"上海之鱼":从城市绿心公园到城市会客厅

"上海之鱼"又名"金海湖",位于奉贤新城中心,东至金汇港,西至金海路,南至浦南运河,北至航南公路,总面积119公顷,其中水域面积约53公顷、绿地面积约66公顷。

"上海之鱼"源于中国文化中"鱼"的美好寓意,有鱼跃龙门之意,由国际规划大师、迪拜"棕榈岛"主创设计师拉瑞·奚伯斯考察后设计,平

---

① 胡幸阳:《把全区建成一个"大公园"?奉贤这步棋有何深意》,上观新闻,2022年3月1日。

均水深3.5米。"上海之鱼"主要由鱼身、鱼尾、鱼鳍等三大水体构成,金汇港和浦南运河构成外围水系,形成以鱼身为中心的圆环水道。自2005年提出概念以来,历经十数年,"上海之鱼"以其水绿之美、公共之惠、建筑之萃成为人人参与、人人共享的城市客厅。

"上海之鱼"环湖大道——湖堤路、湖畔路环形连成5000米的生态大道,以绿地为基底,建成年丰公园、青年艺术公园、雕塑艺术公园、泡泡公园、龙潭公园、湖心岛公园等6个主题公园,形成新城绿心公园。整个绿心公园以秋色叶树种为特色,种植约8000株,其中无患子约2000株、杉树类约1500株、银杏约900株、榉树约450株、栾树约400株。金叶大道、层林尽染,其间还夹杂些许秋叶变红树种,如乌桕约560株、槭树科约1000株,深秋时节深红、火红、橙红、橘红、金黄,把"上海之鱼"染成一片五彩斑斓,放眼望去有"落霞与孤鹜齐飞,秋水共长天一色"之势。

"上海之鱼"项目从金汇港支流大庆河引水开始,通过水源预处理、基底改良、水体透明度提升、沉水植物净化、水生植物过滤、水生动物控藻、微生态调控以及生态系统优化等工程,在未使用任何化学试剂的前提下,成功利用物理和生态技术实现了水质的全面改善。目前,"上海之鱼"水质达到国家地表水环境质量标准(GB2002-3838)Ⅳ类标准。

沿滨水岸线相继开发建成多个城市综合体项目和城市功能项目,包括已运营的区博物馆、规划资源展示馆、东方美谷JW万豪酒店、合景木莲庄酒店、"那年那天"婚庆岛等,目前正在建设"在水一方"文化地标性建筑和金鱼广场商业建筑等,为市民提供阅读、论坛、展览、亲子活动、小型演出、购物休闲等功能服务。

"上海之鱼"以公共绿地空间为依托,先后开展国际公共艺术双年展、上海国际花展、花海美妆嘉年华、同济大学木构建造节暨奉贤新城建造邀请赛等多个重大活动。依托JW万豪酒店等,举办东方美谷国际化妆品大会、2021年世界城市日中国主场系列活动之一"公园之城：人文与生态的相遇"新城建设主题论坛、新江南文化与新城建设高峰论坛等活动，吸引国内外专家、学者为城市发展出谋划策。依托奉贤博物馆，开展雍正故宫文物大展、"古蜀之光——三星堆·金沙遗址出土文物大展""与天无极——陕西周秦汉唐文物精华展"等现象级文博大展，为奉贤新城注入了深厚的历史文化内涵。目前，"上海之鱼"已经成为集居住生活、商务办公、商业会展、旅游度假、艺术展览、活力健身、休闲娱乐、游憩观赏等多功能于一体的城市会客厅。

"上海之鱼"在建设发展的过程中广泛吸纳市民意见，不断满足市民需求。如，针对市民提出的公园配套不足问题，依照日晷为基底的放射状网格，布局建设移动驿站和鲁班锁驿站，包含三种功能：第一是必备的核心功能，比如直饮水、自动售卖机等；第二是附属功能，根据驿站所在位置，设置淋浴室、更衣间、卫生间、母婴室等；第三是扩展功能，比如茶室、艺术家工作室、直播间等，最上层和所有的楼梯间都对外开放，所有游客都可以轻松地到达屋顶赏景、休憩。

"上海之鱼"为城市发展带来巨大的生态价值，未来将融入更多生活生产服务功能，打造成为南上海、杭州湾北岸乃至长三角具有核心竞争力的开放、时尚公共服务中心。

资料来源：邓丰、成立、李振宇：《共享理念下提升城市公共空间活力的设计策略——以"上海之鱼"移动驿站为例》，《华中建筑》2023年第6期。

3. 转变发展方式，推动城市绿色低碳发展

(1) 推行绿色生产生活方式，加强资源循环利用

奉贤在全市率先启动"无废城市"创建，推进建立绿色发展方式。"无废城市"是通过推动形成绿色发展方式和生活方式，推进固体废物源头减量和资源化利用，最大限度减少填埋量，将固体废物环境影响降至最低的城市发展模式。"无废城市"并非城市发展没有废物，而是变废为宝，对废物能够最大限度资源化利用。

奉贤区坚持"减量化、资源化、无害化"原则,实施"负碳增氧"工程,深化固废全程分类管理和综合治理体系建设,多元化打造"两网融合"点、站、场收运体系,同时推进全过程分类和资源再利用、绿色供应的全链体系,打造循环经济产业示范项目,多网点建设加强可回收物市场主体培育,形成废纸、废塑料、废金属、废玻璃制品等一站式收运处置的常态化运营模式。

不断推进干湿垃圾就地资源化利用。依托奉贤区生活垃圾末端处置中心对日常生活干垃圾无害化处置,以无害化焚烧发电的处置方式,取代了传统填埋的处置方式,变废为宝。按照"一镇一站",每个镇设置氧堆肥处置设备,处置残渣主要用于绿地、林地的土壤改良。鼓励各村因地制宜就近就地利用湿垃圾。如,通过大功率粉碎机设备,经粉碎、发酵、分解等技术将有机物部分和农村作物垃圾转变为肥料,实现农村垃圾资源化循环利用。

加强建筑垃圾分拣和资源化利用。设置建筑垃圾分拣和资源化处置中心,通过对建筑垃圾分级分拣、破碎和筛分,制成再生建筑材料,推进建筑垃圾无害化、资源化体系形成完整闭环。

在绿色生产方面,推行节约集约利用能源,加强全过程管理,促进能源高效利用,降低资源能源消耗总量。以绿色工厂和清洁生产为引领,创建一批"绿色示范工厂",引导和激励企业采用先进适用的技术、工艺和装备实施清洁生产技术改造,不断提升行业清洁生产整体水平,促进绿色制造业发展;大力发展绿色生态农业,以推广有机肥、测土配方肥及减少农药化肥的使用为途径,推进农业废弃物的综合利用及高标准农田建设,实施生态循环绿色农业的发展。

(2) 建设城市慢行系统,促进形成低碳生活

城市绿道是城市生态建设的重要内容,具有减缓城市热岛效应,提供休闲游憩、慢行交通等功能。一方面,打造区域和城市绿道系统。结合"十字水街、田字绿廊"建设,将城市慢行系统、健身步道、公园绿地等纳入新城绿道网络格局。同时,结合城市更新,搬迁项目沿线企业或通过围墙

退界等方式,实施绿道贯通项目,完成了G1503北侧、浦星公路西侧、金汇港和浦南运河两侧等绿道工程,实现了62.2千米长的绿道贯通。另一方面,推动社区绿道建设。各街镇依托骨干河道、生态廊道等建设环镇绿道,逐步构建区域级、城市级、社区级绿道体系。试点打造了奉浦街道6千米长的生态绿环,通过绿道连接居民区,使附近居民能便捷、快速地进入绿道跑步、散步和游憩,促进形成绿色出行和低碳生活方式。

目前规划建设贯穿全域的、漫步轻享的,风景道、蓝道、绿道三道复合的慢行网络,规划奉贤新城绿道长度达到100千米,兼顾骑行和步行的要求,以连续、完善、安全、舒适为原则,串联新城主要功能节点,进一步提高新城拥有独立路权的慢行网络密度。通过塑造可漫步可共享的慢行友好空间,全面优化提升奉贤新城的公共空间品质。

(3) 建设绿色低碳示范区,提升城市韧性水平

党的二十大报告明确提出打造宜居、韧性、智慧城市的要求。《上海市新城规划建设导则》把韧性生态作为新城建设的重要导向,提出"应对城市未来发展的不确定性,按照'平战结合、平灾结合、可快速恢复'的总体要求,构建安全韧性、弹性适应的城市空间格局"。

奉贤要求新城区100%执行绿色生态城区标准,新建民用建筑严格执行绿色建筑标准,大力提升既有建筑能效;优化新城能源结构,鼓励使用清洁能源,推广分布式供应模式;新建项目落实海绵城市建设要求,打造绿色低碳示范区域。如开展"上海之鱼"等水利工程建设,积极发挥河湖水系等对雨水的吸纳、蓄渗和缓释作用,加强再生水、雨水等非常规水资源利用。奉贤区政府与临港集团联合推进的"数字江海"项目以低碳发展和区域碳达峰、碳中和发展为总体要求,推进生态绿化、绿色低碳交通、绿色低碳建筑、可再生资源利用、无废园区以及智慧管控等规划建设,打造绿色低碳韧性发展的示范区,并按照海绵城市的理念,通过下凹式绿地、雨水花园、透水铺装、植草沟、雨水调蓄池、植被过滤带、生态滞留等措施,进行雨水收集,经处理后可用于绿化浇洒、道路冲洗、车库冲洗等。规划建设中的"望园路森林芯中央活动区",按照站城一体、绿色低碳、蓝绿韧

性的理念,探索TOD模式开发建设,强化站点与商务区的无缝衔接,打造自然渗透的生态通廊,突出绿色建筑和海绵城市建设理念,强化屋顶绿化率、绿色开放,形成"枢纽集聚、向森林递减"的空间形态,打造零碳建筑、绿色街区、碳中和商务区多层次的绿色示范区。[①]

此外,不断推进新城地上、地下空间一体化开发利用,对于新建工程项目要求必须进行地下空间利用,同时加强地下空间的数字化管理,建立"三维地下城市"空间数据库,推进城市空间数字底座建设。截至2023年6月,新城范围内给水、排水、电力、通信、燃气、热力管线等3 000多千米管线入库,推进了城市地下空间的三维可视化、可应用。

奉贤新城以公园城市为抓手建设生态宜居之城,取得了明显的成效。通过绿色网格体系建设,拓展了全域的生态空间格局,"十字水街、田字绿廊"等重点绿道建设完成,"万顷林地、千里绿廊、百座公园"的地域景观风貌已基本建成,城市生态空间格局得到整体优化。多级公园体系的建设,形成了体系化绿地公共产品供给,在全市率先实现城乡一体化公园体系布局,提升了社区公园服务半径,市民步行300—500米就能抵达一个公园,市民获得感和满意度得到极大提升。同时,促进了地区经济社会发展,吸引了不少企业落户。2022年奉贤区完成区级财政收入222.5亿元,总量排名提升至全市第七,初步实现了生态资源向经济资源的转换。

(三)进一步推进公园城市建设的思考

自公园城市概念提出以来,除上海外,成都、深圳等全国多个城市在进行相关的实践探索。比如,成都主要从厚植绿色生态本底、增进民生福祉、激发经济活力、健全治理体系等方面推进公园城市示范区建设。深圳通过开展山海连城、生态筑城、公园融城和人文趣城四大行动计划,实现山海连城的公园城市愿景。从各地实践上看,通过公园城市建设,城市生态得到进一步改善,人民群众享有更为优质的生态服务。但需进一步明

[①] 上海市规划和自然资源局、上海市奉贤区人民政府:《奉贤新城总体城市设计》,2021年7月。

确公园城市评价指标体系,更好地指导各地实践;进一步统筹优化"三生"空间,为生态建设创造空间条件;进一步提升生态价值,推进公园与城市的融合发展。

1. 以人民为中心,推进共享发展

良好生态环境是最基本的公共产品和最普惠的民生福祉。公园城市重在突出公园城市的公共属性,充分发挥生态本底、文化底蕴的独特优势,把城市发展、人的全面发展、自然生态延续作为一个整体来认识和构建,力图让民众过上"抬头望蓝天、俯身见碧水、推窗是绿景"的美好生活,[1]也就是把更多的公共空间和资源留给人民群众,让人民群众享有更多的生态服务,为人民创造高品质生活。一方面要以系统性思维从"人"的角度科学谋划公园城市建设,使公园城市体现地域特点、文化特色、人文关怀,避免"千篇一律"。统筹"三生"空间,实施绿色生态空间规划管控,避免城市"摊大饼式发展"。另一方面,开展"+生态"工作,加大城市绿化建设,"充分利用城市内部现有的绿地资源,通过水系、绿地廊道、道路绿带等与城市外部自然有机相连,形成城在绿中、城绿交融的城市绿地格局"[2],建设全年龄友好型、多层级的公园体系,满足不同人群需要。通过口袋公园等微公园的建设,提高公园服务半径和服务能力,增强生态空间的公正性、可达性、参与性。开展城市绿道网络建设,实现城市内外绿地衔接贯通,逐步建立多层次的环、楔、林、廊、园相结合的生态空间结构,增强城市生态空间的连通性、系统性,为人民群众创造更多的绿色生活空间。

2. 提高生态功能内涵,推动城园一体发展

公园城市建设所实现的目标就是公园与城市紧密融合。在严格保护耕地资源、建设用地指标资源紧张的情况下,需推动更多城市高品质公共空间开发开放,地上地下空间一体建设,开展融合化的空间布局,创设多

---

[1] 赵建军、赵若玺、李晓凤:《公园城市的理念解读与实践创新》,《中国人民大学学报》2019年第5期。
[2] 李雄、张云路:《新时代城市绿色发展的新命题——公园城市建设的战略与响应》,《中国园林》2018年第5期。

种体验场景,让生态与城市文化、经济等功能进行融合,整体提升生态功能与价值。例如,松江新城中央公园以华亭湖为核心,布局天主堂、会展中心以及大学城等功能;南汇新城滴水湖一环二环公园带融入文旅、体育、教育、医疗、商业等多种服务功能;嘉定新城远香湖中央活动区融合城市公园、大剧院、图书馆等功能;青浦新城以夏阳湖为中心,周边布局博物馆、图书馆、医院及商业中心等服务功能;奉贤新城以金海湖为核心,周边布局建设了九棵树(上海)未来艺术中心、奉贤规划资源展示馆、雕塑艺术公园及酒店等功能。[①]上海新城公园与城市空间的融合布局,为城市多样化活动提供空间的同时,成为新城的独特标识。

3. 加强实施保障,促进城市绿色转型

党的二十大报告强调,要"推进美丽中国建设,坚持山水林田湖草沙一体化保护和系统治理,统筹产业结构调整、污染治理、生态保护、应对气候变化,协同推进降碳、减污、扩绿、增长,推进生态优先、节约集约、绿色低碳发展"。公园城市重在推动建立城市绿色低碳发展方式,实现降碳、减污、扩绿、增长。这就意味着城市发展的变革,需以改革创新为保障,进行理念、方法、模式、政策、机制等各个方面的创新。例如,上海市探索建立城市绿线、道路红线、河道蓝线内外绿色开放空间的一体化规划设计和建设实施机制,探索通过赋予开放绿地冠名权、给予使用便利等激励措施,引导社会单位附属绿地开放共享。[②]又如,为发挥市场主体在公园城市建设中的作用,可建立健全碳排放交易制度,引导企业开展更多的减排项目,推动企业绿色低碳发展。再比如,为提升城市生态价值,可建立健全生态产品市场交易机制,开展生态系统价值核算,实现生态产品可量化、可计价;加快建设生态权益交易市场,使具有明确权属、可评估计价的生态资源资产进入市场交易,促进生态权益在不同主体、部门或地区之间进行高效配置,实现生态产品可交易、可增值。

[①][②] 上海市绿化委员会:《上海市公园城市规划建设导则》,上海市人民政府网,2022年11月22日。

第九章　交通便利：
让人们获得最便捷的出行体验

党的二十大报告提出了要"加快建设交通强国""建设高效顺畅的流通体系""构建现代化基础设施体系"等目标要求。近年来，上海认真贯彻落实人民城市重要理念，与时俱进地为五个新城交通发展提出新要求、新内涵。以"着眼超大城市整体战略布局"要求，着力打造上海未来发展的战略空间和重要的增长极、都市圈城市网络节点，积极应对新技术革命对未来生活方式、城市空间格局带来的深刻影响，注重智慧科技在城市交通、公共服务、基础设施等领域的深度融合、迭代演进，强化对外便捷、对内便利，营造更方便优质的出行体验，为市民创造更加高效智能的生活。

一、交通便利是上海新城发展的重要支撑

(一) 上海新城发展定位对交通便利提出了明确要求

交通系统对新城的建设发展具有重要的保障、支撑和引领作用。2021年初，上海发布《上海市国民经济和社会发展第十四个五年规划和二〇三五年远景目标纲要》，明确提出上海新城的建设定位，是"长三角城市群中具有辐射带动作用的独立的综合性节点城市"。这意味着上海经历了20年的新城建设，定位经历了从卫星城、郊区新城到综合性节点城市的演变，不再只是承接中心城区功能转移，而更多是目光向外，着眼于整个长三角一体化发展乃至新发展格局战略节点的高度来综合认知上海新城的功能定位。实现这样的功能定位，对上海五个新城的要素流动能

力提出了更高的要求,而要素流动首先就要求交通便利,因此交通便利是上海新城实现新定位、满足新要求的核心要件。

从"长三角城市群中具有辐射带动作用的独立的综合性节点城市"的定位高度来规划新城的交通,必然要求从下面三个维度考察交通条件:一是新城和上海主城区的交通,二是五个新城之间的交通,三是新城和长三角其他城市的交通。这三个维度的相互赋能和功能互补,都是需要交通便利作为支撑的。

从这三个维度来考察上海新城的交通现状,新城和上海主城区的通勤时间大都在一个半小时左右,五个新城之间的公共交通仍需借道主城区,所需时间在两个半小时以上,而新城和长三角其他城市的连通则更为困难,除了松江新城有高铁车站外,其余四个新城则普遍缺乏公共交通出省通道。相较于昆山、嘉兴等近沪城市,五个新城不仅在长三角范畴内的交通条件显著不足,甚至在与上海中心城区的交通条件方面也明显较弱,因为从这些近沪城市到达上海中心城区仅需45分钟左右。现阶段交通条件已成为上海新城建设的最大短板,严重制约着新城的发展能级,也严重影响着上海新城新定位的实现。

为此,上海市政府在印发的《关于本市"十四五"加快推进新城规划建设工作的实施意见》中明确提出"完善综合交通系统,形成链接辐射长三角的战略支点"。一方面,规划建设"一城一枢纽"。依托国铁干线和城际铁路,优先推进新城综合交通枢纽以及与周边城市的快速交通通道建设,加快实施市域线(城际线)建设,打造便捷高效的对外交通系统,强化与近沪枢纽节点的便捷连接,实现与长三角城市快捷联系。另一方面,坚持绿色集约,打造系统完善的内部综合交通体系。加快完善以轨道交通(含局域线)为主的公共交通体系,加大主次干路规划实施力度,构建有特色、高品质的静态交通系统和慢行系统,倡导绿色出行。总的来说,要在交通出行上,形成支撑"30、45、60"出行目标的综合交通体系基本框架,即30分钟实现内部通勤及联系周边中心镇,45分钟到达近沪城市、中心城和相邻新城,60分钟衔接国际级枢纽。这些目标要求明确地定性和量化了上海新城作为辐射长三角城市群战略支点的交通便利需求,可以说是上海新城交通建设的总的纲领性要求。

(二) 交通设施建设是上海新城实现交通便利的基础条件

按照新城独立的综合性节点城市的整体要求,上海新城建设布置了综合交通发展的具体任务。《实施意见》按照"对外强化、站城融合、内部提升、特色差异"原则,一城一策,远近结合,从对外和内部两个维度构建新城交通体系。对外交通方面,加速融入国铁干线网络,提升新城与长三角周边城市互联互通水平,增强新城与门户枢纽(虹桥枢纽、浦东枢纽)、相邻新城的联系效率。未来重点工作是要优化枢纽布局,提升枢纽能级;依托国铁干线,增强沪乍杭、沪苏湖、沪通方向铁路与新城的联系;构建城际线、市域线、市区线等多层次轨道交通网络;扩容改造新城对外高速公路和国省干线,加快构建新城快速路体系,优化新城高速公路对外出入口布局。内部交通方面,坚持公交优先理念,围绕大运量轨道交通(市域线、市区线)站点,构建新城局域线(含中运量等骨干公交)网络,优化新城公交网络,形成多层次公交服务。加快优化新城内部路网结构,不断完善新城内部的主次干路和支小道路网络,打通断头路,提高路网密度,提升新城路网通行效率。以"连续成网、空间复合、便捷接驳、特色彰显"为目标,构建安全、连续、有品质的慢行交通系统,提升新城内部交通品质。

特别是针对新城目前对外枢纽功能不强、与区域广泛联系的城际轨道网络尚未建立以及骨干路网系统性不足等问题,要重点强化市域线融入都市圈城际线网络。一方面,锚固新城交通枢纽在网络中的节点作用,强化新城城市级枢纽与长三角城际交通的衔接功能,在布局标准上,强调依托干线铁路节点或由两条以上都市圈城际线(市域线)锚固枢纽,融入都市圈轨道网络,枢纽布局位于开发边界内,与新城中心相结合,促进多模式轨道交通便捷转换,强化站城融合,并突出与周边城市、中心城及新城之间在区域轨道方面的"直连直通",实现 45 分钟高效联系近沪城市、中心城和相邻新城。另一方面,加强新城骨干道路与区域路网衔接,构建"快速畅达"的新城路网体系。主要强化三个目标导向:一是完善新城衔接外围高快速路的骨干道路系统,使出入新城交通快速顺畅;二是强化内部路网的系统性和连通性,对既有穿城高快速路"移""降""改",打通内部道路联系,促进道路功能与毗邻用地性质相协调,避免交通性干道穿越人流密集的城市中心;三是健全外围分流通道,推动客货分离和过境分流,减少对内部交通和城市功能的干扰。通过交通枢纽和骨干路网这两个方面的建设,实现由市域"末端"向区域"节点"转变,进一步打造上海都市圈的核心内圈,起到强化上海与长三角城市群链接的战略节点功能。

在新城规划建设工作的"1+6+5"整体政策框架之下,《"十四五"新城交通发展专项方案》(以下简称《交通发展专项方案》)是"6"个重点领域专项工作文件之一,是作为附件与《实施意见》一起印发的。《交通发展专项方案》在明确了"十四五"期间形成支撑"30、45、60"出行目标的综合交通体系基本框架的基础上,进一步提出了到2035年的远景目标,要全面建成"现代集约、功能完备、智慧生态"的新城综合交通体系,要发挥交通在新城发展的"区域辐射力、发展带动力、产业引领力"。要使区域交通枢纽功能全面增强,对外交通辐射能级大幅提升,内部交通服务能力显著提高,交通引导发展模式率先实现。《交通发展专项方案》布置了"构筑区域辐射的综合交通枢纽""提升铁路对新城的服务水平""构建网络完善的轨道交通体系""优化新城对外骨干道路""推进绿色畅通的水运体系"等五个方面的对外交通的重大任务,和"加强公交基础设施建设""完善新城内部路网""提升新城内部交通品质""完善新城货运和配套体系""加强智慧交通和绿色交通的推广应用""完善综合交通治理体系"等六个方面内部交通的重大任务。

总的来看,上海新城实现综合交通赋能,成为链接辐射长三角的战略支点,未来在三个方面不断加强交通设施建设。一是打造"一城一枢纽",确立新城区域交通枢纽地位,构建"内外快速链接""站城功能一体"的对外综合交通枢纽,汇集干线铁路、城际铁路、市域线、市区线等系统,锚固对外交通枢纽节点功能。二是优先建设实施与周边城市的快速交通通道,提升外向度和连通性。推动城际线快速轨道交通网络建设,重点增强新城与近沪城市、新城之间以及新城与重大交通节点间联系。三是聚焦内部交通系统，提升功能和服务品质。按照大城市标准，构建以轨道交通为主的新城内部公共交通体系，从而强化对外快捷度和对内便利度，营造更方便优质的出行体验。

（三）高效运营管理是上海新城实现交通便利的有力支撑

为了推动新城交通发展，着力解决交通运营管理方面存在的"道路网络系统性不强""公共交通吸引力不足""慢行出行品质不佳""管理精细化程度不够"等突出问题，2021年11月25日上海市出台了《关于"十四五"期间提升新城交通运营管理水平的指导意见》（以下简称《指导意见》）。

《指导意见》明确了"以人为本，服务出行新需求；因地制宜，凸显新城新特色；绿色集约，落实发展新格局；创新驱动，激发治理新动能"的基本原则，涉及道路设施、慢行交通、轨道交通、地面公交、出租汽车、省际客运、汽车服务、智慧交通、铁路、港航等交通运营板块。《指导意见》要求至"十四五"末，随着各新城基础设施不断完善和管理能力的提升，初步形成设施管理智能精细、交通运行有序高效、运营服务人性高质、交通发展集约绿色的新城交通运营体系，市民满意度明显提高，有效支撑新城"30、45、60"出行目标。

同时，《指导意见》强调推进五项重点工作：一是完善设施布局功能，夯实交通运营基础。不断完善设施布局，加快交通运营管理基础设施融合，挖掘既有设施潜能，进一步夯实新城交通运营基础，支撑新城交通运营管理。二是加强设施精细管理，支撑运行提质增效。立足城市更新背景下的人民城市建设，聚焦道路设施全要素整治，进一步加强精细化管理，提升设施全龄友好度、运行品质化等综合服务能力。三是提升客货运输能力，促进服务转型升级。完善新城多层次的客运服务模式，契合新城居民的内外出行需求，优化完善城市货运配送体系，提升货运效率和环境，加快传统运输服务向现代服务业转型发展。四是构建智能交通新体系，加快交通数字化转型。新城在《上海市智能交通顶层设计（2021—2025年）》的框架下，通过数据赋能，构建智能交通新体系。大力推进交通行业"一网通办""一网统管"建设,加强应用场景开发,形成面向政府治理、企业应用、公众服务的新格局。五是推进绿色交通发展,支撑生态宜居新城。通过探索推广绿色材料、工艺、装备升级应用,建设绿色出行友好环境,增加绿色出行方式吸引力,增强公众绿色出行意识,进一步提升新城绿色出行水平。

总体而言,上海通过不断完善设施布局,加快交通运营管理基础设施融合,挖掘既有设施潜能,进一步夯实新城交通运营基础,支撑新城交通的运营管理。结合城市更新背景下的人民城市建设,聚焦道路设施全要素整治,进一步加强精细化管理,提升设施全龄友好度、运行品质化等综合服务能力。通过完善新城多层次的客运服务模式,契合新城居民的内外出行需求,优化城市货运配送体系,提升货运效率和环境,加快传统运输服务向现代服务业转型发展。

二、交通日益便捷是奉贤人民长久的期盼

(一) 先天性不足,交通一度成为制约奉贤新城发展的瓶颈

历史上,奉贤新城曾是南上海重要的区域门户节点。1922—1932年,经上海、浙江各方努力,上海至杭州方向第一条公路——沪杭公路正式建成通车,这是当时杭州至上海的主要通道。沪杭公路与当时海塘(今川南奉公路)在南桥(奉贤新城区域内)十字相交,作为公路交通从杭州方向进入上海去往浦东、浦西方向重要的分叉点,奠定了奉贤成为上海南部交通枢纽的地位。2000年以后,随着沪杭高速公路、沪杭高速铁路的建成,沪杭主通道走廊进一步得到强化,杭州湾北岸沿海通道及沿线城镇发展进一步边缘化,奉贤由原来上海南部入沪门户变成区域交通末端。

改革开放前,黄浦江在为上海人民造福的同时,实际上也阻隔着奉贤与上海市中心城区的联系,由于没有一座直通大桥,奉贤唯一的西渡轮渡口,日日人满为患,天天车成长龙,经济发展更是受到严重制约。建一座大桥是数百年来奉贤百姓从未间断过的梦。奉贤克服重重困难,自筹资

金4亿多元,从1994年3月18日正式开工建设,1995年10月26日竣工通车,终于建成一座奉浦大桥。"一桥飞架南北,天堑变通途",不仅给上海实施"东进南下"战略增添了优势,而且为杭州湾北岸的经济腾飞插上了翅膀。

但随着经济社会的迅速发展,仅有一座奉浦大桥作为快速过江通道,越来越不能满足奉贤与中心城区直接建立高效便捷联系的需求,影响了承接中心城区外溢要素资源的能力。在出行特征方面,新城以内部出行为主,占比47%,远高于中心城区7%的出行占比,也高于新城平均值(8%),但与相邻各区(闵行、浦东)联系比较活跃,占比超过10%;对外联系以中心城区、闵行、浦东为主,呈南北走向特征。交通运行方面,新城对外形成2条高快速路(S4和G1503),4个越江通道(S4奉浦大桥、闵浦二桥、虹梅南路越江隧道、闵浦三桥),主要与上海市中心、虹桥机场、浦东机场、杭州湾跨海大桥,以及浙江杭州、江苏苏州的交通联系。2018年开通运营1条轨交线路(5号线)、2条骨干公交(BRT奉浦快线和南团快线),目前新城区域轨交600米站点用地覆盖率仅8.6%,至中心城区公交分担率(46%)低于其他新城(嘉定62%)。内部路网方面,新城区域规划全路网密度8 km/km²(其中主次干道及支路网密度6 km/km²),现状路网密度4.75 km/km²。"五横五纵"主干路系统初步形成,主次干路建成率90%以上,达标率53%,与其他新城相当。现状高峰期点状拥堵,集中老城片区、跨S4东西向道路。

(二)旧貌换新颜,奉贤新城交通的时代蜕变

近年来,奉贤新城一直致力于改善区域内外的交通基础设施。2015年,直连接中心城区主干通道的虹梅南路—金海公路快速干道正式通车;2018年,BRT快速公交和轨交5号线奉贤段先后建成开通,奉贤新城与中心城区的交通联系得到了明显改善。

1. 推进重大基础设施建设,促进大路网格局形成

奉贤新城近年来着力补短板创优势,大力推进交通基础设施功能提升。着重做好重大交通基础设施建设的规划、计划和工程方案研究工作,

积极争取市级资金,紧抓上海市"1517"重大工程建设机遇,在2015—2017年中,累计投资约400亿元,全面推进G228、S3、S4奉浦东桥和闵浦三桥等4个市属项目,完成大叶公路、金海公路、浦卫公路、运河北路—泽丰路综合改造工程、望园路、南港路金汇港大桥、民乐路金汇港大桥、六奉公路和新林公路等9个区属项目,促进了区域内大路网大格局的快速形成。

2. 优化交通出行环境,提高道路通行效率

自2017年起,奉贤全面推进"四连通"工程项目建设。"四连通"工程是指道路连通、河道连通、林绿连通和路灯连通工程,旨在打通断头路、标准化道路环境、改善道路出行拥堵。聚焦各项基础设施相对薄弱的区域,总投资逾85亿元,共打通138条断头路,完成连通工程70余千米、桥梁82座、路灯7 000多盏。同时,力推百路整治样板工程建设,完成新城内多条主干道路的综合性提升改造。通过潮汐车道改造等方式,完成了对40余个主要路口的缓拥堵改造。随着私家车保有量的快速增长,停车资源日趋紧张。为了缓解"停车难"问题,对奉贤新城范围内共计35条道路2 300多个停车位实施了智慧停车管理全覆盖,同时落实停车资源共享政策,充分挖掘可利用的共享停车资源,累计创建21个点位、856个共享泊位。此外,进一步规范建设项目配建停车场设计审核,共计完成审核意见289件,涉及新增公共停车泊位逾7万个。

3. 立足民生导向,构建绿色便捷公交出行系统

便捷的公交出行体系是新城人口导入的关键因素。奉贤新城注重公交系统的建设,致力于打通公交出行"最后一公里"。五年内共计优化调整公交线路70条,新辟公交线路28条。2018年上海首条BRT"奉浦快线"和轨道交通5号线南延伸段先后投入运营,填补了奉贤区中大运量的空白,同时充分考虑东部地区百姓需求,开辟了BRT"南团快线"。随着轨交和BRT的通车,奉贤新城与中心城区公共交通有一定改善,但目前从新城乘坐公共交通到人民广场、南京西路、徐家汇等市中心商圈仍需换乘中转,耗时90分钟左右,时间成本仍然较高,人民群众的交通便利需求仍

未得到根本解决。

> **案例**
>
> ## 奉浦快线
> ——上海首条 BRT 快速公交线路
>
> 奉浦快线（区间）是上海目前首条投入运营的 BRT 线路，也是奉贤首条直通城区的快速公交线路，主要功能是服务杭州湾北岸核心奉贤新城发展，解决居民出行需求。
>
> **BRT 项目基本情况**
>
> 奉贤区一直缺乏直达市区的大运量公共交通，市民出行颇为不便。奉浦快线（奉贤新城—东方体育中心快速公交）的设想，最早在 2003 年就被提出，这是贯彻落实上海公交优先发展战略的重要举措，对优化城市公共交通体系结构、促进本市城乡发展一体化、完善郊区交通设施建设具有重要意义。该项目的规划实施近期可弥补南郊地区轨道交通薄弱的现状，远期可支撑区域公共客运走廊建设发展的需要，对改善奉贤新城及沿线浦江镇、浦江拓展大型居住社区、鲁汇基地、金汇镇等居民集聚地居民的对外交通出行条件有重要作用。
>
> 奉浦快线（BRT 工程）位于上海市奉贤区、闵行区和浦东新区等行政区，第一期路线是从南桥汽车站到沈杜公路这一区间，全长 20.3 千米，可换乘轨交 8 号线，远期走浦业路至东方体育中心，线路全长 31.2 千米，将与 3 条地铁线路接驳，可直通市中心。
>
> 2011 年 11 月 13 日，奉贤区人民政府和上海市建交委共同听取了《南桥新城（现改名为奉贤新城）综合交通规划》的汇报，会上初步确立了南桥新城对外快速公交规划任务的启动工作。2012 年 11 月 15 日，市政府召开专题会议，对 BRT 方案进行研究，经过方案比选，确定推荐的初步方案。2013 年 6 月 26 日，市人民政府批复《南桥新城—东方体育中心快速公交专项规划》。2017 年 6 月 25 日，南桥新城—东方体育中

心快速公交系统工程正式开工建设。2018年3月,BRT工程涉及的奉贤段道路改扩建均已完工,全线系统工程均已建设完成,处系统调试阶段。2018年4月20日上午,上海首条快速公交线路(BRT)奉浦快线正式投入运行。

BRT技术亮点

尽管在道路配置上,上海首条BRT还没有达到最理想的状态,但新车上路,依然有许多可圈可点之处。

首先,BRT使用的车型是上海申沃公司生产的最新型国产全电动无线快充公交车,采用35厘米的全低底板,有12米与18米两种车型,前者最大载客量100人,一般控制在60人,后者最大载客量130人,一般控制在90人。

另一大亮点是,不论是在BRT站台,还是公交车上,都有免费的无线网络,还设有充电插口。车辆与站台的信息化程度也相当高。每一辆公交车的行驶位置,都会被后台控制系统记录,车辆的到站时间将出现在站台的显示屏上,最多可显示两班车的信息。

在信号灯优先控制方面,奉浦快线采取绿波协调和路口优先结合的方案,在BRT专用道路上安装有感应器,车辆进入路口附近,感应器会将信号传输给控制器,如插入相位则将绿灯时间延长15秒,路口单点优先延长6到8秒,以保证BRT路权优先。从奉贤南桥汽车站到闵行沈杜公路站,全程45分钟的体验感受是,平峰时和普通公交车差不多,但一旦遇到拥堵,BRT的优势就非常明显,能快速通过拥堵路段,而且更容易遇到信号灯"绿波"。

BRT诞生意义

奉浦快线正式投入运营,标志着上海首条真正意义上BRT的雏形已经出现。在改善市民出行条件、提升出行品质、缓解道路拥堵、提倡环保绿色出行等方面都有着重大意义。同时,对上海公共交通的发展起到了推动作用。

> 与此同时，奉浦快线与首条连接奉贤区与市区的轨交 5 号线将起到互为补充的作用。轨交 5 号线是从南桥到莘庄的走向，而奉浦快线则是从南桥到东方体育中心的走向，前者可以换乘轨交 1 号线，后者可以换乘轨交 8 号线，市民可以根据自身需求选择出行方式。
>
> 资料来源：李一能：《上海首条 BRT 奉浦快线今起投入运营》，新民网，2018 年 4 月 20 日。

（三）立足新时代，奉贤新城交通亟须新的提升

奉贤区处于上海市南部，长三角地区的地理圆心位置，优越的地理位置决定了其担负着上海对接江浙沿海的南大门和重要交通枢纽的功能。但与其他新城以及邻省周边城市相比，奉贤区区域性交通枢纽、城际铁路等基础设施布局仍较为薄弱，在现有基础上亟须新的提升。

1. 新城交通枢纽功能不显，交通辐射能级不强

奉贤新城目标打造长三角区域内独立的综合性节点城市，但"独立"绝不等于"孤立"，更不等于自我循环，要实现从原本的卫星城或郊区新城到独立的综合性节点城市的跨越，首先就需要解决发展动力的问题。新城之"新"是相对于发展成熟的周边区域而言的，因而其发展主要源于外部的初始动力而非内生禀赋。所以新城建设首要是强化与周边区域的交通联系，从而获得外部强力的发展动力。特别是对于奉贤新城而言，并未处于沪宁、沪杭、沪湖等成熟的上海对外主要发展廊道上，而是与南汇新城同处于仍在发展中的滨江沿海发展廊道，但与南汇新城相比，奉贤新城缺乏港口资源，区域内目前也无国铁大运量交通线路，缺乏能够有效连接区域外的交通枢纽。根据第六次交通出行调查统计，奉贤新城及所在行政区内部出行比例达全部出行分布的 85% 左右，至中心城区出行为 6%，至其他新城为 9%，这反映出新城生产生活的相对独立性，但也从另外一个侧面反映出新城交通对外辐射能级及效率不足，对外交通便捷度有待提升。交通辐射能级不强，成为制约新城作为上海南部门户和长三角节点城市的最大短板。

2. 新城路网体系缺乏完善设计,空间结构存在割裂

城市的交通路网设计需系统地考虑产业和城市发展需求,根据主导产业特点来优化路网布局。区域交通体系的规划、模式、技术路线、建设时序,也将在很大程度上影响奉贤新城与中心城区以及周边地区的人口、产业竞合关系,影响奉贤新城自身的区域战略角色与发展路径。在以往的城市建设中,奉贤新城与大多数郊区新城一样,缺乏完善的开发蓝图,其开发建设过程是断断续续的。奉贤新城的主导产业也多次更迭,现在的主导产业"东方美谷"美丽大健康产业是在"十三五"时期开始明确并逐步做大做强的,而另一个主导产业"未来空间"智能网联汽车产业则是在"十三五"后期,伴随着临港自贸区新片区的设立而开始孕育的,此外还有从市区转移而来的精细化工产业,因此其主导产业仍处于不断调整和变化之中。目前,虽然奉贤新城范围内的道路基本成网,环城田字形路网结构具备雏形。但路网密度低、结构层次不合理,空间结构存割裂,严重影响城市功能布局及活力。特别是连接中心城区的主干高速路 S4 将奉贤新城一分为二,制约了高速公路两侧土地利用效率及空间结构形式的提升,并且由于高速公路两侧交通通道不足,严重影响了新城的交通通畅和产业发展,特别是东方美谷核心区也被高速公路分隔,造成产城融合建设难以推进。

3. 新城综合交通能级与城市发展不匹配,承载能力不足

新城的区域交通需要与城市发展和功能配套相匹配,满足城市不同级别的商业、生态、文化、娱乐、教育、医疗、物流等功能配套串联的需求。同时要根据人口数量级与人口结构,合理安排交通出行方式占比。按照奉贤新城百万级人口规模的节点城市定位,未来交通系统需要支撑的客运将是现在的交通出行量的两倍甚至更多。人口结构方面,由于奉贤新城地处江海之间,地域上相对独立,一直以来也是以本地人口为主,近年来随着交通条件的改善,外来人口和青年人口占比显著上升。目前奉贤新城对外交通出行以道路交通为主,在目前的新城综合交通体系中,公共交通出行比例占比远小于个体机动化出行,地面公交模式单一,与人口集

聚水平不匹配,与空间发展不适应。

三、现代化综合交通赋能奉贤高质量发展

(一) 整体谋划,系统推进奉贤新城交通建设

交通速度决定城市效率,交通空间影响城市布局,交通品质关乎宜居水平,综合交通体系将是城市竞争力的核心要素。奉贤新城立足"新片区西部门户、南上海城市中心、长三角独立新城"功能定位,加快规划和建设开放互联、集约高效、畅达宜人的现代化综合交通体系。

按照上海市"十四五"期间"新城发力"的决策部署,《奉贤新城"十四五"规划建设行动方案》明确提出,奉贤新城在"十四五"时期要抓住机遇融入长三角城市区域网络格局,按照"面向区域、立足独立的综合性节点城市的战略定位"的发展要求和"新片区西部门户、南上海城市中心、长三角活力新城"的发展目标,建设成为环杭州湾发展廊道上具有鲜明产业特色和独特生态禀赋的综合性节点城市,发挥东连自贸区新片区、西接长三角一体化示范区、北邻虹桥商务区、南倚国家海洋战略的区位优势,用更先进的理念、更完善的功能、更生态的环境、更优质的服务、更繁荣的文化、更优雅的气质、更强劲的竞争力,为上海未来发展构筑新的战略支点。

为了赋能奉贤新城交通,围绕上海新城交通发展"对外强化、站城融合、内部提升、特色差异"的建设原则要求,奉贤重点落实四项具体任务:一是锚固上海南部枢纽,激活服务辐射杭州湾北岸的节点功能。依托沿海大通道,融入长三角区域交通一体化,对接临港新片区、上海主城区、杭州湾地区。到"十四五"期末,锚固城市交通枢纽,基本实现新城"30、45、60"的出行目标,即30分钟实现与中心城连接,45分钟到达各新城和国际级枢纽,60分钟衔接杭州、宁波、湖州等近沪城市。二是坚持公交优先,不断提升公共交通服务水平。以轨道交通为基础完善骨干公共交通网络,加快建设中运量交通网络,提高公交线网和站点覆盖率,形成多方式协调发展、便捷换乘,与地区公共活动中心、重大功能节点相适宜的设施布局,

引导和支撑新城城乡空间发展。优化公交运营机制,引入市场主体提升公交运营服务水平。三是突出特点,完善独立内部综合交通体系。优化完善新城独立的快速路系统,发挥过境截流、新城到发快速集散的交通功能。完善静态交通设施规划建设,构建分区域、分类别的停车规划建设标准,加快推进停车系统智能化。四是加强政策调控,探索新城交通管理机制创新。加强市区两级及各相关部门之间的协同,建立区域交通共建共治共享的信息平台,形成分工合理、权责明确的协调推进机制,在重点区域、交通枢纽场站等,强化 TOD 开发导向,适当提高容积率和建筑高度,支持站城一体开发、地下空间开发利用。

(二) 枢纽驱动,建立协调发展的对外交通体系

奉贤新城对外交通短板明显,缺少独立的对外交通枢纽已经成为制约新城发展的最大瓶颈。2035 年要实现奉贤新城至中心城、门户枢纽 30 分钟可达,至杭州、宁波等杭州湾扇面主要城市 1 小时可达的目标,未来奉贤新城需通过综合枢纽、国家铁路、轨道交通建设,建立多层次、多方式协调发展的对外交通体系,融入长三角城市群、高效联系市域空间。

1. 建设奉贤新城上海南部交通枢纽

为实现由市域交通系统"末端"向区域复合廊道"节点"转变,奉贤新城需要建设上海南部交通枢纽,并以此强化对城市功能的支撑能力。通过沪乍杭铁路、奉贤线、南枫线、5 号线、15 号线多模式轨交的复合,形成与长三角城市、相邻新城及中心城多向高效联系的网络化格局。以都市圈交通网络节点换乘为目标,通过市域线为轴线串联发展,实现市域线、市区线内外交通的便捷高效换乘,提高奉贤与上海中心城区、邻近新城和杭州湾方向都市圈城际联系便捷度,通过大运量交通载体导入并集聚人才、资本等经济要素,提升区域辐射能力。促进枢纽建设"站城融合、站城一体",实现交通枢纽、经济中心、公共活动中心等多种功能的混合叠加,以枢纽为载体塑造成为地区公共活动中心。

依托上海南部枢纽,使奉贤新城融入南上海以及杭州湾地区的轨道交通网络,实现奉贤新城在面向上海市域扇面、杭州湾扇面等"两个扇面"

以及自贸区临港新片区、浦东机场、虹桥机场、中心城区 CAZ、杭州、宁波等"六个方向"上的高效连通。面向上海市域扇面，通过都市圈城际铁路、城市轨道等方式，实现重点板块 30 分钟直连直通；面向杭州湾扇面，可以通过国铁干线、都市圈城际铁路等方式，实现湾区重要城市 1 小时可达。通过枢纽的聚集和轨交网络的连通，构建奉贤新城全方位融入长三角一体化发展的新格局，也使奉贤新城成为连接全世界优质要素资源的上海南部城市会客厅。

2. 完善上海南部枢纽配套交通

梳理南部枢纽进出道路，突破道路交通薄弱瓶颈，优化新城公共交通线路，强化南部枢纽配套交通服务。在奉贤新城上海南部交通枢纽与上海中心城区及周边重要枢纽节点之间建立直连关系，强化与高势能地区的资源交流与外向发展能力，提升整体线路和区域价值。通过交通枢纽的 5 条轨道交通线路，奉贤新城可以实现"30、45、60"的出行要求。通过轨交 15 号线和市域铁路奉贤线，奉贤新城可以快速直连市中心内环，实现 30 分钟到市中心。通过市域铁路南枫线和嘉闵线，奉贤新城可以实现 45 分钟到达邻近新城和浦东、虹桥两座机场，进而打造上海国际化大都市的核心圈层。通过沪乍杭高铁，奉贤新城则可以实现 60 分钟到达近沪城市。通过上海南部交通枢纽及其配套交通网络的建设，奉贤新城可以强化与自贸区临港新片区和虹桥国际商务区的横向联系，紧抓国家战略机遇，打通要素资源流动的国际通道，同时也将强化对杭州、宁波城市群的辐射力，成为上海面向南部沿海发展廊道上的战略节点。

3. 综合开发枢纽和周边地区，一体化有序打造南部枢纽和新城中央活力区

从国际上新城建设的著名成功案例来看，新城的主要中心商圈分布基本上与交通枢纽节点相重合，并且能够与周边新城以快速铁路线相连接，从而实现新城与中心城区产业及人口最紧密的联动与协作，最大化新城交通线路的整体沿线价值。基于此，奉贤新城将强化 TOD（以公共交通为导向的发展模式）开发导向，实行站城一体化开发模式，通过大容量

公共交通引导并汇聚流量价值。奉贤新城明确南部枢纽周边地区一体化开发范围,开展城市设计,推进整体规划、整体设计、同步实施,带动整个区域的能级提升,同时将区域核心枢纽的 TOD 开发与城市中心 CAZ 开发紧密结合,集中有限资源首先建设势能高地,奠定疏密有致的发展格局。在奉贤新城总体吸引力有待提升、资源有限的前提下,推行有重点次序、疏密有致的集约化开发,建设"紧凑城市",杜绝"摊大饼"模式。在区域枢纽核心推行高强度高容积率开发,优先积聚资源,形成在更广域范围的引力中心,同时确保更多完整生态魅力区块,巩固美丽奉贤的独有生态底色。

借鉴香港西九龙站点的成功建设经验,实现一体化有序打造和联动建设上海南部交通枢纽和奉贤新城 CAZ,需注重四个维度的建设引导。一是预留核心用地,给予弹性控制。在建设早期要注意对核心地块的远期预留,先建设周边地区,预留核心公共价值、区位价值最高的区域,以应对远期地区发展的不确定性和为地区品质提升提供充足的发展空间。二是预留地下道路,重点结合轨交线路和市政设施,实现人车分流。要充分运用地下空间,通过局部道路地下化,实现地面的步行系统的连通,并注意各个地块之间的地下空间的互联互通。三是预留与周边地块的公共接口,重点关注与站点上盖地块的地下联系通道。注重地上地下空间衔接,强调地上地下功能联动、空间连通,提高空间复合利用,明确枢纽分层的交通组织、功能布局以及公共空间设计,实现地上地下一体化无缝衔接,从而提升轨交枢纽地区的人群集散效率。四是结合枢纽建设控制开发时序,实行分阶段开发,有效地阶段性调整地区发展路径,以应对不同时代的发展需求,保留部分提升潜力。

(三) 公交优先,不断提升公共交通服务水平

1. 加快实施轨道交通建设

奉贤新城推进以轨交为中心的城市设计,以轨道交通为基础完善骨干公共交通网络,营造高效便利的换乘交通体验,探索人与社会连接的智能交通。根据"上海 2035"总体规划,奉贤区规划形成"1 高铁 1 普铁 4 市域2城轨"的轨道布局方案,总里程约179千米。按照"三线齐发"目标,"十四五"期间全力推进轨交15号线南延伸段、南枫线、沪乍杭高铁等3个项目建设,奉贤段总里程约87千米,总投资约446亿元。奉贤线、南枫线、15号线南延伸段、沪乍杭被列入2023年上海市重大工程清单预备项目。其中,轨交15号线南延伸段已明确2023年开工,南枫线现在已进入选线专项规划(草案公示)阶段,争取2023年开工建设。沪通铁路二期至四团站已开工,沪乍杭铁路需尽快启动建设程序,锚固奉贤站。"十四五"期间实现奉贤新城高铁、市域铁、市区线全开工、全覆盖,加速形成对外辐射杭州湾、对内衔接中心城的服务格局。

2. 规划新城中运量交通网络

中运量交通因其建设周期短、工程投资小、灵活性强,运能高于常规地面公交,是延伸轨道交通服务范围的有效手段,也是填补轨道交通空白和整合地面公交运能的主要方式。面对城市能级提升、组团融合发展增强、出行总量颠覆式增长,与道路扩容有限、个体机动化出行不可持续、常规公交后继乏力等诸多不可调和的矛盾,中运量公交系统成为支撑城市发展、提升公交品质、缓解交通拥堵的有效途径,中运量网络规划工作对促进职住平衡、完善出行结构、改善出行环境具有深远意义。

"上海2035"总体规划、交通发展白皮书等上位规划明确了上海市采用中运量方式提升公交服务水平的发展策略,提出了"一张网、多模式、广覆盖、高集约"的规划理念,构建3个"1 000千米"的多层次轨道交通网络,即1 000千米的城际线、1 000千米的市区线以及1 000千米的局域线。其中,局域线可采用现代有轨电车、快速公交等中运量制式,其功能定位为大容量快速轨道交通系统的补充和接驳,服务局部地区普通客流以及中客流走廊,提升地区的公交服务水平。通过构建中运量网络,优化整合公共交通资源,对完善奉贤新城公交系统结构,打造高效、便捷、多模式、多层次的公共交通服务系统,具有积极的推动作用。

2018年以来,奉贤区奉浦快线BRT、南团快线BRT等中运量线路的相继通车,为进一步拓展构建中运量网络积累了运营经验。下一步将加快建设中运量交通网络,提高公交线网和站点覆盖率,形成多方式协调发展、便捷换乘、与地区公共活动中心、重大功能节点相适宜的设施布局,引导和支撑新城城乡空间发展,服务老城生活组团、枢纽地区中心、居住片区、产业社区、科创中心、大学城等地,形成新城向心力。

3. 完善公交运营管理机制

奉贤新城要积极探索适用于新城的新型公共交通系统,构筑城际铁路、市域铁路、城市轨道交通、中运量系统、常规公交车、新型公交等多元化的公共交通体系,提升新城内部的公共交通服务品质。优化公交运营机制,引入市场主体参与,优化票价、线路和车次,提高公交公司运营能力。

加强公共交通基础设施服务能级。一是进一步推进公交专用道设置。持续推进南部公交走廊设想、以金海公路为通道,延伸奉贤新城及海湾组团交通联系,扩展现有公交专用道网络中的线路,并提高公交专用道网络效益和系统运营可靠性。二是推进场站设施升级。围绕精细化治理理念,开展现有公交枢纽、首末站"微枢纽"建设和"微更新"改造,完善南桥汽车场站功能设施配置,优化平面组织,统一换乘导引标识,以完善场站卫生设施为切入点,打造星级公交场站。三是协调公交场站综合开发。探索新的土地供应方式与场站开发模式,完善公交的反哺机制和造血功能,复合利用场站土地建设公共服务设施,并引入社会服务机构提供优质公共服务,完善城市"15分钟生活圈"。四是提升"智慧友好"的出行服务。推动公交出行服务智慧化,推进新城公交电子站牌建设,完善公交精准化信息服务设施,不断提高公交实时到站信息预报的准确度,并加强宣传,推广智慧交通功能运用。

应用新型科技手段提升公共交通精细化运营管理及公交出行服务水平。一方面,加快城市公共交通数字化转型,推进5G网络、北斗定位、人工智能、自动驾驶、智能充电等新技术全面赋能公共交通的探索应用。另一方面,创新数字化公共交通出行服务,加快推进出行即服务系统建设,通过公共交通智能调度、个人习惯分析、绿色出行优先等,整合互联网的支付手段，实现行程预订、路径一键规划、公共交通无缝衔接、费用一键支付等功能，提升市民公共交通出行满意度和体验感。

（四）品质提升，营造新城高质量人居环境

1. 优化新城路网结构

奉贤新城道路系统性不足、过境交通影响突出，因此需对路网体系进行优化，完善外部成环、内部成网的路网结构。

优化完善新城独立的快速路系统。G1503、S4 两条高速公路的"十"字通道已经建成。原规划"一横两纵"快速路系统为大叶公路快速路、浦星公路快速路和沪杭公路快速路。为加强新城与自贸区临港新片区的快速交通联系，继续保留大叶公路快速路，并强化沪杭公路、浦星公路作为新城外围过境分流和集散通道的功能。加快主次干路实施，不断完善新城内部的支路脉络，打通断头路，提升新城路网效率和转换能力。特别是要加快推进 S4 沪金高速新城北段立体化改造，对分隔新城空间的 S4 高速进行抬升改造，缝合城市开发裂缝，提升新城路网体系承载力，促进 S4 沪金高速两侧东西城区融合发展。

提升新城路网通行效率。结合新开发地区路网建设、持续优化新城内部路网结构，持续开展设施挖潜，增加街坊内部公共通道。进一步推动道路智慧化建设，根据区域规划总控引导，数字化建设赋能，研究建设新一代全息感知和智能管控的智慧道路，依托大数据分析路网的时空拥堵变化特征，实施精细化交通组织与节点改善等缓拥堵措施，精准施策，通过排堵保畅路口整治改善，提升交通设施能级。

构建各具特色的高品质慢行交通系统。在中央森林公园范围内，对标国内外成功案例，推进空中连廊慢行立体网络建设，创造一个新的学习景观，同时可串联新城望园森林芯中央活动区、商业、办公中心，增加公共空间，打造通畅高效的慢行贯通体系，实现"多层次、有特色"的立体网络；新城保护地区打造小街区密路网的示范区，推动发展开放便捷、尺度适宜、邻里和谐的生活街区。基于儿童视角在人行道与退界空间融入趣味化设计，形成丰富有趣、激发儿童兴趣的出行空间，打造"会呼吸、有温度"

的安全街区;重构街道交通空间,落实道路稳静化措施,形成精细化、人性化的慢行空间体验,结合各新城历史文化特点,打造历史人文活力街区,提升"可漫步、有活力"的人文环境。

2. 规划建设新城静态交通设施

以停车场为主的静态交通设施,虽然与城市道路动态交通设施同属城市基础设施性质,处于同等重要地位,但如果从使用权和所有权的角度来认识却又有所不同。城市道路是标准的公共设施,而停车场所却有着"准公共设施"和"房地产"的双重性质。而且正是由于停车场所的这种特性,与城市道路相比,它更易受到经济因素和政策因素左右。随着土地有偿配置和地价区位级差的出现,有关部门和单位往往不愿意把机会成本很高的土地用于收益相对较低的停车设施建设。这便是许多城市停车设施建设大大滞后于道路建设的主要原因。这种停车设施建设的滞后,已经开始成为制约城市道路交通发展的主要因素。

随着奉贤新城蓬勃发展,截至2020年底,新城机动车拥有量已达14.7万辆,小区配建车位数仅有12.2万个,折算到每户家庭仅0.69个/户,"停车难"日益成为民生关注热点和城市治理痛点。奉贤新城在"十四五"期间,将积极规划静态交通设施建设,从配建标准、停车收费等方面构建分区域、分类别的停车规划建设标准。加快推进停车系统智能化,建立一体化停车后台管理系统。

3. 完善新城交通运营管理机制

建立跨地区协调发展机制,研究推动交通用地开发管理办法。在跨区域项目规划审批、建设过程中加大统筹协调力度,完善跨区交通基础设施建设。在重点区域、交通枢纽场站等适当提高容积率和建筑高度,支持站城一体开发、地下空间开发利用。

持续改革创新,提升奉贤新城交通运营管理水平。编制奉贤新城交通运营管理实施方案,重点围绕养护运行、静态交通、慢行交通等内容,形成年度任务清单。根据市级部门指导意见,细化新城实施方案和年度任务清单,有序推进新城交通运营管理等项目实施。

加强政策调控,探索新城交通管理机制创新。加强市、区两级及各相关部门之间的协同,建立区域交通共建共治共享的信息平台,形成分工合理、权责明确的协调推进机制,在重点区域、交通枢纽场站等,强化TOD开发导向,适当提高容积率和建筑高度,支持站城一体开发、地下空间开发利用。

协同高效交通管理。交通规划建设需与发改、财政、交通管理高效协同合作,同时交通管理大数据又需要反馈交通规划,对实施项目予以后评估,同步提升改进,其中需要交通规划部门与市区发改、财政、规划、交警等部门紧密联系,相互合作,数据共享。深化轨道交通规划、建设、开发体制机制,争取更多市级部门财政支持,统筹推进轨道交通一体化规划、建设、运营。明确奉贤新城在市域铁路投资建设运营体制机制中的职责,推进轨道交通技术标准、建设时序、合作模式、路网连通、运营管理等协调统一,统筹区内市域铁路线的开发。创新站城一体枢纽建设运营机制。研究统筹客运枢纽规划、建设、运营全周期和运输服务全过程体制机制,建立健全枢纽与周边区域协同发展体制机制,打造枢纽经济区,为新城引入人才、住房、服务等系列提供保障。创新交通基础设施投融资模式。运用多元化投融资手段,统筹投融资与建设、运营、管理关系,创造公交场站社会化运营示范项目,减轻政府投融资压力。

构建立体绿色交通体系。突出新城"独立的综合性节点城市"定位,高标准制定综合交通规划。根据奉贤综合交通"十四五"规划,编制奉贤区"十四五"重点交通基础设施项目建设计划,加深方案技术储备;深化奉贤轨道交通网络规划研究,锚固奉贤新城枢纽选址;紧密配合推进轨交15号线南延伸段、浦东铁路复线电气化改造、奉贤线、南枫线等市域线规划研究。高质量推进道路交通建设。围绕市重大工程节点,全力推进S3公路、G228东段、浦星公路南延伸段等工程建设;以望园路美谷段、望园路滨江段为支点,推进望园路创新生态走廊建设,打造奉贤交通—产业"轴心轴";推进奉贤新城排堵保畅专项行动,加快解放路东段、金钱公路大居段、解放路西段等项目建设。加快公交首末站建设,继续优化区域内公交线网,合理设置公交站点,提升区域内纯电动公交车辆的占比,扩大公交电子站牌覆盖面,提高奉贤新城公共交通分担率,缓解市民出行压力,高要求提升公交服务品质。

4. 探索智慧交通,打造新城未来数字生活示范场景

加快智慧城市建设步伐,构筑全民畅享的智慧生活,已经成为当下中国城市建设的时代主题与潮流趋势。智慧交通作为智慧城市的主要组成部分和重要基础底座,可在多方面促使城市交通运行更加完善、便捷和智能。

结合奉贤区智能网联产业的先发优势,奉贤新城加快布局智慧交通建设,启动奉贤新城综合交通信息平台等系列研究。奉贤新城"数字江海"产城融合示范城区是上海首个"城市力全渗透的数字化国际产业城区",在"数字江海"园区内将率先实现客货分流、人车分流、分时管控的智慧交通系统。作为智能网联汽车综合测试示范区,未来"数字江海"园区的使用者可通过智能网联公交系统,按需呼叫无人驾驶、自动巡航的公共交通工具,联系地铁站、BRT 站或周边主要的办公及生活目的地。

探索建立智能网联汽车应用体系。奉贤新城启动加快基础设施升级改造,推动 LTE 网络升级和 5G 网络布局,逐步构建低时延、大带宽、高算力的车路协同环境。以新城全域建设自动驾驶开放道路测试区为契机,在社区、园区、校区、景区、商区、城区"六区"等限定场景,大力推动自动驾驶在公交、共享出租车、环卫作业车、物流车的"先行先试"。

践行未来城市理念,打造智慧出行未来生活场景。依托奉贤智能驾驶全出行链创新示范区,加快推动社区、园区、校区、景区、商区、城区六大典型场景"智慧全出行链"在奉贤新城的示范应用,构建"车路协同、车网融合、地下连通"的智慧交通场景生态。探索路况感知、智能停车、自动驾驶、无人机配送、地下空间智能物流等新场景,打造成"空地两用、智慧通行、绿意盎然、美丽时尚"的世界级未来大道。

第十章　治理高效：打造人人都能有序参与的善治之城

党的二十大报告指出，要完善社会治理体系，健全共建共治共享的社会治理制度，提升社会治理效能。2020年习近平总书记参加十三届全国人大三次会议内蒙古代表团审议时首次提出"高效能治理"。党的十九届五中全会审议通过的《中共中央关于制定国民经济和社会发展第十四个五年规划和二〇三五年远景目标的建议》提出，"十四五"时期国家治理效能得到新提升，这是今后五年经济社会发展要努力实现的目标之一。上海市第十一届委员会第十次全体会议中提出"治理高效"，在落地见效上下功夫，把党中央的部署要求落实到推动高质量发展、创造高品质生活、实现高效能治理各方面。奉贤新城全面贯彻落实人民城市重要理念以及市委全会"治理高效"的目标要求，努力打造人人都能有序参与的善治之城。

一、治理高效是城市高质量发展的有效保障

高质量发展是高效能治理的物质基础，缺少高质量发展的经济成果，高效能治理的人力、物力、财力就难以到位；同时，高效能治理是高质量发展的有效保障，高质量发展的持续性有赖于治理能力的现代化，高效的治理服务水平反哺高质量发展的速度；高质量发展和高效能治理是驱动高水平生活的两个车轮，无论是经济发展还是社会和谐，最根本的落脚点都是人民的安居乐业。

（一）治理高效的提出背景

2020年全国"两会"期间，习近平总书记提出"高质量发展、高效能治理"的命题，强调"要积极主动作为，既立足当前，又放眼长远，在推进重大项目建设、支持市场主体发展、加快产业结构调整、提升基层治理能力等方面推出一些管用举措，特别是要研究谋划中长期战略任务和战略布局，有针对性地部署对高质量发展、高效能治理具有牵引性的重大规划、重大改革、重大政策，在应对危机中掌握工作主动权、打好发展主动仗"。

新时代我国经济已由高速增长阶段转向高质量发展阶段。高质量发展，就是能够更好满足人民日益增长的美好生活需要的发展，是体现新发展理念的发展，是创新成为第一动力、协调成为内生特点、绿色成为普遍形态、开放成为必由之路、共享成为根本目的的发展。推动高质量发展，实质上是通过高效能治理进一步发展生产力，提高社会劳动生产率，使社会稳定有序、充满活力。可以说，高效能治理是实现国家治理体系和治理能力现代化的战略性举措，也是一座城市迈向高质量发展阶段的有效保障和基础支撑。

上海市第十二次党代会报告指出：超大城市是复杂的巨系统，要牢牢把握城市生命体、有机体特征，以治理数字化牵引治理现代化，推动城市治理模式创新、治理方式重塑、治理体系重构，全面提升科学化、精细化、智能化水平，探索超大城市治理新路。建设社会主义现代化国际大都市的关键在于城市治理水平的高低。高效能治理是城市软实力的重要来源，更是推动高质量发展、创造高品质生活的重要保障。

（二）治理高效的科学内涵

"治理高效"与效率有关，但绝不是等同于只追求高效率。相对实际治理中的无效和低效而言，这里的"效"更多是指治理的有效性。"治理高效"即指在推进国家治理体系和治理能力现代化的过程中，切实发挥好中国特色社会主义制度优势，让治理适应国家长治久安需要的同时，又能够满足人民群众对美好生活的向往，切实解决治理中的难题。实现高效能治理的过程就是将城市文明不断融入城市治理的全周期、全领域、全链条之中,融入人民群众的获得感、幸福感、安全感之中的过程。

1. 治理高效具有深厚历史根源和现实基础

将高效能治理作为国家治理现代化的目标之一,是植根于中国的历史文化传统,借鉴了古代和现代治理兴衰的经验教训,适应了中国转型发展和治理现代化的需要,以及全球趋势的合理选择;并经过了实践检验,优势显著,充满活力。正如习近平总书记指出:"我国今天的国家治理体系,是在我国历史传承、文化传统、经济社会发展的基础上长期发展、渐进改进、内生性演化的结果。"①

2. 治理高效以"以人民为中心"为价值取向

中国的国家治理本质上是人民治理,提高治理效率必须坚持人民当家作主。中国共产党始终坚持以人民为中心的执政理念,坚决捍卫人民的利益和意愿,依靠人民治理,实现人民参与、人民协商,遵循人民满意与人民抉择,满足人民对美好生活的向往,彰显人民至上的价值本色。这意味着实现高效能治理就必须坚持人民当家作主,在党的领导下走以人民为中心的国家治理现代化新道路。

3. 治理高效以中国特色社会主义制度为基础

作为党和人民在长期实践探索中形成的科学制度体系,中国特色社会主义制度是国家治理一切工作和活动开展的依据,要实现高效能治理,必须不断坚持和完善中国特色社会主义制度。习近平总书记指出:"我们治国理政的本根,就是中国共产党领导和社会主义制度。"②

4. 治理高效以强大的国家治理能力为保障

制度优势能否转化为治理效能的关键在于治理能力,尤其是制度和政策执行力。新中国成立70多年来,特别是党的十八大以来,中国共产党在抓落实、促成效方面取得了巨大成就,强大的国家动员能力、高效的政策执行力以及能够最大限度整合资源、集聚最大公约数、形成最大同心

---

① 习近平:《坚持和完善中国特色社会主义制度 推进国家治理体系和治理能力现代化》,《求是》2020年第1期。

② 习近平:《毫不动摇坚持和加强党的全面领导》,《求是》2021年第18期。

圆的凝聚力、战斗力和行动力,已经成为"中国之治"的显著优势,为中国经济社会的持续稳定发展奠定了坚实基础。

(三) 治理高效的本质要求

实现治理高效是上海新城区别于其他新城的一项重要目标和任务。党的二十大报告指出,"坚持人民城市人民建、人民城市为人民,提高城市规划、建设、治理水平,加快转变超大特大城市发展方式",这是对全国的希望,也是对上海的要求。上海作为全国最大的经济中心,肩负着为中国城市现代化探路,向世界展示中国城市现代化新成就、新面貌的重任。如果城市管理存在疏漏与盲区,存在马虎与粗暴,存在低效与不便,那么我们距离"治理高效"一定还有很大的空间。具体来说治理高效意味着什么?

1. 治理高效必须贯穿于产城融合、功能完备、职住平衡、生态宜居、交通便利之中

城市治理更要关注服务弱者,解决他们的急难愁盼。市委十次全会上提出的"五个人人"要求城市管理服务不仅要有温度,还要有精度,增加反应的灵敏度,精细化管理服务、精准化城市治理,建设有效高效的韧性城市。治理高效是推进市域治理现代化的应有之义,也是实现高质量发展、高品质生活的重要保障。城市是人们集中生活的地方,是现代化的重要载体。要坚持人民城市人民建、人民城市为人民,高水平规划城市,高标准建设城市,精细化管理城市,把创造高品质生活贯穿城市治理全过程,让人民在城市生活得更美好。

2. 实现治理高效需要针对新形势与新任务对治理理念和方式进行深刻调整

习近平总书记指出:"我们提出的国家制度和国家治理体系建设的目标必须随着实践发展而与时俱进,既不能过于理想化、急于求成,也不能盲目自满、故步自封。"[1]世异则事异,事异则备变,高效能治理需要结合高

---

[1] 《习近平谈治国理政》第三卷,外文出版社2020年版,第127页。

质量发展要求,针对新形势与新任务,对治理理念和方式进行深刻调整。作为一座世界瞩目的超大城市,上海在城市治理现代化方面的探索,不仅关乎自身的安定有序、生机活力,也有带头破解超大城市治理世界难题、彰显我国制度优势的深层使命。基层是城市运行的底盘,是国家治理的基础,一流的城市要有一流的治理。

3. 治理高效必须实现与高质量发展及高品质生活的有效联结

"产城融合、功能完备、职住平衡、生态宜居、交通便利、治理高效",这24字是上海新城实现高质量发展、高品质生活及高效能治理的具体要求。高效能治理与高质量发展的关联性体现在城市的独特经济功能需要得到政府之间、政企之间、政社之间合作治理的支撑。高效能治理与高质量发展相辅相成、互相成就。如果没有高质量发展,高效能治理所需的人力、物力、财力难以得到保障;而如果没有高效能治理,发展过程中遇到的各类社会矛盾和问题难以妥善解决,发展环境将可能恶化。高效能治理与高质量发展的耦合协同,正是我们在总结反思以往粗放式发展模式基础上形成的新发展方向,是新时代全面深化改革的重要内容和特征。高效能治理与高品质生活的对接体现在,让老百姓自下而上地参与到"15分钟生活圈"的规划、建设、运营、管理中来,推动新城成为宜业、宜居、宜乐、宜游的人民城市。

二、"贤城贤治"推进治理高效的实践探索

奉贤新城深入探索符合超大城市新城特点和规律的基层治理现代化新路子,加快形成为基层赋权、减负、增能的强大合力,以"贤人""贤法"实现"贤城贤治",不断提升超大城市基层治理的科学化、精细化、智能化水平。

(一)党建引领新城治理创新

党的二十大报告提出要推进以党建引领基层治理,持续整顿软弱涣散基层党组织,把基层党组织建设成为有效实现党的领导的坚强战斗堡

垒。要完善社会治理体系,健全共建共治共享的社会治理制度,提升社会治理效能。随着上海新城人口的高度聚集,形成多样化和差异化的社会主体,而这些主体在偏好、目标和激励等各方面都不相同,如果不能够有效整合多元化的社会主体,那么极易形成碎片化的治理结构,从而引发一定程度的治理失灵。这就要求我们必须整合治理资源,提高治理效率,而这正是党建引领的指向和任务要求。党建引领,是上海基层治理的鲜明特色。治理高效必须坚持党的领导,发挥党组织战斗堡垒作用,全方位激发人民群众共同参与治理。

1. 楼组党建:凝聚红色力量,破解社区治理瓶颈

基层党组织是党最广泛和最前沿的战斗堡垒,是党联系群众的纽带和桥梁,为人民群众提供了权威而稳定的参与渠道。改革开放之后,我国逐渐由计划经济体制转向市场经济体制,基层社会的组织和管理方式也出现了历史性转变,基层社会从过去高度组织化的形态转向日益原子化的形态,城乡很多地区都出现了政权组织薄弱、社会管控不到位以及治理力量涣散等情况,严重影响了社会和谐、党的执政基础和人民群众的满意度,因而提出了倾听民声、了解民情、服务民生的要求。[1]在工作中,奉贤新城通过加强"好邻•好灵"楼组党建,完善"红色物业"运行机制,推行"强居工程",合力破解社区治理瓶颈问题;通过推行"党员岗 邻里帮"服务品牌,依托"先锋上海"小程序、"双报到、双报告"机制,推动党员亮身份、作表率。

2. "双联双进":党建引领合和共治

为进一步充实基层力量,奉贤新城推进"双联双进"工作,即通过"委局联街镇、干部联村居",推动经济社会和干部能力"双进步",让委办局和街镇、干部和村居朝着同一个方向前进,提升基层治理体系和治理能力现代化水平。目前已经建立由区委常委领导带队、委办局同街镇(开发

---

[1] 上海交通大学中国城市治理研究院、上海市人民政府发展研究中心编著:《新时代城市治理之路——"人民城市"上海实践》,上海人民出版社2021年版,第81页。

区)"一对一"联系结对、区管处级干部同村居"一对一"联系结对的机制。这一机制在推动经济社会发展和干部能力"双进步"、密切联系党群干群关系中发挥了重要作用。奉贤新城聚焦治理突出问题,切实把"双联双进"工作作为一项提高群众获得感、幸福感和安全感的工程来抓,为社区治理对症施策,激发基层内生动力,助推治理新进位。

案例

奉贤区奉浦街道:党建引领合和共治"双联双进"再谱新篇

自"双联双进"正式启动以来,奉浦街道与区民政局、13位委局联居干部一起,把"双联"作为举措,把"双进"作为目标,聚焦党建引领基层治理创新,全力打造新亮点、开辟新天地、迈上新台阶。

一、以思想为引领,当好"联"和"进"的"引路人"

统一思想,建立帮带形式。全面落实"2+1"网格责任包干制,即一位街道党政班子成员和一位联居干部结对一个居民区,切实增强责任担当,下沉一线,牵头对接好结对居民区实际需求,确保组织到位、责任到位,帮助加速提升社区治理能力和水平。明确目标,制订三年计划。把"双联"作为举措,把"双进"作为目标,聚焦党建引领基层治理,制订"双十·双百·双千"三年行动计划,即"解决十个难点问题、打造十个精品项目""共联百场活动、共育百名人才""走访千户家庭、联系千家商铺"。党建共建,搭建互动平台。围绕"双联双进"主题主线,紧扣人民群众实际需求,与区民政局开展党史学习教育联组学习,签订《党建共建协议》。聚焦基层治理、人才培养、营商环境等重点领域,在集体学习中掌握理论知识,在交流碰撞中凝聚思想观念,在专题研讨中厘清工作思路。

二、以项目为载体,当好"联"和"进"的"牵线人"

委局联街镇方面,坚持"务实、求真、高效"原则,与区民政局携手,充分发挥制度优势、组织优势、人才优势、资源优势,共同打造形成"合和共治"品牌及"党建同心圆""15分钟为老服务圈""社会救助顾问制度+"等六大共建项目。在区民政局的大力支持下，奉浦街道推出全区首家老年认知友好社区，累计筛查服务老年人2000余人。干部联村居方面，秉持"确立一个项目、破解一个难题、打造一个品牌、实现一个目标"理念，16位委局联居干部结对17个居委，因地制宜挖掘基层发展潜力和文化内涵，切实找到"最优选择"，实现"最佳效益"，形成"枫邻秀里在这里""情聚华景暖夕阳"等17个"一居一品"项目，进一步探索党建引领基层社区治理新路径。

三、以需求为导向，当好"联"和"进"的"热心人"

心系群众，下沉一线，畅通百姓诉求"民意路"。委局联居干部与结对居民区发挥各自职能优势，把工作触角延伸到居民区网格，用实际行动把区级优质资源导入基层一线，激活一池春水。截至目前，指导并参与居委防疫防控、文明创建、人口普查、换届选举、防汛防台等重点工作206次。需求导向，真抓实干，实现为民服务"零距离"。聚焦"老、小、旧、远"民生难题，推动实现倾听"零距离"、服务"零缺位"、关怀"零空白"、沟通"零障碍"。

资料来源：上海智慧党建网，2022年9月20日。

（二）推进"两网融合"，强化数字赋能

强化数字赋能，是推动基层治理现代化的必由之路。政务服务"一网通办"、城市运行"一网统管"是提升新城治理能力现代化水平的"牛鼻子"工程。奉贤新城作为上海五大新城之一，全力打造善治城市典范，依托两张网建设，以智能化为突破口，推动城市治理模式创新、治理方式重塑、治理体系重构，让城市运行更有序、管理更高效、服务更精准。奉贤新城在建设上充分利用"一网统管""一网通办"的良好基础，真正把高效治理、有效治理落到实处。

加强"一网统管"的平台建设，针对十大市级建设场景，完成相应智能化应用模块并启动试点建设。重点围绕防汛防台、智慧工地、垃圾分类三

项内容,持续提升区内智慧应用场景的实战功能。推进特色应用场景建设,进一步完善杭州湾开发区智能监控、土地房屋征收管理、热线分析平台、应急联勤联动处置、地下空间(人防)等场景建设。同时,打造"一网通办"的品牌服务。从改善营商环境、提高企业群众办事便利度出发,推进"高效办成一件事",积极推行"好办""快办"服务,全面拓展和优化公共服务事项接入。持续优化"一网通办"平台服务,促进政务服务更便捷高效。

1. "一网通办":让政务服务像网购一样方便

"一网通办"以人民为出发点和归宿。人民始终是其服务对象,人民的满意度、获得感和幸福感是检验其改革成效的最终标准;"一网通办"以网络治理为基本形态。将公共服务事项按照"一件事"的办理理念对需求信号进行快速、精准和主动回应,在离市场、群众最近的地方提供服务;"一网通办"以科技赋能为工具依托,通过公共数据平台汇集、整理、共享、运用和开放数据,形成智能化支撑。

> 案例
>
> ## "一网通办"从"能办"向"好办"转变
>
> "好办"服务是推动"一网通办"从"能办"向"好办"转变的一项重要工作举措,通过借助人工智能和"两个免于提交"服务,大大降低了企业和群众办事学习的成本,使复杂事项不再难办。2021年6月,奉贤新城在全市率先上线的城镇污水排入排水管网许可(延续)"好办"服务是奉贤区"好办"服务的第一项试点。以往办理延续的时候,因为一张水费单没拿或错拿,企业就要来来回回跑,很麻烦。现在可以网上操作,遇到不会的问题,打个电话问一下就行,节省了很多时间。在奉贤区行政服务中心"一网通办"线上办理专区办理城镇污水排入排水管网许可证(延续)事项时,操作比以往更加便捷,鼠标简单点一点,申请表单自动填写、申报材料智能预审,大大降低了办理时间。许可证到期前,工作人员还会通过电话细心告知要准备哪些材料,省去了一趟趟跑腿的麻烦。

"一网通办"优化和拓展"跨省通办"

奉贤与广东惠城、江苏江阴签署三方"跨省通办"合作协议,实现"跨省通办"事项率先落地。该事项破解了三地企业与群众办事难、办事慢、"折返跑"的问题,探索长三角与粤港澳大湾区跨区域交流合作新模式。三地按照"高频优先、应上尽上""线上优先、线下补充""实现一批、公布一批"的原则,线下设立"跨省通办"专窗,实现"收受分离、异地可办",线上开设"跨省通办"专栏,充分发挥数字政府数据共享和业务协同作用,实现"一地认证、全网通办"。在第一批"跨省通办"事项中,可在广东惠城、江苏江阴办理的奉贤民生事项有37项,涉及户籍管理、婚姻登记、医保、养老、公积金等方面。而在奉贤,可办理33项惠城事项,其中民生19项,企业事项14项;可办理江阴民生事项50项。

围绕"高效办好一件事",推进应用场景建设

奉贤新城自主创新拓展博物馆、"九棵树"、"三星堆"等35个"随申码"应用场景,开创"一码通贤城"服务新模式。区域范围内各公共场所100％实现"离线码"健康状态核验应用,帮助老年人跨越"数字鸿沟"。

"你好,请问是公司负责人吗?我们是奉贤城管。你们企业的行政处罚事先告知书需要到我们单位来签收确认一下。""还要再来一趟吗?我现在人在外地,过来要花费很长时间。"以上对话以往经常出现在城管部门处理相关行政处罚案件处罚决定告知程序过程中,行政处罚事先告知书、行政处罚决定书的送达通常需要执法人员与当事人直接面对面,现场进行签字确认。不论是当事人前来,还是执法人员上门送达,都要花费一定的时间和精力,既不高效,又不便民。奉贤城管前期探索实现了个人通过"随申办"App送达法律文书,为"非现场执法"法律文书送达提供一种便捷的服务途径,但是如何破解企业非现场送达的难题再次摆在了城管部门面前。针对个人及企业的不同属性,奉贤城管进一步与奉贤区政务服务办合作,通过执法数据的跨平台传输,在全市"一网通办"企业专属页中首创奉贤城管特色场景入口,解决了企业对自身行政处罚事先告知书、决定书的查询、下载及罚款缴纳的问题。

资料来源：根据人民网、新华网、上海观察等素材整理形成。

2."一网统管"：贡献数字治理新方案

2020—2021年，根据市委、市政府"一网统管"工作要求，奉贤新城依托"数据汇集、系统集成、共建共享、联勤联动"，围绕"一屏观天下、一网管全城"总体目标，聚焦城市治理数字化转型，夯实基础建设，形成"应急管理""防台防汛""智慧工地"等应用场景27个，研发AI智算60个，开展区级"一网统管"四次"百日会战"，2020年实现"一网统管"绩效考核全市唯一的郊区A档，全面启动推进城运平台建设工作。做实"三种模式"，即按照城市运行"平急特"（平时、应急、特殊）三种模式，明确功能定位，打造综合调度协调、建强城市要素信息、扩展"指挥作战视野"。夯实"四大赋能"，即通过夯实城运平台"数据赋能、资源赋能、需求赋能、平台赋能"，提升城运平台实战处置能力。建强"六大底座"，即基于"三级平台、五级应用"的"王"字架构，推进六大标准底座建设，实现标准底座一致、系统风格统一、指挥上传下达、数据互联互通的一体化运作目标。推动"九字循环"，即在数字中台的基础上，建设AI中台，优化业务中台流程，初定为"微循环、中闭环和大联动"三种案件流转模式，平行运行、串联推送，全面开展城市治理领域数字化转型工作。做到"三个率先"，重构事件发现和处置方式，即率先应用新经验，将联动贤城发现端提能增效，将"网格管理、联勤联动"与政务、警务、事前事中事后监管相并联；率先探索新技术，AI智算中心初具雏形，日均发现城市管理问题400多件，处在全市前列；率先转换新动能，研发"拍贤城·美奉贤"，把小应用做成"人民城市为人民"的大文章。做到"三个坚持"，加快业务流程数字化优化，即坚持实战中管用的原则，推进视频会商和物联感知共享；坚持基层干部爱用原则，推进居村数字化平台建设，目前已选取部分村居作为试点，逐步把基层管理要素和村居关心的事项全量纳入，切实为基层减负；坚持群众感到受用的原则,探索新城"物联、智联、数联"城市数字孪生底座建设。打造"三个层面",推进区级数据驾驶舱建设,即把"数字贤城"场景,建成城市运行晴雨表,实现全区区管干部移动端全览;深化镇级"兵马粮草"调度功能,推进20个应用场景的共建共享;"河湖水环境""舆情监控"等已经完成全面下放。完善村居无级应用,推出"贤治理"移动端,实现数据采集一口录入,关联免录;案件宽进严出、闭环监办。

(三) 人人参与就是最好的治理

何谓"人民城市人民建"?首先,这里的"建"应当不仅仅是狭义上的人民参与城市建筑、城市道路等硬件公共设施的建设,而更多是指广义上的人民参与城市建设,参与城市治理的全过程。其次,这里的"人民"代表的是政府、市场主体、各类社会组织、公民等多元主体,其核心是居民的参与。"人民建"的目标是通过各方主体实现共建共治共享,每个人都能享有参与治理的机会,当公民有参与公共事务的意愿时,就能够找到相应的渠道。奉贤新城的治理需要更多的人共同参与。建设人人参与的上海新城,是回应人民需求、维护社会稳定的内在要求。

1. 打造"贤城法治"品牌,完善人民参与治理的法治保障

城市治理的有序运行,需要强有力的法治支撑;充分借助立法权的运用为城市治理提供各种遵循,是高效能治理的重要组成部分。奉贤新城从经济社会发展实际出发,以"贤城法治"建设为抓手,通过实施"金盾365行动"构建优化营商环境法治保障共同体,实施"免罚清单"制度营造包容温情善意的执法环境等,扎实营商环境法治之基。打造具有地方特色的"贤城法治"品牌,这是贯彻落实"治理高效"的必然要求。在国家治理体系和治理能力现代化的大格局中,治理高效的重要标志是治理的定型化、精准化、有序化,这就需要发挥法治的力量,借助法治的功能来谋划、来推动、来实现。

2. 构建居民参与的网络体系,促进多元主体参与社区自治

社区是基层治理的最小单元,是社区居民以及相关社会组织自我管理和共同治理的重要舞台。居民是新城治理最重要和最广泛的主体,居

民有序参与社区治理可以表达居民的诉求。其中,志愿者活动是公民参与的重要途径。社区志愿服务是畅通居民参与社区治理的通道,是人民城市人民建的应有之义。如南桥镇银河丽湾社区业主群每天发布社区志愿服务"招募令",引导社区志愿者参与到社区日常工作中来。在农村开展"生态村组·和美宅基"创建工作,在城市开展"宜居小区·和美楼组"创建工作,充分发挥村民小组长、楼组长的作用,引导村居民参与社区治理。此外,以生活驿站为载体,生活服务、公益慈善、文体活动、专业调处等"四类"社区社会组织,为居民提供社会服务,同时发挥着化解社会矛盾的重要作用。

三、构建共建共治共享的基层治理格局

基层是城市治理的基础所在、重心所在、支撑所在,要充分认识深化推进基层治理体系和治理能力现代化的极端重要性。奉贤新城将结合实际,更好地扬优势、补短板、强弱项、固根基,践行好人民城市重要理念,构建好党组织领导的共建共治共享基层治理格局。

(一) 把党建引领与严密组织体系结合起来

党建引领基层社会治理,就是充分发挥基层党组织的领导核心和党员的先锋模范作用,构建党组织引领下的群众自治和党群共治的组织体系,促进基层社会秩序稳定与激发社会活力,因此,要在发挥好党委领导、政府主导作用的同时,激发党员主动为群众干实事的积极性,发挥社会自主、自治、能动力量,构建共建共治共享的社会治理格局。

习近平总书记在党的二十大报告中对"增强党组织政治功能和组织功能"作出新的全面部署,明确指出:"严密的组织体系是党的优势所在、力量所在。各级党组织要履行党章赋予的各项职责,把党的路线方针政策和党中央决策部署贯彻落实好,把各领域广大群众组织凝聚好。"

党建引领,是上海基层治理的鲜明特色。奉贤新城将积极探索符合自身实际的基层党建新路,持续打响"双联双进""好邻·好灵""党员岗、

点位长"等基层党建品牌,不断深化"头雁工程""堡垒工程""细胞工程",系统性提升组织力、引领力、凝聚力,推动基层党组织全面进步、全面过硬,将扩大基层党组织的覆盖面,深入实施"楼组长、村组长"工作机制,把党的组织体系覆盖到每一个楼栋、每一个村组、每一个网格。将深入抓好新经济组织、新社会组织、新就业群体的组织覆盖和工作覆盖,把党的工作拓展到城市发展最活跃的经络上,将打造党群服务新场景,推动党群服务圈与社区生活圈融合发展,提高服务群众效能。

(二)把平时强基固本与"战时"高效动员结合起来

加强"平战结合",不断完善城市治理体系。遵循"平战结合"、"平战转换"、常态化治理和应急治理有机衔接等原则,进一步加强党的集中统一领导,不断优化市域社会治理的结构与功能,健全和完善市域社会治理的危机预警机制,推进市域社会治理智能化,从而构建"平战结合"的市域社会治理体系。

增强底线思维,深入反思得失,把"平战结合"框架搭起来,把各方面责任落下去,大力提升城市的空间韧性、设施韧性、管理韧性。加强应急物资、力量、方案的储备,打造拉得出、打得赢的突击队,体制内的资源该下沉的要下沉,该支援的要支援。把工作对象迅速变为工作力量,有效把全社会动员起来,打造更多专业、稳定的志愿者队伍,扩大市民群众和社会组织、社会力量参与。

1. 改善和加强党的集中统一领导

各级党组织是高效能治理的核心力量,党组织核心作用的发挥程度直接关系到"平战结合"的市域社会治理能否有效运转。各级党组织要担当起在市域社会治理中的总揽全局、协调各方的领导核心作用,将党建引领有机融入基层社会治理实践中,积极支持不同治理主体发挥好职能作用,不断拓宽人民群众参与基层社会治理的渠道,建立健全群众利益表达、利益协调、利益保护机制,加强和改善思想政治工作,不断增强组织群众、服务群众、动员群众的能力,引导人民群众增强凝聚力和向心力,形成党组织引领下各治理主体和人民群众共建共治共享的社会治理新格局。

2. 不断优化市域社会治理的结构体系和功能体系

当前城市社会治理存在分工不清、权责关系匹配不足、信息传递渠道不畅、层级过多、部门分割等弊端，严重影响了"平战结合"城市治理体系的建设，而造成这些弊端的主要原因在于城市治理结构体系和功能体系不够健全，因此要注重系统设计，建立和完善分工明确、权责清晰、功能完善的组织结构体系和功能体系。从纵向看，处理好不同层级之间的权责关系，为基层减负赋能，将更多的资源、服务和管理转移到基层；从横向看，明确部门分工，建立部门间信息共享机制和定期工作协调沟通机制，打破部门壁垒，防止相互推诿和纠纷；从党委、政府、市场、社会和公民的关系出发，充分发挥各自在社会治理中的职能作用，防止相互替代和对冲，建立健全科学合理的社会治理结构和职能体系。

3. 建立健全重大突发性公共危机事件的预警机制

公共危机预警对于及时规避、转移和应对风险，最大限度地减少风险损失具有重要意义。建立健全公共危机预警机制，对于构建"平战结合"的城市社会治理体系至关重要。加强信息和舆论的收集、整理和综合研判，打破信息壁垒和信息"孤岛"，努力实现信息共享，消除信息收集过程中的利益关系障碍，全面收集和研究危机风险源和危机症状，不断提高对微观知识的认知能力；加强信息组织、识别和转化工作，注意识别虚假信息的干扰，确保信息的真实性和可靠性。在此基础上，充分发挥政府相关职能部门的作用，加强政府相关职能部门的信息研判能力，尽快识别和判断社会风险的性质、类别、原因、危害程度和发展趋势，为党政决策提供及时的参考依据。

4. 运用现代科技手段不断推进市域社会治理的智能化

随着大数据、云计算、物联网、人工智能等现代科学技术的发展，数字技术在社会治理中的作用日益凸显。要高度重视现代科学技术在城市社会治理中的作用，不断推动高新技术与城市社会治理有机融合，推动社会治理数字化、智能化、网络化、互联互通，实现信息网络工作流程与社会治理组织结构的有机结合，推进社会矛盾、社会治安、公共安全等风险智能防控,提升城市社会治理功能水平;建立健全应急管理大数据平台。针对市级社会治理中权责不清、分工不清造成的"碎片化"现象,利用现代信息技术建立数据共享平台,打破社会治理的时空限制,快速发现问题,准确回应社会需求,形成高效互联的城市社会治理新体系;充分发挥各类治理主体作用,通过技术治理和配套体系,实现信息交流和工作协作,实现社会治理方式多样化、流程精准化、手段高端化,形成全社会共同参与社会治理的良好局面。

(三) 把加强队伍建设与做好群众工作结合起来

治理高效的核心始终是人。城市治理为了人民,也要依靠人民。让基层力量有加强、结构有优化、能力有提升、发展有空间、奉献有关爱,切实提升做好新形势下群众工作的能力。

坚持人民至上,把群众满意作为基层治理的第一标准。扑下身子抓实践,深入开展大走访、大排查活动,推动全过程人民民主实践,用好"美丽乡村·美丽约定""和美宅基·和美楼组"等共建共治载体,做到问政于民、问需于民、问计于民。聚焦民生抓实事,深入推进"我为群众办实事"实践活动,聚焦"老小旧远",聚焦"急难愁盼",用心用情用力解决群众关心的各类民生问题,真正做到"弱有所扶、难有所帮、困有所助、应助尽助"。强化服务抓实效,以改革创新精神加强自身建设,以沉浸式办公零距离服务群众,以数字赋能政务服务让群众少跑腿、数据多跑路,不断增强人民群众的获得感、幸福感、安全感。

民心工程是践行"全心全意为人民服务"宗旨的实际行动,是提升群众幸福指数的重要抓手,是对奉贤人民的郑重承诺。民心工程将聚焦"人"这个根本,更加精准高效对接基层所盼、群众所需,持之以恒抓推进,做到民有所呼、我有所应,切实把实事办好、好事办实,让群众有更强的获得感、幸福感和安全感。以做好"民心工程"为契机,注重保障基本、兜牢底线,用心用情解决一批群众急难愁盼的民生问题,真正做到解民忧、暖民心,真正做到"弱有所扶、难有所帮、困有所助、应助尽助"。对于人民群众普遍关心关注的民生问题,突出举一反三、以点带面,切实把各方面民生服务做得更有质量、更有品质。

(四) 把推进依法治理与运用先进技术结合起来

法治之所以能够成为提高城市治理水平和构建城市治理体系的关键，是因为它具有最可靠、最权威、最规范的特点。它是维护社会公平正义最可靠、最有效的方式，能够为善治、共治提供有效的制度保障。法治不仅界定了善治和共治的边界和范围，而且为它们设定了底线，并创造了必要的外部条件。要抓住新城治理过程中的关键，就要始终坚持法治原则，将法治理念融入精细治理和共治中，尽可能将城市治理的各个方面和环节纳入法治轨道，善于运用法治思维和法治方法解决城市治理中的顽固问题。

推进依法治理与运用先进技术结合起来，强化规则之治、科技之能，使城市运行"一网统管"成为提高城市治理科学化、精细化、智能化水平的"牛鼻子"工作。未来奉贤新城将建设更为强大的"一网统管"平台，更好为城市把脉、会诊、施治，实现城市管理全覆盖、全过程、全天候。一是在"快"上见真章，实时感知突发事态，增强对风险隐患的预见性，常态化智能化分析研判关键指标，更好"治未病""防未然"。二是在"细"上下功夫，深入推进最小管理单元的数字化，探索运用数字孪生理念和技术，全景、实时、精准掌握城市运行状况。三是在"好"上出实招，加强场景开发，打通数据共享壁垒，打造系统集成的应用平台，做到实战中管用、基层干部爱用、群众感到受用。

第十一章　城乡融合：
让城市繁华与农村繁荣相得益彰

党的二十大报告中提出："全面建设社会主义现代化国家,最艰巨最繁重的任务仍然在农村。"①这既是对新时代"三农"形势的清醒认识,也是告诫全党,不管工业化、城镇化进行到哪一步,"三农"的基础地位都不会改变,都要始终坚持把解决好"三农"问题作为全党工作的重中之重。近年来,奉贤区坚决贯彻落实党中央全面推进乡村振兴战略的决策部署,重塑城乡关系,坚持走城乡融合发展之路,推进人才、土地、资金等要素双向流动,取得了很好的成效。

一、处理好城乡关系是推进现代化的关键

(一) 城乡融合发展的深刻内涵

什么是城乡融合发展？我国专家学者对城乡融合发展基本概念提出了很多有见地的观点。刘合光认为："城乡融合发展是指城市区域和乡村区域互融互促的一种发展状态,或城乡由分割或对立走向'一体化'的发展进程。"②崔友平认为,随着新型城镇化和乡村振兴的深入推进,我国城乡之间的相互联系、相互作用、相互影响不断增强,城乡之间的人口、资源、要素、产权流动甚至交叉重组关系日益强化,对城乡发展的影响不断

---

① 《党的二十大报告辅导读本》,人民出版社 2022 年版,第 28 页。
② 刘合光:《城乡融合发展与乡村振兴相辅相成》,《国家治理》2021 年第 4 期。

深化;城乡之间日益由外部的、表层的联系和作用转化为内部的、深层的融合渗透和有机联系,有些地方甚至城乡边界日益模糊,城乡之间日益呈现出"你中有我,我中有你"的关系①。

城乡融合概念主要基于我国城乡发展差距的现实问题。我国改革开放以来,在快速工业化、城市化的战略下,利用工农业产品"剪刀差"和农村劳动力"低保障"等措施,将农村资本、人力资源等从农业转移到工业,推动了工业化的迅速发展,但也逐步形成了城乡二元结构体制,加深了城乡矛盾。因而,城乡融合通俗地理解就是逐步缩小城市与乡村在基础设施、公共服务、经济发展、社会治理、城乡收入等各方面的差距,这一差距逐步缩小,直至被城乡居民普遍认可,主要有要素融合、空间融合、产业融合、体制融合,是一个内容齐全、结构合理、内在统一的科学体系②。

自2003年开始,持续扩大的城乡收入差距引起党中央、国务院的高度重视,2004年至2023年连续20年发布"三农"主题的中央一号文件,强调了"三农"问题在我国社会主义现代化建设时期的重要地位,推动"三农"发展进入新的历史阶段。党的十八大报告明确提出"推动城乡发展一体化",形成以城带乡、城乡一体的新型城乡关系。党的十九大报告指出,推动实施乡村振兴战略,坚持农业农村优先发展,按照"产业兴旺、生态宜居、乡风文明、治理有效、生活富裕"的总要求,建立健全城乡融合发展体制机制和政策体系,加快推进农业农村现代化。近20年来城乡关系有了质的提升和发展。由此可见,城乡融合发展是经济社会发展到了一定阶段的政策选择。

(二) 城乡融合发展的重大意义

在国家现代化征程中,推动城乡融合发展有现实而深刻的时代背景,也有重大而深远的历史意义和现实意义。党的十八大以来,以习近平同志为核心的党中央不断调整城乡关系,采取一系列城市支持农村的举措。党的

---

① 崔友平编著:《共同富裕之路——巩固和完善农村基本经营制度》,中原农民出版社、红旗出版社2019年版,第166页。

② 范根平:《习近平新时代城乡融合发展思想的三重论域》,《西藏发展论坛》2022年第1期。

第十一章　城乡融合:让城市繁华与农村繁荣相得益彰

十九大提出实施乡村振兴战略,就是从全局和战略高度把握城乡关系,全面实施乡村振兴战略,必须走好城乡融合发展之路。2018年9月21日,习近平总书记在主持中共中央政治局第八次集体学习时强调:"在现代化进程中,如何处理好工农关系、城乡关系,在一定程度上决定着现代化的成败。我国作为中国共产党领导的社会主义国家,应该有能力、有条件处理好工农关系、城乡关系,顺利推进我国社会主义现代化进程。改革开放以来,我国广大农民为推进工业化、城镇化作出了巨大贡献。农业发展和农村建设也取得了显著成就,为我国改革开放和社会主义现代化建设打下了坚实基础。"[1]习近平总书记还指出:"我们一开始就没有提城市化,而是提城镇化,目的就是促进城乡融合。要向改革要动力,加快建立健全城乡融合体制机制和政策体系。要健全多元投入保障机制,增加对农业农村建设投入,加快城乡基础设施互联互通,推动人才、土地、资本等要素在城乡间双向流动。要建立健全城乡基本公共服务均等化机制,推动公共服务向农村延伸、社会事业向农村覆盖。要深化制度改革,强化常住人口基本公共服务,维护进城落户农民的土地承包权、宅基地使用权、集体收益分配权,加快农业转移人口市民化。"[2]推进城乡融合发展,要在"破"与"立"中交替进行,既要有"破",更要有"立"。"破"就是下大力气消除阻碍城乡融合发展的体制壁垒,"立"就是建立健全城乡融合发展体制机制。40多年农业农村改革开放,在前进中探索,城乡融合发展取得的丰硕成果和巨大成就,意义重大。

一是城乡融合发展是破解新时代社会主要矛盾的关键抓手。新时代我国社会主要矛盾转化为人民日益增长的美好生活需要和不平衡不充分的发展之间的矛盾。"我国最大的发展不平衡,是城乡发展不平衡;最大的不充分是农村发展不充分。"解决发展不平衡、不充分问题,不断满足广大人民群众日益增长的美好生活需要,在很大程度上需要依靠城乡融合

---

[1] 习近平:《论"三农"工作》,中央文献出版社2022年版,第274页。
[2] 习近平:《论"三农"工作》,中央文献出版社2022年版,第279—280页。

发展和乡村振兴。

二是城乡融合发展是国家现代化的重要标志①。在我国工业化、城镇化、信息化、农业现代化"四化"过程中,同步发展是核心任务。工业化处于主导地位,是发展的动力;农业现代化是重要的基础,也是发展的根基;信息化具有后发优势,可以为发展注入新的活力;城镇化是一个载体和平台,带动着农业农村的现代化加快发展,也发挥着不可替代的融合作用。建立健全城乡融合发展体制机制和政策体系是实现乡村振兴和农业农村现代化的重要制度保障。乡村振兴不能就乡村谈乡村,必须走以城带乡、以工促农的路子,在城乡融合发展中破解难题。

三是城乡融合发展是国内经济大循环的重要方面。未来我国加快构建以国内大循环为主体、国内国际双循环相互促进的新发展格局,要推动农业供给侧结构性改革,推动城乡融合发展和乡村振兴、促进乡村资源要素与全国大市场对接能够释放可观的改革红利,带动经济社会持续发展,拓展发展空间的强劲动力,将经济发展的底盘牢牢托住。

(三)城乡融合发展的顶层设计

1. 党中央和国家层面

党的十九大作出"建立健全城乡融合发展体制机制和政策体系"战略部署。2019年4月,中共中央、国务院进一步发布《关于建立健全城乡融合发展体制机制和政策体系的意见》,对我国城乡融合发展作出具体安排,明确提出"三步走"战略目标。

第一步,到2022年,城乡融合发展体制机制初步建立。城乡要素自由流动制度性通道基本打通,城市落户限制逐步消除,城乡统一建设用地市场基本建成,金融服务乡村振兴的能力明显提升,农村产权保护交易制度框架基本形成,基本公共服务均等化水平稳步提高,乡村治理体系不断健全,经济发达地区、都市圈和城市郊区在体制机制改革上率先取得突破。

---

① 金观平:《促进城市资源要素有序流向乡村》,《经济日报》2023年5月26日。

第二步,到2035年,城乡融合发展体制机制更加完善。城镇化进入成熟期,城乡发展差距和居民生活水平差距显著缩小。城乡有序流动的人口迁徙制度基本建立,城乡统一建设用地市场全面形成,城乡普惠金融服务体系全面建成,基本公共服务均等化基本实现,乡村治理体系更加完善,农业农村现代化基本实现。

第三步,到本世纪中叶,城乡融合发展体制机制成熟定型。城乡全面融合,乡村全面振兴,全体人民共同富裕基本实现。

党的十九届五中全会进一步提出,坚持把解决好"三农"问题作为全党工作重中之重,走中国特色社会主义乡村振兴道路,全面实施乡村振兴战略,强化以工补农、以城带乡,推动形成工农互促、城乡互补、协调发展、共同繁荣的新型工农城乡关系,加快农业农村现代化。

党的二十大提出全面推进乡村振兴。"坚持农业农村优先发展,坚持城乡融合发展,畅通城乡要素流动。加快建设农业强国,扎实推动乡村产业、人才、文化、生态、组织振兴。"进一步为乡村建设发展作出明确的战略安排,夯实融合发展基础。

顶层设计最重要的是千方百计促进城乡之间的要素流动,资本、人口、技术、信息等要素,从单向流动向双向无障碍流动,从而改变长期形成的城乡二元格局,由城乡"剪刀差"变为城乡融合发展,还要构建三次分配相配套的基础性制度安排,通过市场、再分配、公益等三种机制可以有效打通城乡融合发展。通过市场机制,引导生产要素流向乡村和农业,创造更多的就业机会,切实提高农民的收入;通过再分配机制,进一步完善税收制度,合理调节收入分配格局,增加公共服务支出比重,逐步将户籍与社会保障脱钩,实现城乡公共服务均等化,尤其是加大农村地区的人力资本投资;通过公益机制,鼓励企业和个人进行慈善捐赠,缩小各阶层的收入差距[①]。

---

① 熊易寒:《城乡融合、要素流动与乡村振兴》,人民论坛网,2022年3月17日。

2. 上海市级层面

到2025年，上海率先基本实现农业农村现代化，形成城乡融合发展新局面，为建成与具有世界影响力的社会主义现代化国际大都市相适应的现代化乡村奠定坚实基础。《上海市国民经济和社会发展第十四个五年规划和二〇三五年远景目标纲要》提出，全面推进乡村振兴战略，促进城乡融合发展。促进城乡资源双向流动，以"美丽家园、绿色田园、幸福乐园"建设为抓手，盘活土地资源和集体资产，不断提升郊区乡村的宜居度和吸引力，促进农业高质高效、乡村宜居宜业、农民富裕富足，建设充满活力的超大城市美丽乡村、未来发展战略空间和核心功能重要承载地。

3. 奉贤区级层面

奉贤新城建设、宅基地改革试点，给奉贤城乡带来百年一遇的空间新蝶变。"十四五"期间，奉贤要在"东方美谷·未来城市"的背景下重新思考乡村，以"乡村总部"为抓手，积极寻找城市化与逆城市化的最佳结合点，创新打造生态、文化、科技商务区，致力形成百座公园、千里绿廊、万亩林地、水天一色，让农村成为发展的底色、亮色。紧紧抓住"国家农村宅基地制度改革试点"机遇，深入实施"三块地"改革，加速城乡融合发展、空间蝶变。2021年11月，奉贤区第五次党代会提出要实现"乡村里的都市、都市里的乡村"目标。以现代化为风帆，优化现代化的布局，植入现代化的功能，深化现代化的治理，推动实现中国式现代化的奉贤样板，"以最现代的理念、最前沿的技术、最先进的产业、最宜居的环境，实现城市繁华、农村繁荣"。2022年7月，区五届四次全会提出"新片区、新城市、新农村、新经济"重要任务和"大生态、大交通、大民生、大数据"重大支撑，为奉贤进一步促进城乡融合发展作出具体部署。2023年7月，区五届六次全体会议强调，要探索惠民惠农综合改革新路径，深化"三块地"改革，激发集体经济活力，健全多元投入机制，增强农业农村发展内生动力。要注重条块协同联动，推动人才下乡入村，强化督查考核机制，努力绘就农业农村现代化、城乡融合发展"实景图"。到"十五五"末，农业农村现代化水平显著提升,基本建成上海农业科技高地,全面形成空间布局协调、功能科学合理、产业融合发展、基础设施完善、乡村环境宜人、公共服务健全、基层治理有序、农民生活富裕的城乡融合发展格局,让乡村成为现代化国际大都市的亮丽底色。

二、城市繁华、农村繁荣:奉贤城乡一体化发展的根本指向

(一) 宅基地置换试点:奉贤庄行新华村和青村北唐村

2004年上海市政府确定全市首批15个宅基地置换试点基地,由政府牵头推进"三个集中"(产业向规模经营集中、工业向园区集中、农民居住向城镇集中)。奉贤区庄行、青村两镇的经济实体作为建设单位,以城乡建设用地增减挂钩方式,分别对庄行新华村和青村北唐村实施宅基地置换试点,两个村共拆除原有村民住宅50万平方米,并集中建造庄行新华中心村和北唐新苑2个小区50万平方米。两个镇的宅基地置换,共需23亿余元,包括动拆迁费用、建安费、土地复垦、为农民解决镇保等费用,这笔庞大资金主要由区、镇自筹,依赖于宅基地置换后,以节余的建设用地指标拍卖所得,平衡部分建设资金。

宅基地置换取得的成效明显。一是宅基地复垦为耕地,盘活了土地存量。两试点净增耕地1 621亩,结余建设用地820亩。二是农民享受到养老社会保障。三是改变城乡面貌,提高了农民生产生活环境。

(二) 全市首个城乡统筹试点区:奉贤开启城乡融合发展新探索

为贯彻落实党的十八大提出的"加快推进统筹城乡发展"和市委、市政府推进城乡一体化战略部署的要求,2012年,奉贤区确立为全市首个城乡统筹试点区。根据全区统筹城乡发展改革试点方案,制订了2013—2018年两轮三年行动计划。

1. 第一轮统筹城乡发展的实践探索

第一轮三年行动计划围绕区统筹城乡发展改革方案,以高起点规划为引领,着力实现城乡发展规划全覆盖;以规范土地使用权为重点,着力

节约、集约利用土地；以市政交通为支撑，着力构建基础设施体系；以社会公共设施建设为抓手，着力提升城乡公共服务水平；以产业转型发展为方向，着力增强区域经济实力；以强村富民为核心，着力提升农村发展能力。重点聚焦规划引领、土地利用、基础设施建设、公共服务提升、产业转型和强村富民等6个方面的内容，制定的25项重点工作和80项具体项目有效推进，基本完成各项目标任务。如在规范土地使用权、节约集约利用土地方面，开展城乡建设用地增减挂钩和土地整理工作，稳妥推进新叶村、盐行村等试点村的宅基地归并，取得了初步成效。

2. 第二轮统筹城乡发展的实践探索

2016年开始推进第二轮奉贤区统筹城乡发展三年行动计划。重点聚焦新型城镇化建设、农村发展方式转变、基础设施建设、公共服务提升、产业转型、农村改革和强村富民等9个方面内容，39项工作目标，强化组织保障、强化协调联动、强化资金支持、强化监督考核，按照时间节点，有序推进落实。如在推进强村富民、扶持经济薄弱村综合帮扶工作中，奉贤区搭建区级统筹平台，打响"百村"系列品牌，成效显著。

案例

"百村"品牌：新城建设为乡村"造血式"帮扶

2013年以来，奉贤区抓住农村综合帮扶工作的重大机遇，聚焦重点、敢为人先、创新机制、抓实项目，变"输血式"帮扶为"造血式"帮扶，在区级层面搭建"百村"系列帮扶平台，实现"抱团取暖"发展，为发展壮大村级集体经济、提升生活困难农户生活水平探索出了一条具有上海特点、奉贤特色的城乡融合发展新路。2013—2022年，两轮农村综合帮扶工作任务顺利完成。

一、搭建区级统筹平台，打响"百村"系列品牌

"百村"品牌的概念，始于2013年上海市第三轮农村帮扶工作启动，来自市财政、结对中心城区和国企的帮扶资金。为了用好这笔宝贵的帮扶资金,奉贤区结合自身实际,创造性地发动全区100个经济薄弱村,每村出资10万元共同参股成立了上海百村实业有限公司。5年多来,已在奉贤新城拥有三期物业,累计纳税16.5亿元,累计分红4.15亿元,村均增加经营性资产1 500万元以上,是原始股金的150倍。到2017年底,100个经济薄弱村摘去了"贫困"的帽子。

2018年7月,上海百村科技股份有限公司成立,这是"百村"模式的升级和创新。该公司覆盖全区全部村级集体经济组织,集体资产累计出资占股88%,上海奉贤投资(集团)有限公司代表奉贤区属国有企业出资占股12%,以现代企业股份制公司为架构,在全国范围内创新提出以"国有资本"带动"集体资本"协同发展的农村集体经济发展新机制。

2018年11月,上海百村富民经济发展有限公司成立,这是市新一轮市级帮扶资金的承载平台,以聚焦生活困难农户为目标,其经营收入将直接补贴至经济薄弱村贫困户个体,进一步达到了"精准扶贫"的工作要求。同年,还成立了百村谊民公司,其经营收入用于定向帮扶三峡移民。

至此,以百村实业、百村富民为主体,以百村科技和百村谊民为补充的"百村"系列村级集体经济联合发展的区级平台得以形成,并在实际运营中不断探索创新发展模式、强化品牌形象、深化品牌内涵,以"百村"品牌系列的建设和发展为奉贤、上海,乃至全国"乡村振兴"提供奉贤方案。

通过两轮农村综合帮扶政策扶持,第一轮100个经济薄弱村每村的账面经营性资产增加约870万元;第二轮94个经济薄弱村每村账面经营性资产增加约1 300万元。其中,两轮均为经济薄弱村的66个村,每村账面经营性资产增加约2 200万元,有效壮大了村级集体经济,同时村级产权制度改革让农民对集体资产拥有了收益分配权,从而持续促进了农民增收。

二、加强"造血"项目遴选,确保资产保值增值

第二轮综合帮扶,奉贤区共筹得各类帮扶资金约12.2亿元,其中:市财政项目资金3.8亿元、区级1:1配套资金3.8亿元、结对单位捐赠资金4.6亿元,由新一轮94个经济薄弱村各出资10万元组建"上海百村富民经济发展有限公司",将各类帮扶资金统筹用于"造血"项目建设。百村富民公司成立以来,统筹各类帮扶资金收购了国际制造服务(上海)科创中心等物业,年收益约为0.63亿元(税前)。

三、开展困难农户认定,确保聚焦到户、帮扶到人

2018年,市委、市政府印发了《关于深化农村综合帮扶工作的指导意见》,要求扎实开展生活困难农户的确认工作,切实落实精准帮扶。根据市文件精神结合本区实际,2019年,奉贤区研究出台了《奉贤区生活困难农户调查摸底、建档立卡工作办法(试行)》,对认定对象及标准进行了统一。2019年,全区生活困难农户为10 427户、19 530人。之后每年又进行了动态调整、复核确认。

四、实施精准帮扶,有效对接生活困难农户需求

为切实做好生活困难农户精准帮扶工作,2020年,奉贤区出台《奉贤区生活困难农户精准帮扶实施办法》,根据生活困难农户的不同需求,从"医疗健康帮扶""教育资助帮扶""突发事件帮扶""物质救济帮扶"等四方面实施帮扶,使帮扶更加科学合理、精准高效,同时明确各类帮扶补助政策可与区其他政策叠加享受。2021年,在原有帮扶基础上增加了"政策性保险帮扶""就业创业帮扶"和"个案精准帮扶",同时加大"医疗健康帮扶"力度。

五、创新帮扶发展模式,持续拓宽帮扶内涵

各中心城区、开发区、市属国有企业充分发挥优势、主动担当作为,在为奉贤区捐赠4.6亿元帮扶资金的基础上,还在实事工程、扶贫帮困、党群共建、精神文明、联手抗疫等方面为各街镇的乡村振兴事业注入强大动力,使结对帮扶工作有力度、有深度,更有温度。

"结对百镇千村,助推乡村振兴"行动开展以来,普陀、杨浦2个兄弟区及8个大口党委所属246个党组织和奉贤区8个镇、168个行政村达成结对帮扶协议304项,各帮扶单位从财力、物力、智力上多管齐下,倾情帮扶,累计落实帮扶资金7 285万元,完成党的建设、经济发展、社会建设、科教文卫等帮扶项目205个,捐赠防疫物资1 000余件,助销蜜梨、黄桃超百万元。

资料来源:奉贤区政协农业和农村委课题组:《奉贤区农村综合帮扶可持续发展研究》,《上海农村经济》2021年第1期。

3. 奉贤区成为国家新型城镇化综合试点区

根据《国家新型城镇化规划(2014—2020年)》(中发〔2014〕4号)和国家发展改革委等11部委公布第三批国家新型城镇化综合试点地区名单的通知,2016年奉贤区列入国家新型城镇化综合改革试点。重点将加快城镇体系建设、推进产城融合、加快社会治理创新、深化体制机制改革等四大主要任务,分解为15项具体任务加以推进落实完成。如在加快城镇体系建设方面,打造有品质的奉贤新城和美丽乡村建设需要同步推进,而奉贤的庄行镇、西渡街道在浦江南岸有一片"森林级"的涵养林地,通过规划,建设农艺公园,打造成田园综合体。

(三)"乡村总部"和生态商务区:奉贤城乡融合发展的亮丽名片

奉贤区"乡村总部"与生态商务区建设在顺应城镇化大趋势,牢牢把握城乡融合发展正确方向的基础上,尊重农民意愿,保护农民权益,打通城乡要素合理配置通道,实现基本公共服务普惠共享,推动城乡基础设施一体化,促进乡村产业多元化发展,支持农民收入持续增长,提升农民获得感、幸福感、安全感,实现城市繁华、乡村繁荣。

为了转变农村发展方式、增加农民和村集体经济收入,奉贤区创新将"乡村总部"、生态商务区建设作为乡村产业振兴的载体,打通绿水青山与金山银山的探索途径,通过完善农村的生态环境和基础设施,聚焦美丽健康、生物医药、绿色生态等产业,大力吸引工商资本,在农村的集体建设用地、国有建设用地和宅基地上引进企业总部，激活农村沉睡资源，让健康产业更有活力、让生态环境更加亮丽，进一步带动农民增收。努力实现"乡村让城市更美好，乡村比城市更美好"的愿景目标，不断开拓国际化大都市背景下奉贤乡村振兴之路。

1."乡村总部"和生态商务区建设的主要做法与成效

（1）完善配套服务供给，夯实发展基础

一是充分发挥政府、总部企业和社会机构共同参与配套服务设施建设的积极性，因地制宜地推进总部经济周边"田、水、路、林、宅"的基础设施建设，并加大商业设施配套力度，全面推进农村垃圾治理、生活污水处理、水环境整治、"四好农村路"建设等重点工作。二是区乡村振兴办结合乡村振兴示范村、美丽乡村创建、村庄改造等工作，指导各街镇加大自身资源要素配置组合，优化农村生态生活环境和村庄风貌，完善工作推进方案，制定好近期和远期发展目标。三是完善配套服务供给。基础配套服务是乡村经济发展的基础，也是加快完善农村人居环境的必然需求。加大商业设施配套力度，打造总部经济的"15分钟生活圈"。四是依托奉贤区乡村振兴示范村、美丽乡村创建等工作，优化农村生态生活环境和村庄风貌。秉承"三分灰、七分白"的新江南的建筑风貌，融入本土元素积极打造高品质地标性建筑群落。截至2022年底，全区成功创建13个市级乡村振兴示范村、36个市级美丽乡村示范村、区级美丽乡村示范村57个。吴房村、浦秀村、新强村等一批示范村成为乡村旅游网红打卡点。

（2）创新政策供给，突破建设障碍

制定具有穿透力的"奉十条"政策。一是以资引流。区、镇两级国资（集体）企业与各类基金机构投资者合作成立投资基金，优先支持区内乡村振兴等领域重点项目发展。对由投资基金扶持培育或带动落户本区的项目，按照综合贡献度给予奖励支持。二是以息促投。每年按全区经营性用地出让总价的6%提取设立以息促投专项资金。鼓励各类企业通过银行贷款及其他各类金融工具参与乡村振兴发展等项目的中长期投资，根据其中基础设施和功能性项目占总投资的比例，按照总贷款额度以最高不超过当年基准利率给予贴息支持。三是专项专案。重点聚焦"乡村总部"、生态商务区、水岸经济等领域,对上述重点领域内重大项目的引进、开发以专项专案形式,经区政府常务会议和区委常委会议审议后给予政策支持。

创新财税激励,优化政策供给体系。加快推进奉贤区乡村振兴战略,发展总部经济,实现农业强,农村美,农民富,壮大村级集体经济,促进农民增收。从2019年起,对全区范围内"乡村总部"企业进行财政扶持优惠结算,即"乡村总部"企业产生的区级税收部分,扣除8%教育资金统筹和生态补偿资金后,全部纳入乡村振兴专项资金管理,返还至村里,专项用于"乡村总部"建设和村级组织,壮大村级集体经济,支持企业再发展。经区财政部门审核确认,符合乡村总部结算条件企业返还的区级税收,从2019年的3 924.9万元增加到2021年的1.29亿元。截至2022年底,累计落户"乡村总部"企业14 017家,累计税收约34.37亿元。有力地支持了乡村振兴战略和总部经济发展,促进村级集体经济不断壮大。通过区级税收反哺后,2020年收入超千万元村增加到9个。以庄行镇浦秀村为例,2021年获得乡村总部反哺税收93.21万元。同时,全区通过土地综合整治,实施存量建设用地空间平移、集聚和布局优化。农村集体经济组织可通过规范的民主程序,协议有偿收回闲置宅基地、乡镇企业等用地,由集体经济组织为企业量身打造办公用房,鼓励美丽健康、生物医药、绿色生态等新兴业态聚集,利用以税代物形式降低企业成本。

(3) 盘活沉睡资源,优化土地资源利用空间

一是在土地资源盘活方面加大改革创新力度,探索在农村的宅基地、集体建设用地、国有建设用地上引进工商资本。充分抓住农民相对集中居住工作契机,改变农村零散风貌的同时,盘活宅基地与集体建设用地,腾出更多的土地资源,为"乡村总部"的集聚提供空间。全区聚焦美丽健康、生物医药、绿色生态等产业,大力吸引工商资本,各街镇结合自身实际,在农村的集体建设用地、国有建设用地、宅基地上引进企业总部,激活农村沉睡资源。例如,庄行镇18个集体建设用地点位,与区属国企开伦

集团合资成立庄行农艺公园公司，对点位上的原有集体厂房进行回购，同步开展总部招商工作。西渡街道关港村由区属国企交能集团出资打造港能总部，由社会资本九鼎集团负责后续招商引资工作。二是"乡村总部"集聚发展效应态势显现。全区通过集体建设用地盘活、宅基地流转等多种形式推进"乡村总部"建设。相关区域发展已初具生态商务区形态，如南桥良渚江海、庄行农艺公园渔沥林盘、糖梨花泽、桃花廊庑等功能组团，西渡街道港能总部区域、青村镇吴房村、金汇镇申亚森林美谷、柘林镇南胜村、四团镇五四村等区域，发展规模已具备一定体量。截至2023年5月，已建成"乡村总部"点位100个，其中89个乡村总部点位已入驻实体型企业205家。

（4）持续招商推介，传播乡村资源特色吸引市场关注

一是立足"乡村总部"经济，构建点面结合、内外一体、政府主导、各种社会力量广泛参与的招商体系。推进乡村产业多元发展，通过引入工商资本和人才逆向流动，提升乡村的经济吨位、经济密度、经济动能，实现产业要素在乡村适度规模化聚集。坚持"引进来"和"走出去"相结合的招商模式，召开各类招商推介会，进一步发挥市场主体能动性。如2021年3月，在上海展览中心顺利举办奉贤投资信息发布会暨市属国企助力奉贤新城、乡村振兴专题对接会，现场吸引30余家市属国有企业到场，网络观看人次达4万。各街镇充分利用各自招商平台，开展各类招商21次。二是加大做好精准对接力度。围绕总部经济建设和产业集群打造，聚焦高端总部、高端研发机构等，各街镇的重点建设区域，重点梳理可用点位，抓好前期摸底工作，撮合供需对接，提高招商引资效率，会同招商经济部门，对项目进行可行性分析，不断加强项目对接，持续做好密切追踪服务，努力促使优质项目顺利落地。比如，四团镇围绕临港新片区建设，2022年开展12场主题招商推介会，引进"智能智造"企业数十家，新增挂牌东方美谷产业集聚中心企业6家。

2. "乡村总部"和生态商务区建设目前存在的主要问题

（1）市场资源有待进一步挖掘

一是社会资本参与建设不足。乡村总部建设推进主体仍以国有企

业、集体企业等为主,工商资本、社会主体参与度不高。二是乡村振兴土地资源空间有限。郊野单元规划虽已实现全覆盖,但为乡村发展预留空间不足,影响乡村产业项目落地。

(2) 基层推进有待进一步提高

一是统筹推进意识还不强。各街镇在整体发展思路上,部分区域思考内容、高度不够,缺乏区域统筹推进意识。二是基层组织发展经济意识还不够。村级招商能力有待提高,要变被动为主动,综合考量总部经济推进方案,积极落实基础设施建设、总部招商建设等工作。

(3) 发展进度有待进一步完善

一是乡村招商引资工作较为薄弱。企业引入仍以商贸为主,入驻村内的实体型企业数量较少,未形成与区域发展定位相适应的企业集聚效应。二是总部建设发展不平衡。各区域间发展进度不统一、不协调,部分村相对缺乏吸引社会资本和人才资源的区位优势及资源禀赋。

3. "乡村总部"和生态商务区建设对策

奉贤区将继续以乡村总部与生态商务区模式大力开发乡村,以开发商方式推进城乡空间蝶变,以供应商思路研究农业结构调整,以公司化管理治理乡村。

(1) 进一步统筹推进乡村总部与生态商务区建设

指导各街镇根据自身的区位优势、产业特色、生态资源等方面,综合考量总部经济的推进方案,在发展思路上、发展路径上要对标对表一流水平,以生态商务区发展思路落实基础设施建设、总部招商建设等工作。

(2) 进一步提高政府服务效能

积极构建土地优先供应、金融重点倾斜、财政全力保障的多元投入格局。充分发挥政府、总部企业和社会机构共同参与配套服务设施建设的积极性,大力推进服务功能的集中化布局。继续做好"四好农村路"建设、水环境整治、便民服务中心等一系列基础设施建设,改善农业农村生活环境。积极争取财政资金,围绕农业农村的重点项目、重点区域,与参与乡村振兴的市场主体一起集中力量打造精品、打造典型。

(3) 进一步加大乡村招商力度

一方面指导街镇层面因地制宜召开乡村总部专题招商会，充分展示各自资源禀赋，另一方面，区级层面搭建"乡村总部数字化服务系统"，不仅可以优化加强总部、企业管理，更能发挥线上云招商功能，使各街镇通过对本区域内的总部招商信息进行编辑、发布，多渠道向社会公众展示总部信息，扩大项目知晓度。通过持续引入工商资本和人才逆向流动，提升乡村的经济吨位、经济密度、经济动能，实现产业要素在乡村规模化聚集。

(4) 进一步引导乡村总部集聚发展

围绕打造新江南生活生产弄潮地，聚焦"一川烟雨"、"海里"计划、"良渚江海"、"冷江雨巷"以及浦江南岸生态商务区等重点区域，通过城乡功能的不断植入，乡村意象的精彩演绎，点上突破、串点成线、由线及面，推动形成更多互利共生、优势互补的高质高效生态商务区。

三、全面推进乡村振兴：新城市和新农村高质量融合发展的主战场

在新时代背景下，城乡融合发展不仅仅服务于高速增长，而是要服务于高质量发展。城乡融合发展不再割裂城市和乡村，而是将城市与乡村作为统一整体来考量。习近平总书记指出："要把乡村振兴战略这篇大文章做好，必须走城乡融合发展之路。要健全多元投入保障机制，增加对农业农村基础设施互通互联，推动人才、土地、资本等要素在城乡间双向流动。"城乡融合发展是一个系统工程，有了顶层设计，还需要与地方创新相结合。从创新实际看，城乡融合发展需要因地制宜，充分发挥市场作用，更好发挥地方政府作用，充分尊重农民的首创精神，在体制机制改革上率先取得突破。时任上海市委书记李强强调，"把乡村作为超大城市的稀缺资源，作为城市核心功能的重要承载地，作为提升城市能级和核心竞争力的战略空间"。在城市建设用地越来越稀缺、城市产业扩张遇到瓶颈、传统农村发展模式走到尽头的情况下，对乡村的闲置资源进行开发利用，走城乡融合发展之路，显得尤为迫切。

（一）聚焦宅基地改革试点，拓展城乡稀缺资源融合功能

2020年奉贤区被列为国家宅基地改革试点，以宅基地制度改革为牵引，完善宅基地集体所有权行使机制，探索宅基地农户资格权保障机制，探索宅基地使用权流转制度，探索宅基地自愿有偿退出机制，完善宅基地审批制度，健全宅基地监管机制。不断优化战略布局、政策导向，赋予农民在宅基地改革中更多的权利，切实满足农民住房需求。释放农村农业发展活力，把农村碎片化资源转化成优质资源，发挥整体效应，为村集体与农民共同增收的新路。奉贤区不断丰富盘活利用闲置宅基地和闲置住宅发展乡村产业的途径，积极鼓励农村集体经济组织及其成员通过自营、出租、入股、合作等多种方式，依法依规盘活农村闲置宅基地和闲置住宅，发展符合农村特点的农家乐、休闲农业、乡村旅游、餐饮民宿、文化体验、电子商务等新兴乡村产业。

1. 拓展传统居住功能

一是发展乡村餐饮民宿。在传统农家乐餐饮基础上，奉贤将乡村民宿作为推动乡村旅游转型升级、促进乡村资源优化配置的突破口，大力发展民宿经济。截至2023年6月底，全区通过宅基地盘活利用建成乡村民宿15家，其中被评定为上海市五星级乡村民宿4家、四星级乡村民宿5家。民宿经济已逐步成为乡村产业融合的新引擎、农民增收的新亮点。如柘林镇华亭村依托区位优势和美丽乡村创建成果，引入社会力量，通过宅基流转，打造了"华亭民宿集群"特色风貌核心区，形成了"一宿一品"发展模式。二是建设乡村版"人才公寓"。在充分尊重农民意愿的前提下，依托流转盘活存量闲置宅基房屋，打造成乡村版人才公寓，有效改善村容村貌，增加集体和村民收入。如南桥镇华严村充分发挥毗邻工业园区的区位优势，统筹江海园区、运营公司、村民、入驻企业的管理，通过整体设计改造，统一出租管理，打造乡村版人才公寓"星公寓"，既规范了宅基地房屋出租行为，又解决了园区工作人员居住难问题。又如四团镇五四村聚焦新片区职住平衡，整队制、高品质、社区化推进人才公寓和长住型民宿建设，在承接新片区导入人口的同时，有效解决农村空心化、老龄化问

题。目前人才公寓已建成5栋，解决园区内200余人住宿问题。三是打造"青春里"养老社区。为满足农村老年人"原居养老"的需求，聚焦"老、小、旧、远"中的养老问题，通过流转闲置的宅基房屋或利用闲置的集体资产，创新探索"青春里"养老社区建设模式，实现"家门口幸福养老"。积极引导国企、民企资本投入基建，引入专业服务团队入驻"青春里"养老社区参与设计、建设和运营，不断提升农村养老服务品质，深化养老服务内涵。截至2023年6月底，全区已建成5家、投入运营3家"青春里"养老社区。

2. 拓展经济文化功能

一是首创"乡村总部"模式。为破解传统农业经营模式下农民增收"天花板"，奉贤区探索将农村土地资源、生态资源与城市人才、产业、资本等高度结合，推动城乡统筹融合发展，创造性提出了"乡村总部"模式。截至2022年底，全区已建成"乡村总部"项目83家，落户企业总部14 017家，税收合计约18.38亿元。通过股金、租金、税金联动，切实提升集体资产经营能级，实现村级可支配收入和村民分红收益双提升。二是发展生态商务区。聚焦城市核心产业空间延伸，发挥超大城市乡村功能，在区域优势明显的地区，探索打破镇域村组界限，实施组团式流转、整域制开发。加大乡村产业招商力度，吸引世界500强企业、央企、市属国企、优秀民企等入驻乡村，使城市人才、资金、信息等资源要素向乡村流动，区域化集聚总部企业，打造生态商务区。目前，全区已形成"良渚江海""一川烟雨""海国长城·上海渔村"等颇具规模和亮点的生态商务区。

3. 拓展公共服务功能

一是推出"睦邻四堂间"。奉贤区将盘活宅基地与农村公共服务建设融合，探索宅基睦邻点建设，建立"政府牵头、社会赞助、村委负责、老年自愿"的机制，充分利用农村地区闲置宅基房屋，进行基础设施"再改造"，为区域内老年人提供助餐、学习、休养、议事、健康保健及文化娱乐等服务，逐步形成了宅基"睦邻四堂间"农村社区居家养老服务新模式。目前全区500家"睦邻四堂间"服务约15 000名老人，真正做到"老有所养"。二是建立生活驿站。奉贤区着力建设生活驿站，并不断拓展其覆盖范围和受益人群,旨在解决由发展不平衡导致的基本公共服务在城乡之间、区域之间和社会不同群体之间的不均等状态,打造尽可能全民覆盖的15分钟生活服务圈。目前全区建成生活驿站300多家,其中具有综合性功能的规模型驿站80多家,每年驿站人流量超20万人次。此外,党建微家、妇女微家等基层治理公共空间也在各村宅基地里生根发芽,孕育精神生活的甜美果实。

(二) 依托城市数字化转型,加快推进农业农村数字化转型

党的十八大以来,以习近平同志为核心的党中央高度重视信息化工作和数字化转型,作出一系列战略决策,统筹推进信息化、数字化快速发展。通过数字化转型,"着力发挥信息技术创新的扩散效应、信息和知识的溢出效应、数字技术释放的普惠效应,加快推进农业农村现代化"[1]。奉贤区的做法是:

一是在农业领域,依托城市数字化转型,运用大数据、云计算等技术加强农业数字化建设,增强农业数据汇集和应用,推动农业数据资源库、网络平台信息系统、农业空间地理信息系统深度融合。通过数字农业的发展,促进盘活农村发展活力,提高农村收入水平。在数字农业发展过程中,关键在于把握数字技术,结合奉贤农业特色以及市场需求,健全农业的产业链,发挥农业在数字化基础上的转型效应,打造出品牌农业、精品农业和便捷农业。

二是在乡村治理领域,依托政务服务"一网通办"和城市运行"一网统管",推进乡村公共服务和管理数字化应用场景建设,实现信息发布、民情收集、议事协商、公共服务等村级事务网上运行,提升乡村公共服务数字化、智能化水平。当前,在数据汇集、设备共享等方面,需要通过打通数据壁垒,使镇、区、市都能方便地接入共享网格,真正做到"一图看全景、一屏管全程、一键控全场"的效果。在人才方面,数字乡村建设对数字人才提出了更高要求、更严标准、更大需求,农村数字人才稀缺是制约农村信息

---

[1] 《中共中央办公厅 国务院办公厅印发〈数字乡村发展战略纲要〉》,新华社,2019年5月16日。

基础设施和硬件平台的数字赋能潜力发挥的障碍。加强数字乡村应用场景的宣传和示范，提升农民掌握数字技术的意愿，深入开展各类涉农信息技术、农村电商、信息产品使用等专题培训。

（三）新城市和新农村基础设施更畅通、公共资源共融更丰富

长期以来，乡村发展之所以比较落后，很大程度是因为城乡分割的二元体制和发展格局。基础设施、公共资源都向城市高度聚集，在虹吸效应的作用下，乡村日益凋敝。党的十九大提出了"乡村振兴战略"，就是要破除城乡二元体制，从城乡分割迈向城乡融合发展。乡村振兴要积极推动各类要素在城乡之间双向自由流动，在乡村形成人才、土地、资金、产业、信息汇聚的良性循环，为乡村振兴注入新动能。将逆城市化作为乡村振兴的新机遇，重塑城乡关系，通过高水平乡村振兴，让乡村焕发新的光芒。《上海市乡村振兴促进条例》明确要求："建立全域覆盖、普惠共享、城乡一体的基础设施和公共服务设施网络，逐步构建乡村社区生活圈，提升乡村生活品质。"奉贤区以"城市繁华，农村繁荣"为乡村振兴的目标，以实施"富民、富村、强镇、强区"战略为抓手，对标最高标准、最好水平，打破农民收益窘境，打破城市固化空间，打破乡村治理条条框框，打破农村产业壁垒，以"乡村总部"、生态商务区建设为抓手，让农村变成美丽家园、绿色田园、幸福乐园，营造"田园牧歌式"的"都市里的乡村、乡村里的都市"，美乡村、富农民、增活力、添风采，把乡村作为城市最亮丽的底色，成为乡村振兴最大的发展优势，形成新增长点、新爆发点、新亮点，推动高质量发展、高品质生活、高效能治理，走出国际化大都市背景下的乡村振兴新路，城市乡村空间蝶变，实现"乡村比城市更美好""奉贤就是大公园、村村都是度假村"的美好愿景。

（四）破除妨碍城乡要素流动交换壁垒，城乡融合体制机制更加完善

《中共中央 国务院关于建立健全城乡融合发展体制机制和政策体系的意见》主要目标十分明确："到2035年，城乡融合发展体制机制更加完善。""到本世纪中叶，城乡融合发展体制机制成熟定型。"从实施意见来看，建立健全城乡体制机制和政策体系内容相当广泛，包括"城乡要素合理配置""基本公共服务普惠共享""基础设施一体化发展""乡村经济多元化发展""农民收入持续增长"等五大类体制机制,细分就有28项之多。要达到城乡融合发展体制机制通透,必须下大力气破除阻碍城乡要素自由流动和平等交换的壁垒,这是建立健全城乡融合发展体制机制和政策体系的关键和根本。如何破除阻碍城乡要素自由流动和平等交换的壁垒,奉贤区着重在以下方面不断改革创新。一是整体性系统性谋划、重点突破。强化顶层设计,增强改革的系统性、整体性和协同性。以问题为导向,针对难点、关键点和薄弱点,破除障碍。二是结合实际、循序渐进。从奉贤实际出发,把握改革节奏,先行先试,取得实效,加以推广。三是农民主体、共享发展。农民是乡村振兴的主体,乡村建设、社会治理离不开农民的参与,因此要避免"政府全力做、农民旁眼看"的现象。农民是乡村振兴的主要受益者,教育农民自觉地、主动地承担自己的责任,激发全体农民的主动性、积极性、创造性,才能真正满足农民的获得感、幸福感。四是守住底线、防范风险。无论改革如何推进,必须坚守农村土地集体所有、坚守耕地红线、坚守农民利益不受损三条底线。

案例

乡村为新城提供优质便捷实惠的住房
——华严村打造人才"星公寓"

2019年初,奉贤区南桥镇领导在农户、企业大调研走访中,敏锐觉察到农户宅基地房屋闲置、农村环境整体水平不高、上市公司企业员工缺少优质稳定安全的人才公寓等突出问题。这种双向需求完全可以成为城乡融合、提升农村社会治理水平的一条可行道路。经过反复推敲论证,南桥镇挖掘乡村存量资源,建设企业优质人才公寓的思路不断明晰。2019年8月,成立南桥镇农村房屋租赁管理有限公司,注册资本1000万元(镇集体、园区投入800万元,村投入200万元),以华严村为试点,实施农村宅基流转到村,打造优质企业人才社区。

一、主要的做法

(一)新社区：带着农民跑，乡村人才公寓初具规模

奉贤区委领导说"乡村振兴不是要抱着农民走，而是要带着农民跑"。南桥镇华严村在改造老宅、建设人才公寓的工作中，借助良好的群众基础，改造16户农户4000平方米80余个公寓套间。村民房租收入提高30%，外来人口减少30%，农民每年户均增收至少1万元。2020年底，农户主动申请加入，形成30户农户、150个人才套间、7000平方米的人才公寓规模，"三分灰、七分白"的江南水乡特色跃然河边。

(二)新村民：农村老人与企业人才互助，人才公寓生态宜居

改造过程充分听取农户和周边新城企业员工的意见，在房屋结构不变的前提下，重新设计老宅空间。人才公寓的房屋内家用电器一应俱全，达到拎包入住标准，配套有公共Wi-Fi、快递柜、停车位、电瓶车充电站等设施。针对宅基老人的生活需求，进行免费的装修改善，提升为老服务水平。物业聘请宅基村民专门负责公寓环境保洁保序，包含公共党建空间、生活配套、就医就学、居住证办理等服务。"新村民"和"老村民"共同居住、相互照料，联络感情，营造"家的感觉"。

(三)新约定：缔结宅基新约定，社区管理制度化

人才公寓制定入住公约，包含卫生、生活习惯、公共空间使用、晾晒、垃圾分类等方面，不仅约定上墙、约定入户，还将约定引入租赁合同。奉贤新城的伟星新材、双木散热器等上市公司还将优质的企业文化输入农村宅基，青春产业工人与宅基老人互帮互爱，大家共同遵守农村社区新约定，定期开展传统节日共庆、高龄老人慰问、义务劳动志愿活动、社区法制讲堂等社区活动，共同打造文明和谐、管理有效、互惠互利的乡村新社区。

二、取得的成效

(一)以人为本，村民获得感不断提升

参与农户收入增长30%以上，村集体投资预计10年内收回成本，园区、镇财政获平稳收益。以 512 号农户为例，面积 310 平方米，原来租金收入约 3.6 万元，流转出来后则达到 4.9 万元（每天每平方米0.45元的价格流转到村，每两年租金上涨 5%）。宅基老人的居住生活条件得到了显著改善，为老服务水平得到有效提升。

（二）精准施策，农村社会治理不断优化

华严人才公寓的租住人群，由来源散乱、不稳定就业、缺乏组织管理，调整为奉贤新城 104 板块园区规模企业的优秀员工，具有大专以上学历、收入稳定，企业管理文化也输入农村社区。人才公寓改变了单门独户的宅基格局，打通了原有的老宅院墙，公共空间促进了企业员工之间、新老村民之间的交流融合，互帮互助，形成了融洽的社区关系，社区治理更精细、更有序。

（三）科学布局，乡村环境面貌不断改善

农村老宅台风天漏雨、房屋破旧等情况全部解决，居住环境得到极大改善，安全隐患基本消除。人才公寓白墙黛瓦，河水清澈，居住宜人。2019 年，华严村成功创建成为上海市级美丽乡村，星公寓项目优美的居住、生态环境成为华严村的一张名片。

通过村党总支与经济园区党总支、企业党组织构建平台，把企业诉求、园区服务、农村治理难题结合在一起，建设乡村人才公寓，切实解决了员工居住、园区招商、农村危房等多个难题，真正实现了党建引领下的多方共赢，形成了"新村民、新约定、新社区"的良性治理结构。

资料来源：华严村：《"新村民、新约定、新社区"，探索党建引领乡村振兴新模式奉贤区南桥镇试点构建乡村人才社区》，上海智慧党建网，2020 年 4 月 23 日。

主要参考文献

《马克思恩格斯文集》第一卷,人民出版社2009年版。
《马克思恩格斯选集》第一卷,人民出版社2012年版。
《马克思恩格斯全集》第二卷,人民出版社1957年版。
《毛泽东选集》第四卷,人民出版社1991年版。
《毛泽东文集》第五卷,人民出版社2001年版。
《邓小平文选》第二卷,人民出版社1994年版。
《习近平谈治国理政》第三卷,外文出版社2020年版。
《习近平著作选读》第一卷,人民出版社2023年版。
习近平:《论坚持全面深化改革》,中央文献出版社2018年版。
习近平:《决胜全面建成小康社会 夺取新时代中国特色社会主义伟大胜利》,人民出版社2017年版。
中共中央文献研究室编:《十八大以来重要文献选编》(上),中央文献出版社2014年版。
中共中央党史和文献研究院编:《十八大以来重要文献选编》(下),中央文献出版社2018年版。
中共中央文献研究室编:《习近平关于社会主义社会建设论述摘编》,中央文献出版社2017年版。
中共中央党史和文献研究院编:《习近平关于城市工作论述摘编》,中央文献出版社2023年版。
中共中央宣传部编:《习近平新时代中国特色社会主义思想学习纲要》,学习出版社、人民出版社2019年版。

中共中央宣传部编:《习近平新时代中国特色社会主义思想三十讲》,学习出版社2018年版。

习近平:《论"三农"工作》,中央文献出版社2022年版。

董增刚主编:《城市学概论》,北京大学出版社2013年版。

上海交通大学中国城市治理研究院、上海市人民政府发展研究中心编著:《新时代城市治理之路——"人民城市"上海实践》,上海人民出版社2021年版。

《党的十九大报告辅导读本》,人民出版社2017年版。

《党的二十大报告辅导读本》,人民出版社2022年版。

崔友平编著:《共同富裕之路——巩固和完善农村基本经营制度》,中原农民出版社、红旗出版社2019年版。

孙伟:《反思城镇化背景下的城乡发展——以上海市嘉定区为例》,上海大学出版社2013年版。

张占斌、张青、赵小平主编:《城镇化发展的产业支撑研究》,河北人民出版社2013年版。

庄友刚:《马克思的城市思想及其当代意义——兼论当代马克思主义城市观的建构》,《东岳论丛》2019年第4期。

章钊铭:《中国共产党城市发展理念研究:历程、经验与展望》,《中共四川省委党校学报》2022年第1期。

张全明:《论中国古代城市形成的三个阶段》,《华中师范大学学报(人文社会科学版)》1998年第1期。

彭勃:《人民城市建设要把握住三个"最"》,《国家治理》2020年第34期。

闪淳昌:《关于建设安全城市的思考》,《中国减灾》2016年第9期。

郑泽爽、罗勇、王朝宇:《树立"城市思维",践行"城市模式"——尊重城市发展规律的认识论和方法论》,《城市观察》2017年第3期。

陈玉娇、邓智团:《顺应新时代的城市发展逻辑》,《中国国情国力》2019年第3期。

叶林、杨宇泽:《深入推进以人为核心的新型城镇化》,《中国社会科学报》2021年4月29日。

《求是》杂志编辑部:《不忘初心 牢记使命 继续前进》,《求是》2021年第8期。

彭冲、陆铭:《从新城看治理:增长目标短期化下的建城热潮及后果》,《管理世界》2019年第8期。

武前波、陈前虎:《发达国家与地区新城建设特征及其经验启示》,《中国名城》2015年第3期。

李浩:《智引"汩汩活水"入贤来——上海奉贤的"全域之美"》,《科技中国》2017年第10期。

张道刚:《"产城融合"的新理念》,《决策》2011年第1期。

陈云:《"产城融合"如何拯救大上海》,《决策》2011年第10期。

林华:《关于上海新城"产城融合"的研究——以青浦新城为例》,《上海城市规划》2011年第5期。

刘畅、李新阳、杭小强:《城市新区产城融合发展模式与实施路径》,《城市规划学刊》2012年第S1期。

李文彬、陈浩:《产城融合内涵解析与规划建议》,《城市规划学刊》2012年第S1期。

刘荣增、王淑华:《城市新区的产城融合》,《城市问题》2013年第6期。

苏林、郭兵、李雪:《高新园区产城融合的模糊层次综合评价研究——以上海张江高新园区为例》,《工业技术经济》2013年第7期。

王霞、苏林、郭兵、李雪:《基于因子聚类分析的高新区产城融合测度研究》,《科技进步与对策》2013年第16期。

孙红军、李红、马云鹏:《系统论视角下的"产城融合"理论拓展》,《绿色科技》2014年第2期。

冯烽:《产城融合与国家级新区高质量发展——机理诠释与推进策略》,《经济学家》2021年第9期。

张天然、王波、訾海波、朱春节:《上海五个新城职住空间特征对比研究》,《上海城市规划》2021年第4期。

刘亦师:《田园城市学说之形成及其思想来源研究》,《城市规划学刊》2017年第4期。

吴岩、王忠杰、束晨阳、刘冬梅、郝钰:《"公园城市"的理念内涵和实践路径研究》,《中国园林》2018年第10期。

林凯旋、倪佳佳、周敏:《公园城市的思想溯源、价值认知与规划路径》,《规划师》2020年第15期。

赵建军、赵若玺、李晓凤:《公园城市的理念解读与实践创新》,《中国人民大学学报》2019年第5期。

高国力、李智:《"践行新发展理念的公园城市"的内涵及建设路径研究——以成都市为例》,《城市与环境研究》2021年第2期。

张清宇、戚朱琳:《公园城市:美丽中国的未来城市形态》,《学习时报》2020年4月22日。

李晓江等:《公园城市,城市建设的新模式》,《城市规划》2019年第3期。

李雄、张云路:《新时代城市绿色发展的新命题——公园城市建设的战略与响应》,《中国园林》2018年第5期。

刘合光:《城乡融合发展与乡村振兴相辅相成》,《国家治理》2021年第4期。

邵明哲、沈正平:《我国新城建设的动因、问题及对策探究》,《徐州工程学院学报(社会科学版)》2009年第3期。

朱建江、杨传开:《上海"五个新城"差别化发展政策研究》,《科学发展》2022年第2期。

谢坚钢、李琪:《以人民为中心推进城市建设》,《人民日报》2020年6月16日。

张毅:《新城建设要敢于"模式创新"》,《经济日报》2015年5月18日。

唐爱军:《人民当家作主是社会主义民主政治的本质》,《光明日报》2022年9月2日。

上海市人民政府:《关于本市"十四五"加快推进新城规划建设工作的实施意见》,上海市人民政府网,2021年2月23日。

上海市新城规划建设推进协调领导小组办公室:《上海市新城规划建设导则》,上海市人民政府网,2021年3月。

上海市绿化和市容管理局:《关于推进上海市公园城市建设的指导意见》,上海市绿化和市容管理局网,2021年6月21日。

上海市绿化委员会:《上海市公园城市规划建设导则》,上海市人民政府网,2022年11月22日。

后 记

习近平总书记围绕城市工作先后发表过一系列重要论述,立意高远,内容丰富,思想深刻,"人民城市人民建,人民城市为人民"重要理念充分体现和集中反映了习近平新时代中国特色社会主义思想对城市工作的根本要求和发展方向。

上海牢记习近平总书记"当好全国改革开放排头兵、创新发展先行者"这一嘱托,认真贯彻落实人民城市重要理念,提出"十四五"时期五个新城全面发力建设独立综合性节点城市的战略部署。奉贤区委、区政府紧紧抓住这一重要的历史机遇,在经历了10余年新城建设实践探索的基础上,积极践行人民城市重要理念,坚持把"人民至上"贯穿到奉贤新城规划建设发展的全过程,不断完善和扎实推进"奉贤美、奉贤强"发展战略,全力打造"美""强"辉映的人民城市新典范。

奉贤区委党校始终坚守"为党育才、为党献策"的党校初心,坚持发扬理论联系实际的优良作风,从新城规划建设起步到全面推进,一直高度关注并及时跟踪调研,力求全面准确地记录、梳理和反映奉贤新城践行人民城市重要理念,深入研究和深刻反映习近平新时代中国特色社会主义思想在奉贤大地的生动实践和探索。2021年10月,在区委、区政府主要领导和分管党校工作领导的关心支持下,区委党校成立了以常务副校长王秋萍为组长的项目组,克服诸多困难,带领项目组成员先后开展了专家学者、领导干部以及基层同志参加的座谈会15次,实地走访10余次,集中研讨20余次,比较全面系统地搜集和掌握了第一手资料。通过大量文献查阅、分析论证、研讨交流,历经6次较大的修改完善,最终定稿。整个成书过程,一刻都离不开各级领导的关心,专家学者的指导,区委、区政府职能部门的支持和党校项目组的集体努力。在这里特别感谢"上海市习近平新时代中国特色社会主义思想研究中心奉贤国情调研工作站"与"上海市委党校奉贤新城规划与治理研究室"的领导与专家的指导和帮助。感谢上海市委党校马西恒教授、鞠立新教授、贺小林教授和上海社会科学院陈建华研究员,他们为本书的大纲编制、书稿修改等方面提供了精心指导,提出了宝贵的意见和建议。此外,在书稿撰写过程中,奉贤区委研究室、区政府研究室、区委组织部、区委宣传部、区融媒体中心、区发改委、区经委、区教育局、区科委、区民政局、区规划和自然资源局、区新城推进办、区建管委、区农业农村委、区文化旅游局、区卫生健康委员会、区统计局、区绿化市容局、区房管局、区政务服务办、区地区工作办、区城运中心、奉浦街道、东方美谷企业集团股份有限公司、上海奉贤新城建设发展有限公司等单位和部门提供了大量的资料。上海社会科学院出版社邱爱园编辑为本书的出版给予了有力的帮助,付出了大量的心血,在此一并表示诚挚的感谢。成书期间,我们曾参考和引用了国内外专家、学者的部分著述及相关资料,在此恕不一一列举,谨向有关作者表示谢忱。

  本书由王秋萍任主编,王东辉、高贵峰、杜学峰任副主编。参与撰稿的作者及分工情况是:杜学峰(绪论、第二章);潘勇(第一章);沈鹏远(第三章);张淼(第四章);朱嘉梅(第五章);陈蓉(第六章);陈继锋(第七章);胡晓亚、张耀杰(第八章);孙彦、康平(第九章);王曦露(第十章);吴康军(第十一章)。

  实践永不止步,理论研究亦永不止步。践行习近平总书记人民城市重要理念,建设新时代的人民城市仍然在路上。由于基层党校教研人员的理论水平、实践能力有限,本书的编撰可能还有不足之处,恳切希望各界专家学者、领导干部及广大读者谅解并不吝批评指正。

图书在版编目(CIP)数据

人民城市重要理念在奉贤新城的生动实践 / 王秋萍主编；王东辉，高贵峰，杜学峰副主编 .— 上海 ：上海社会科学院出版社，2023
 ISBN 978-7-5520-4267-2

Ⅰ. ①人… Ⅱ. ①王… ②王… ③高… ④杜… Ⅲ. ①城市建设—研究—上海 Ⅳ. ①F299.275.1

中国国家版本馆 CIP 数据核字(2023)第 220565 号

人民城市重要理念在奉贤新城的生动实践

主　　编：王秋萍
副 主 编：王东辉　高贵峰　杜学峰
责任编辑：邱爱园
出版发行：上海社会科学院出版社
　　　　　上海顺昌路 622 号　邮编 200025
　　　　　电话总机 021-63315947　销售热线 021-53063735
　　　　　http://cbs.sass.org.cn　E-mail：sassp@sassp.cn
照　　排：南京理工出版信息技术有限公司
印　　刷：上海颛辉印刷厂有限公司
开　　本：710 毫米×1010 毫米　1/16
印　　张：14.75
插　　页：8
字　　数：223 千
版　　次：2023 年 12 月第 1 版　2023 年 12 月第 1 次印刷

ISBN 978-7-5520-4267-2/F・753　　　　　　　　　　　　定价：88.00 元

版权所有　翻印必究